2012 年 6 月 26 日，由中国优质农产品开发服务协会联合七家兄弟协会共同主办的“中国农业品牌发展推进会”在北京举办，担任过农业部副部长的领导左起为陈晓华、万宝瑞、张宝文、余欣荣，部党组成员朱保成、张玉香，时任全国农业展览馆馆长唐珂共同为“2012 中国农产品区域公用品牌影响力调查启动仪式”按下启动球

时任宁夏回族自治区副主席（现任联合国粮食及农业组织总干事）屈冬玉在“2014 品牌农业发展国际论坛”上作大会发言

2015 年 3 月 9 日，十二届全国政协委员、中国优质农产品开发服务协会会长朱保成在全国政协十二届三次会议第二次全体会议上代表 5 位委员以《实施品牌战略　发展现代农业》为题作大会联合发言

2014 年，时任农业部副部长牛盾（左二）在中国驻德国大使史明德（左三）的陪同下莅临中国优质农产品开发服务协会组织的德国柏林绿色周中国展团参观

2017 年，在“第六届品牌农商发展大会”上，时任中央财经领导小组办公室副主任、中央农村工作领导小组办公室主任韩俊（右二）与陈晓华（右三）、朱保成（右一）、张玉香（右四）等领导在品牌农商大会上参观展位

2014 年，在“品牌农业发展国际研讨会”上，时任云南省普洱市委书记卫星（右二）陪同时任农业部副部长陈晓华（右三），时任农业部党组成员、中国优质农产品开发服务协会会长朱保成（右一），时任西藏自治区党委常委、拉萨市委书记齐扎拉（右四）在普洱市展区巡展

泰国前副总理、泰中友好协会会长功·塔帕朗西出席“2019 品牌农业发展国际研讨会”并致辞

2018 年 3 月 25 日，首届国际草莓品牌大会在溧水开幕，中国优质农产品开发服务协会执行副会长黄竞仪与哥伦比亚农业部签署农业合作协议

2021 年 7 月 2 日，中国共产党建党百年之际中国优质农产品开发服务协会全体党员和员工参观香山革命纪念馆

由中国绿色食品协会主办、中国优质农产品开发服务协会承办的主题为“春风万里　绿食有你”绿色食品宣传月-贫困地区产销对接活动在新浪网直播（右为中国绿色食品发展中心副主任陈兆云）

2020 年，中国优质农产品开发服务协会主办中国农民丰收节金秋消费季活动

2023 年，中国优质农产品开发服务协会“优质农产品数字化平台”活动上线

2016 年 12 月 4 日，中国优质农产品开发服务协会在北京主办首届中国大米品牌大会

2020 年，中国优质农产品开发服务协会组织开展的益农信息社“助力抗疫”专项奖励活动在第十八届中国国际农产品交易会上举行颁奖仪式

2017 年，中国优质农产品开发服务协会副会长、百果园集团创始人、董事长余惠勇（左九）率团在荷兰果业设备公司调研

印记

——品牌农业30年 我们一路同行

中国优质农产品开发服务协会 编

中国农业出版社
北 京

图书在版编目（CIP）数据

印记：品牌农业 30 年　我们一路同行 / 中国优质农产品开发服务协会编. —北京：中国农业出版社，2023. 11

ISBN 978-7-109-31479-5

Ⅰ. ①印…　Ⅱ. ①中…　Ⅲ. ①农产品－品牌战略－中国－文集　Ⅳ. ①F326. 5-53

中国国家版本馆 CIP 数据核字（2023）第 219858 号

印记：品牌农业 30 年　我们一路同行
YINJI：PINPAI NONGYE 30NIAN　WOMEN YILU TONGXING

中国农业出版社出版
地址：北京市朝阳区麦子店街 18 号楼
邮编：100125
责任编辑：程　燕　陈　瑨
版式设计：小荷博睿　　责任校对：吴丽婷
印刷：北京通州皇家印刷厂
版次：2023 年 11 月第 1 版
印次：2023 年 11 月北京第 1 次印刷
发行：新华书店北京发行所
开本：700mm×1000mm　1/16
印张：19　　插页：4
字数：315 千字
定价：88. 00 元

《印记》编委会名单

序言

中国优农协会成立30年有感

朱保成

【作者简介】朱保成，1968 年 2 月入伍，1969 年入党。历任班长、排长、连长、坦克一师作训科参谋、原北京军区装甲兵司令部训练处副营职、正营职参谋、坦克一师司令部作训科科长、坦克一团、二团团长，全国台联干部、中央纪委第六纪检室、第九纪检检查室正处级检查员、监察员，中央纪委监察部第九纪检监察室副主任、中央纪委监察部第六纪检监察室副主任、中央纪委监察部第七纪检监察室主任。其间组织查办重要案件，为党的反腐倡廉建设做出积极贡献，多次立功受奖，1996 年被授予“全国模范军队专业干部”荣誉称号。2004 年，担任农业部党组成员、中纪委驻农业部纪检组组长；2007 年 10 月，在党的十七大上当选中央纪委委员；2011 年 8 月，兼任中国优质农产品开发服务协会第五届理事会会长；2013 年 3 月，当选第十二届全国政协委员；2014 年 3 月至 2017 年 7 月，授权担任中央第十三巡视组组长；2018 年退休；2019 年 5 月，担任中国品牌建设丝绸桑蚕品牌集群主席、领导小组组长。

中国优质农产品开发服务协会（以下简称中国优农协会）伴随着我国改革开放的不断扩大和农业农村经济的高质量发展，已经走过 30 年了。吃得好、吃得健康既是改革开放时代的要求，也是人民对美好生活的期待。前 20 年，是艰辛探索时期；后 10 年，是党的十八大以来不断发展壮大的 10 年。中国优农协会认真贯彻落实党中央、国务院的战略部署和习近平总书记的重要讲话精神，以满足人民对美好生活的期待为奋斗目标，逐步走上快速发展的阶段。

在部党组的高度重视与安排下，我从 2011 年 8 月兼任第五届中国优农协会第五届理事会会长。兼任会长后，工作主线怎么确定？我和协会领导班子研究提出以问题为导向，确定了主攻流通、主打品牌的工作主线。

当时突出的问题：一是农产品流通环节多，消费者普遍反映农产品贵；二是农产品质量问题频发，消费者吃什么都不放心。

工作中怎么抓：主攻流通方面，主要是建议协调相关部门、单位采取有效措施，减少农产品流通环节，突出抓直供、直销的典型事例，举办相关论坛等。国务院常务会多次出台相关政策措施，我们认真抓好落地。如，设立绿色通道等。

主打品牌方面：深入贯彻习近平总书记在 2013 年中央农村工作会上关于品牌建设的重要论述，一以贯之的落实“品牌是信誉的凝结”“用品牌保证人们对产品质量的信心”等要求。一是连续举办中国农业品牌论坛；二是牵头在《农民日报》开辟品牌特刊、周刊，宣传典型案例；三是利用全国政协平台，在双周协商会上建言献策，在政协大会上发言，“实施品牌战略，发展现代农业”，呼吁社会各界树立品牌意识；四是创办《优质农产品》期刊，在部党组重视支持下，报新闻出版署批准，与农业出版社共同创办《优质农产品》期刊。十年来，期刊在推进农业品牌建设方面发挥了重要作用。

五届、六届理事会的十年，始终坚持这个工作主线，并不断创新发展，为提高农产品质量安全水平、满足人们美好生活期待，为脱贫攻坚、乡村振兴和农业强国建设作出了应有的贡献。

发展优质农产品　推进农业品牌建设

刘新录

【作者简介】曾在农业部办公厅、种植业管理司、优质农产品开发服务中心、农产品质量安全中心、工程建设服务中心及全国农业展览馆担任领导职务。曾任中国优质农产品开发服务协会第四届理事会会长。

中国优质农产品开发服务协会第四届理事会组建于2005年，作为中国优农协会第四届理事会会长的我与协会领导班子成员一道，认真贯彻党的路线、方针和“三农”政策，围绕中心，服务大局，团结带领全体会员，创新发展思路、拓展工作领域、提高服务质量、加强自身建设，为发展优质农产品、促进品牌农业建设、提升农产品质量水平做出了积极贡献。

以特色产品为主线，打造优质农产品展会品牌。为推动特色农业发展，树立区域农业品牌，扩大优质农产品的市场影响，2007年协会在湖南长沙举办了以“特色新农业、和谐新农村”为主题的首届中国中西部特色农产品展销会。展会展示面积近1万平方米，展位611个，参展企业530多家，现场交易额达到8000万元，合同交易额3.8亿元，为打响“特色农产品”品牌开了好头，彰显了优质特色农产品的发展潜力。

以品牌建设建设为核心，促进优质农产品市场竞争力提升。第四届理事会期间，协会积极推动农产品品牌建设，不断加大优质农产品宣传推广力度。2009—2010年，受第七届、第八届中国国际农产品交易会（以下简称农交会）组委会的委托，牵头组织开展了参展农产品的金奖评选工作，评选出第七届农交会金奖农产品280个、第八届农交会金奖产品304个，有效提升了优质农产品品牌影响力。2007年，与全国城市农贸中心联合在北京举办了第25届世界批发市场联合会代表大会暨展会，组织会员单位及无公害生产示范基地县近90家参展，来自美国、英国、法国、德国等19个国家的58家批发市场，国内200余家批发市场的代表参加了大会，为推动我国优质农产品进一步走向国际市场做出了积极贡献。

以市场需求为动力，为会员做好服务。为分析我国蔬菜果品产业发展形势，交流发展经验，推广优质蔬菜果品生产新技术、新方法，协会于2008年7月在辽宁大连举办了优质蔬菜果品生产技术交流会，会议围绕我国蔬菜果品生产发展现状及存在的问题、蔬菜果品产业布局及“十一五”发展重点、优质蔬菜果品生产技术规程、蔬菜果品的安全追溯系统与良好农业操作规范建设等，进行了专题技术交流，取得了良好效果。为促进有机农业发展，协会于2006年5月在深圳召开了全国有机农产品产业发展研讨会，与会代表就我国有机农业发展现状与前景进行了研讨，并就今后的工作方向、任务及合作进行了广泛的研讨和交流。

以安全优质为基础，促进无公害种植业产品发展。为进一步发展无公害种植业产品展示宣传工作，强化为生产单位和个人的服务，提高消费者对无公害种植业产品认证的认知度，协会与有关单位于2008年11月在北京举办了无公害种植业产品展示宣传活动，通过样品展示、产品推介、品牌宣传等多种形式，免费为参展企业提供展示宣传平台。北京、天津、河北、黑龙江及协会部分会员企业参加了活动，农民日报、中国质量报、北京晚报、京华时报等媒体进行了宣传报道。

另外，协会还于2009年5月20日至7月31日在全国范围内开展了无公害农产品（种植业）市场认知度调查活动。此次调查活动得到媒体、生产、技术、专业合作组织、销售、科研等机构的大力支持，通过反馈的信息获知，无公害农产品市场认知度近九成，有关单位对无公害农产品认证满意度在95%以上。

以建立平台为抓手，拓展企业和市场主体的服务。2006年开发了中国优质农产品开发服务协会网站，注册了与协会相关的域名，拥有了包括优质农产品.cn、特色优质农产品.cn等在内的5个域名。2009年注册了以中国优质农产品协会网、公益、中国优质农产品网.公益为名称的域名。协会网站为会员免费提供产品及企业的宣传，是为会员提供信息交流的平台。同时，2006年设计注册了协会的会标，通过了国家工商行政管理总局商标局的审批，有力地保护了协会的品牌。

协会先后参与了农业部948项目“农产品质量评价与质量追溯”课题研究，编写了《中国农产品出口市场指南》一书，参加了中国农产品行业协会发展战略研究项目，协助农业部优质农产品开发服务中心做了无公害农产品（种植业）认证服务平台运营信息采编等工作。

回顾协会第四届理事会的工作，我深切体会到：坚持围绕中心、服务大局是做好协会工作的立足点，坚持与时俱进、开拓创新是做好协会工作的根本点，坚持发挥优势、彰显特色是做好协会工作的关键点，坚持为会员做好服务是协会工作的落脚点。第四届理事会正值我国“十二五”规划时期，这一时期正是全面建设小康社会的关键期，也是提高农产品质量和效益的攻坚期，更是协会工作大有可为的重要机遇期。

承前启后，将农业品牌打造得更加璀璨夺目

黄竞仪

【作者简介】黄竞仪，曾在解放军某部政治部工作，后就职于人民日报社，先后在人民日报记者部、市场报、新闻战线等部门从事新闻及管理工作。2018年5月任中国优质农产品开发服务协会第六届理事会会长。

栉风沐雨，中国优质农产品开发服务协会（以下简称中国优农协会）迎来30岁的生日，犹如人生一样，协会从一个呱呱坠地、咿呀学语、步履蹒跚、天真烂漫的婴儿、孩童、少年，发育成长为三十而立的壮汉，正叱咤于"三农"广阔天地之间，这期间凝聚着几代人的智慧和付出，给人们留下了许多值得回味的地方。

作为以往优质农产品开发服务事业的接力者和现今品牌农业打造的参与者，我和我的同事、全行业的同仁们正处在一个承上启下的历史节点，每每回眸中国优农协会过往30年的经历，就会深感事业发展到今天来之不易，由衷感谢前辈们当初的远见卓识和无私奉献，是他们以"功成不必在我，功成必定有我"的胸怀，一茬接一茬，将优质农产品开发服务的接力棒传递下来，并赋予了农业品牌打造新的时代内涵。

顺应时势应运而生　把握机遇发展壮大

30年说长不长，在历史的长河中只是一朵喧腾向东的小小浪花，但也说

短不短，中国优农协会诞生、成长、发展的30年，恰好是我国发生翻天覆地变化的30年，完整地记录了一段历史。

1992年初，改革开放的总设计师邓小平同志再次为改革开放“站台”，发表了著名的“南方谈话”，一夜间，东方风来满眼春，神州大地涌起新一波改革的热潮，预示中国经济将出现重大变革。当年年底，中共第十四次全国代表大会召，首次确立我国由改革开放以来的计划经济、有计划的商品经济体制，转变为社会主义市场经济体制，由此社会主义市场经济成为后来几十年始终贯穿农村改革的一条主线，影响到农业农村的方方面面。广大农民群众继家庭联产承包责任制已经取得生产经营自主权之后，开始向市场主体转变，而当时发育尚不完全的国内市场，根本无法满足农民的这种需求，亟须有专业的社会公益组织出面，在政府、农民和市场间搭建起沟通渠道和桥梁。在这个宏观背景下，中国优农协会于1993年应运而生，并且从成立起一直是优质农产品开发服务领域发挥积极作用的有效平台。

2012年中国优农协会第五届理事会换届不久，适逢具有历史意义的中国共产党第十八次全国代表大会召开，习近平总书记明确提出了“人民对美好生活的向往就是我们的奋斗目标”，我国也开始进入中国特色社会主义新时期。满足人民群众对美好生活向往这无疑成为中国优农协会新的工作遵循，也给协会的工作指明了努力方向，由此，优质农产品开发事业被赋予了美好的色彩。

2018年中国共产党第十九次全国代表大会提出了乡村振兴战略，这之前农业品牌的打造已经如火如荼地展开，自然而然，品牌农业成为乡村产业振兴工作的重要抓手。到2021年，中国共产党建党百年纪念日，习近平总书记庄严宣告：脱贫攻坚战取得全面胜利，我国农村进入全面推进乡村振兴加快农村现代化建设的新时期，这让中国优农协会很快在“三农”工作大局中明确了自己的定位，即在品牌农业打造的道路上担当开路先锋。

作为中国优农协会第六届理事会会长，我从第五届理事会朱保成会长手里接过协会的接力棒深感责任重大，使命光荣，现在已经整整5年。这5年，从国家层面来看，在以习近平同志为核心的党中央坚强领导下，在习近平新时代中国特色社会主义思想科学指引下，党团结带领各族人民，推动党和国家事业取得了举世瞩目的重大成就。打赢了脱贫攻坚战，历史性地解决了绝对贫困问题；实施乡村振兴战略，农业农村的发展取得了历史性成就、发生了历史性变革；新冠疫情防控取得了重大决定性的胜利。

同样，伴随国民经济发展和农业现代化的进程加速，中国优农协会第六届理事会在中央和国家机关工委、农业农村部、民政部的领导下，始终坚持“服务国家、服务社会、服务群众、服务行业”的宗旨，自觉把“以人民为中心”的发展理念贯穿到“三农”工作全过程和各环节，取得了服务行业自律、服务行业发展、服务行业创新的累累硕果，引领了国内品牌农业的发展建设。中国优农协会始终坚持守正创新、主动作为，以党建为引领，积极发挥全国性、专业性行业协会优势，团结广大会员紧紧围绕乡村振兴战略，以推进农业供给侧结构性改革为主线，大力推进质量兴农、绿色兴农、品牌强农，坚持“主攻流通、主打品牌”的两条主线，不断探索现代农业高质量发展的新思路、新方法，在保障农产品优质有效供给、加快推进农业科技创新、构建现代农业经营体系、增强农业产业韧性、提升农业产业竞争力、脱贫攻坚和助力乡村振兴等方面不断取得显著成效。

可以说，刚刚过去的5年，中国优农协会工作尽管遇到不少困难和问题，尤其受到长达3年新冠疫情的影响，线上线下各种活动几乎全部停摆，但经过奋争和拼搏，协会大家庭没有被困境所击倒，而是做到了承上启下、自强不息。

发展多元帮扶机制，积极参与脱贫攻坚

为贯彻落实《中共中央　国务院关于打赢脱贫攻坚战三年行动的指导意见》《关于广泛引导和动员社会组织参与脱贫攻坚的通知》等文件要求，中国优农协会制定了参与脱贫攻坚工作3年行动计划。针对部分地区科技成果转化滞后的问题，面向环京津28个贫困县及三北地区贫困县，进行科技推广、技术培训和技术帮扶，举办“建设科技示范大棚　助推农业产业扶贫”现场观摩会，发展设施农业，提升农民专业技能，以科技强化产业基础。率先启动了“部分贫困地区产销对接会暨中国优质农产品消费扶贫‘百县·千企·万品’工程”，组织会员积极参与落实贫困地区特色产业发展规划，开展务实对接，培育特色产业，以品牌引领产业进步。围绕精准扶贫、精准脱贫，在“三区三州”及贫困地区产销对接、“‘一县一品’品牌扶贫工程”等活动中，积极探索帮扶模式，深化定点帮扶措施，丰富拓展帮扶渠道，以营销拉动产业发展。农业农村部和民政部对协会参与脱贫攻坚工作给予了充分肯定。

强化农业品牌建设，全力推进品牌强农

中国优农协会把握新定位、落实新要求、力求新突破，坚持把质量兴农、绿色兴农、品牌强农作为重点工作，立足转变农业发展方式，在强化品牌建设、创新技术应用、保证产品质量安全、推进产业升级和扩大国际交流等方面取得了显著成绩。

一是提升品牌价值，传播品牌理念。中国优农协会充分发挥平台优势，持续开展品牌价值研究与评价工作和农产品区域公用品牌影响力调查活动。通过参与国家品牌价值提升工程研究项目，逐渐形成了较为成熟的品牌价值发展理论和科学的品牌价值评价机制，支撑了国内品牌评价标准体系的建立。组织"强农兴邦中国梦·品牌农业中国行"活动，促进农业系统践行"中国农业品牌梦"，协助地方解决农业品牌培育与发展中的问题。开展了一系列农业品牌价值评价工作，并在中国品牌日系列活动上发布结果，促进了品牌资产的升值和转化，提升了区域公用品牌产品的竞争力、影响力和知名度。

二是强化示范引领，培育品牌产品。通过开展农业生产基地和企业调研，推进品牌开发和示范基地的培育，突出重点作物和优势区域，打造产业基础强、规模效益好、科技水平高、生产特色鲜明的生产基地。在会员内部开展优质农产品示范基地认定，建立了中国优质农产品示范基地、中国优质稻米示范基地、海南省白沙黎族自治县白沙茶等6个示范基地，在促进品种培优、品质提升、品牌打造和标准化生产方面开展了卓有成效的工作，充分发挥认定基地的示范作用，有效提高了会员从事优质农产品开发的积极性，带动更多的会员标准化、规模化发展，培育了一批有影响力和辐射带动力的优质农产品区域公用品牌和企业品牌、产品品牌。

三是扩大宣传推介，促进产销对接。中国优农协会着眼地方特色优势农产品品牌建设，以市场需求为导向，以提升品牌市场影响力及品牌价值为目标，先后举办了中国茶叶博览会、品牌农商发展大会，积极参与中国农民丰收节金秋消费季、"感恩湖北放心下单"湖北特色农产品系列促销活动，支持举办中国陕西（眉县）猕猴桃产业发展大会、云南大理·宾川县宾川葡萄品牌推介会等活动。充分调动社会和市场力量，以优质特色品牌农产品展览会、展销会作为重点，运用互联网、物联网、云计算和大数据等手段，搭建产销

对接、产业供应链资源合作的创新流通平台，促进产销对接提质增效，促进农民增收与消费提质良性循环。

加强农业科技支撑，增强产业发展动力

加强新型高端智库建设。准确把握科技发展的新趋势新要求，以创新为动力，以应用为导向，着力打造多领域、多学科，软科学与硬技术兼备的科技创新团队。中国优农协会已经拥有涵盖智慧农业、标准制定、生物科技、农业金融投资、品牌规划、生态循环农业、工程咨询、项目策划、产业规划、营销推广、设施农业、智能机械等多领域的国内外领先的智库。在农业、人工智能、信息化、规划、金融、商务、标准等领域，为地方政府及企事业单位提供规划及品牌建设咨询、产销对接、产业模式创新等全产业链服务。

推动全产业链标准建设。中国优农协会聚焦现代农业全产业链，组织制定了《中国优质农产品评价通则》《酸性和中性土壤阳离子交换量快速测定方法》《酸性土壤有效磷快速测定方法》《土壤速效钾快速测定方法》《土壤有机质快速测定方法》《优质火龙果酵素原浆》《生态产品生产技术准则　植物类》《生态产品生产技术准则　畜禽类》《生态产品生产技术准则　水产类》《左旋多巴质量要求》《芒果苷质量要求》等34个团体标准，为构建全要素、全链条、多层次的现代农业全产业链标准化体系提供了重要的技术支撑。

加速科技成果转化推广。中国优农协会建立了创新行业认证新体系，推动了科技创新的市场转化及应用，探索了优质农产品的发展方向与创新模式。联合地方政府，通过建设优质农产品示范基地及产品评价认证制度，落实全产业链的技术推广及标准实施，提供土壤治理、绿色种植、循环农业等先进技术和服务，推动化肥农药减量增效，实施高标准农田建设及土壤修复改良，培育了一批优质农产品示范基地，打造了一批高标准引领、规模化生产的区域品牌及农产品品牌，形成种养结合、农牧平衡的循环模式，加快生态绿色低碳转型。

宣传绿色发展理念，助力农业绿色发展

在中国绿色食品发展中心的指导下，中国优农协会连续承办了“春风万

里　绿食有你”绿色食品宣传月活动，充分调动媒体资源开展宣传活动，利用新媒体矩阵优势，不断创新内容、创新形式、创新手段。通过直播带货、现场展示、知识普及等方式，广泛宣传了“绿色生产、绿色消费、绿色发展”的新理念，深入挖掘了绿色食品的品牌内涵和价值，营造了全社会关注和消费绿色食品的良好氛围。历年活动中，微博阅读量最高达到 1.2 亿次，直播间累计观看人数最高达到 299.9 万人次，直播所涉及的十余款绿色食品销售额最高达到了 113 万元，在扩大绿色食品品牌影响力的同时，带动了脱贫地区开发绿色优质农产品，推动了地方优势特色产业高质量发展，实现了生产者和消费者共享绿色发展成果。

深化国际交流合作，提升农业竞争优势

中国优农协会一贯立足于行业组织的优势及特色，致力于进一步加强各国行业组织及企业间，以及与相关国际组织、地区组织的交流合作，加强在技术交流、品牌推介、标准对接、认证认定、质量提升、品牌贸易等方面的对接合作。

一是标准对接。中国优农协会受国际标准化组织品牌价值评价技术委员会 ISO/TC 289 秘书处委托，组织起草制定了农产品相关的品牌价值评价国家标准，连续多年组织开展了农产品品牌价值评价工作，逐步将国家标准与国际品牌机制评价标准进行对接；参与了“湄公河—澜沧江次区域大米生产共同标准制定与实施”项目，在湄公河六国农业部、产业研究机构及行业组织建立起产业合作机制，推广可持续大米生产技术；联合 SGS 共同建立区域品牌管理研究实验室，在区域品牌标准制定、区域核心产品检测、区域基地审核、品牌出口标准、预警培训等领域进行合作，协助优质农产品品牌提升品牌管理及产品质量。

二是品牌宣传推介。中国优农协会持续举办草莓、蓝莓、大米等国际品牌大会，打造国际最高端的产业交流平台及品牌宣传推介平台，先后有 30 多个国际组织、60 多个国家的政府部门、农业协会和企业代表出席活动，推介了百余家优质农产品品牌，签订了多个产品及技术方面的国际合作协议；组织有关会员参加柏林国际绿色周、柏林果蔬展、马来西亚食品与包装博览会等国际展会，宣传我国农耕文明和重要农业文化遗产，推进国内外地方政府

达成农业产业战略合作，推介我国农产品区域公用品牌与优质农产品；组织境外专场品牌推介、考察交流等活动，帮助各级政府、行业商协会及农业企业进行了有效对接和沟通，成功将包括宁夏、青海、辽宁等地在内的区域公用品牌推向欧盟市场；学习考察最先进的品牌模式及行业技术，了解调研国内外目标市场的农业产业政策、进出口标准及市场情况，协助会员明确目标市场国家的综合政策服务，资金项目扶持，标准规范及宣传推广；持续围绕优质出口农产品品牌开展了有计划、有重点、有深度的对外宣传推介工作，联合新华社、中国日报、中国经济网、新浪微博等中央级媒体及行业主流媒体的海外平台进行我国农耕文明及地域特色文化、优质农产品品牌及产品的宣传推介，提升品牌国际市场影响力及知名度；与德国柏林会展公司合作，将国际知名会展品牌“果蔬展（Fruit Logistica）”首次引进中国市场；与皇家荷兰会展集团开启战略合作，并共同引进亚洲园艺展及相关活动，为我国农业会展平台引入国际先进的会展专业品牌及管理模式。

三是创新合作。中国优农协会引进了日本BLOF现代精准有机农业系统理论技术，在中国果品基地大规模推广，与中国农业大学开展技术培训；推进中国热科院与哥伦比亚签订热带作物产品研发及种植加工等技术转让合作协议，拓展拉美各国的市场；与马来西亚就水果加工技术及设备以及进出口贸易等方面展开合作，推动各国代表性创新技术产品的产业化落地；与联合国粮农组织、联合国贸发中心、WTO、ISO等国际组织在农业可持续发展方面开展对话，深化务实合作；联合多国行业协会，逐步建立国际行业协会间农产品市场价格、产量、进出口需求等数据库；联合国际科研机构、标准机构等参与欧盟地平线等国际项目，推动产业创新技术研发及实施。

切实履行社会责任，积极参与社会治理

协会紧紧围绕“四个服务”的工作宗旨，认真履行社会责任，积极建言献策，在服务中彰显担当作为，切实发挥了参谋助手作用。一是参与全国人大《中华人民共和国农产品质量安全法（修订草案）》、农业农村部市场与信息化司关于《农产品区域公用品牌建设指南（征求意见稿）》的修订工作；二是参与组织筹备农业农村部市场与信息化司《农产品电子商务产销对接和推广服务》项目；三是组织专家填写中国扶贫发展中心的《巩固拓展脱贫攻坚

成果和全面推进乡村振兴典型安全研究》项目申报书；四是参与《中国县域经济发展报告》的撰写。积极发挥了行业协会在促进经济发展、繁荣社会事业、创新社会治理等方面的作用。

总之，中国优农协会发展到今天，能为社会做出一定贡献，实现社会公益组织“有为才有位”的目标，要感谢我们处在一个好的时代，感谢上级领导和相关业务部门的关爱和扶持，感谢全体协会会员对协会工作的鼎力支持。承前，我们把优质农产品开发服务工作力争做得又好又扎实；启后，我们在未来要把农产品品牌打造得更加璀璨夺目。

目录

关爱篇

GUANAI PIAN

加快品牌农业发展
助力全面推进乡村振兴

尹成杰

【作者简介】尹成杰，吉林榆树人，经济学硕士，博士生导师。曾任吉林省委常委、秘书长，国务院研究室副主任，原农业部党组副书记、副部长，十一届全国人大常委会委员、农委副主任委员等职务。长期致力于农业农村经济政策研究和实际管理工作，在国家核心期刊与媒体上发表数百篇理论文章，撰写《粮安天下——全球粮食危机与中国粮食安全》和《捡回另一半农业——农业生物质与生物质能源》等专著，其中《粮安天下》获第五届中国农村发展研究奖（杜润生奖）。

党的二十大报告指出，全面推进乡村振兴，加快建设农业强国，扎实推进产业、人才、生态、文化、组织五个振兴。加快中国特色的农业强国建设，是建设社会主义现代化国家的重大任务。实施农业品牌战略是实施乡村振兴战略和农业强国建设的重要组成。加快品牌农业发展，是品牌强农、质量兴农的内在要求，是乡村产业振兴的重大举措，是全面推进乡村振兴、加快建设农业强国的有力支撑。

第一，我国新征程品牌农业发展进入新阶段

党的二十大报告对新征程“三农”工作作出全面部署，明确提出全面推进乡村振兴，加快农业强国建设。2023年中央一号文件对当前和今后一个时期全面推进乡村振兴的重点任务作出部署安排。以此为标志，我国农业农村现代化建设进入加快建设农业强国的新阶段。与此同时，作为全面推进乡村振兴、加快建设农业强国重大任务的品牌农业，同样势在必行地进入一个新的发展阶段。全面推进乡村振兴，加快建设农业强国，既赋予品牌农业发展的新站位新内涵，又对品牌农业建设提出新任务新要求。

习近平总书记高度重视品牌农业发展和农业品牌建设，并强调指出，走质量兴农之路，要突出农业绿色化、优质化、品牌化。要做好特字文章，加快培育优势特色产业，打造高品质、有口碑的农业金字招牌。同时，习近平总书记还指出，要把增加绿色优质农产品供给放在突出位置，狠抓农产品标准化生产、品牌创建、质量安全监管，推动优胜劣汰，质量兴农。习近平总书记这些重要论述，深刻指明了发展品牌农业的战略定位、丰富内涵和重要意义，为我国新时代新征程品牌农业发展提供了方向指引。

近些年，特别是党的十八以来，我国农业坚持中央新的发展理念，走绿色发展、质量兴农、品牌强农之路，农业现代化建设不断加强，农业综合生产能力稳步提升，农产品质量安全水平逐步提高。一是国家已将品牌农业发展摆在农业绿色、低碳、循环发展的突出位置，坚持把品牌强农作为质量兴农的重大举措。二是国家已制定农业品牌创建规划，将品牌农业发展纳入“十四五”农业现代化建设规划，并作出相应部署和安排。三是国家已提出实行农业品牌提升行动，要求加快形成以区域公用品牌、企业品牌、大宗农产品品牌、特色农产品品牌为核心的农业品牌格局。四是国家制定出台支持品牌农业发展的政策措施，出台了支持地标农产品保护政策和品牌农产品培育等系列政策。五是我国加快农业优质基地培育和创新了一批农产品品牌，有力提高了农业竞争力和带动农民增收能力，助力农业产业振兴。

当前，以全面推进乡村振兴、加快建设农业强国对农业农村现代化提出的新任务新要求为标志，我国品牌农业发展进入了一个新的阶段。新阶段新征程的品牌农业，战略地位进一步提升，品牌农业已成为全面推进乡村振兴和加快建设农业强国的新任务新动能。新时代新征程的品牌农业，赋予品牌

农业新的时代内涵，是农业供给侧结构性改革的引领者，农业绿色发展和质量兴农的示范者，农产品质量安全水平的体现者，健康饮食消费市场的带动者，中国特色农业强国建设的支撑者。一是加快品牌农业发展，是全面推进乡村振兴的重要任务。推进产业、生态、文化、组织、人才五大振兴，都要打造品牌。特别是加快现代乡村产业发展，必须强龙头、补链条、兴业态、树品牌，以品牌促进发展，以品牌引领产业振兴。二是加快品牌农业发展，是加快建设农业强国的基础工作。2023 年中央一号文件指出，要立足国情农情，体现中国特色，建设供给保障强、科技装备强、经营体系强、产业韧性强、竞争能力强的农业强国。中国特色的品牌农业是中国特色农业强国的重要基础。农业的供给能力、产业韧性、竞争能力，都离不开农业品牌的竞争力。三是加快品牌农业发展，是农业转型升级高质量发展的巨大动力。推进我国农业高质量发展，农业要向 3.0、4.0 转变，要向绿色化、数字化、品牌化、高效化、优质化转型。品牌农业是带动农业转型升级的强大动力，是农业高质量发展的重要标志。四是加快品牌农业发展，是提高我国农业竞争力的必然要求。当下乃至未来农业的竞争，最直观的体现就是品牌的竞争。必须加快品牌农业发展，才能提高我国农业在国际化农业竞争中的话语权和竞争力。

第二，加快推进新时代新征程农业品牌创新发展

习近平总书记指出，要擦亮老品牌，培育创新新品牌。要狠抓农产品标准化生产、品牌创建。《乡村振兴战略规划（2018—2022 年)》提出，擦亮老品牌，塑强新品牌。农业品牌创新发展是新时代新征程全面推进乡村振兴的迫切需要，是加快建设农业强国的内在要求，是农产品市场消费转型升级的客观需要。只有推进农业品牌创新发展，才能为中国特色农业现代化和农业强国建设提供新动能新活力。

近些年，特别是党的十八大以来，我国品牌农业加快发展。质量兴农、品牌强农取得积极成效。截至 2022 年底，我国农产品地理标志数量为 3510 个。据中国农业品牌公共服务平台统计：全国农产品区域公用品牌数量已达 2489 个。但与农业发达国家相比，与加快建设农业强国的任务要求相比，与广大消费者日益增长的消费需求相比，我国品牌农业发展仍然滞后，品牌农业发展仍处在起步阶段。有些农业品牌散而不强，杂而不亮，文化科技含量

较低，市场竞争能力偏弱。特别是品牌溢价能力亟待提高。我们要充分认识新时代新征程品牌农业发展的重要性、紧迫性和艰巨性，切实把品牌农业发展摆在全面推进乡村振兴和加快建设农业强国的重要位置，加大品牌农业创新发展力度。

一是加快品牌农业创新发展，要充分发挥我国农业物种资源丰富的优势。农业品牌是农业资源、文化、科技、加工等的综合体现。农业自然资源、品种资源、技术资源、文化资源、生态资源是品牌农业创新发展的源泉。我国是世界上农业物种资源和种质资源最为丰富的国家，不仅具有源远流长的农耕文明，有丰富多彩的动植物种质资源，还有名优特精的众多品种。这是我国宝贵的农业资源，是品牌农业创新发展的源泉。应充分发挥农业资源优势，推进品牌农业创新发展，打造有需求、有效益、有竞争力的金字招牌。

二是加快推进品牌农业创新发展，要做好土特产品牌创建，培育特色优势产业品牌。习近平总书记指出，要做好“土特产”文章，依托农业农村特色资源，向开发农业多种功能、挖掘乡村多元化价值要效益，向一二三产业融合要效益。做好“土特产”品牌创建的文章，要把小品种做成大产业，靠品牌创建，做好名优特精小品种的品牌，把小品种做成大品牌，形成大产业。要通过特色产业品牌创建，强龙头、补链条、兴业态、树品牌。要通过品牌创建，推动乡村产业全链条升级，增强市场竞争力和可持续发展能力。要大力支持特色农产品优势区农业品牌创建，采用国际通用的良好农业规范，塑造现代顶级农产品及产业品牌。

三是加快推进品牌农业创新发展，要提高农业品牌现代化的科技含量。农业的育种、种植、植保、栽培、收储、加工、流通等环节融合科技元素，对品牌农业创新发展至关重要。农业品牌创新，首先要传承弘扬我国优秀的农业传统技术精华和农耕文化底蕴，讲好中国农业和特色农业产业故事。同时，要把传统技术精华、农耕文化和现代科技要素结合起来，融为一体，把传承和创新统一于农业品牌创建之中。要增加农业品牌现代科技含量，并以此擦亮老品牌，塑造新品牌。要融入现代数字、信息、营销技术，农产品生产者与营销者，共同打造和创建农业新品牌。

四是加快推进品牌农业创新发展，要坚持以市场需求为导向。目前，国内外农产品消费市场发生深刻变化。从发展模式看，品牌农产品入市、流通、消费的业态和模式发生重大变化，品牌农产品消费的规则、流程深刻调整，国际农产品营销巨头操作多变。从消费需求看，农产品消费向中高档转变，向预制品转变。多元化、多样化、差异化、保健化消费日益增长。功能性农产品和药食同源性农产品以及食品消费受到青睐。因此，品牌农业创新发展，始终面对国内外市场及消费需求的重大深刻变化。要瞄准市场需求，不断探索创新，提高品牌农业与新消费、新营销、新流通的适应度和适配性。

五是推进品牌农业创新发展，要大力提高农业品牌的溢价能力。品牌的溢价能力，就是一种品牌产品要比同样的产品创造更高的价值和效益，提高农产品品牌的附加值。溢价能力是品牌的根本性能力，是衡量一个品牌价值的关键。一个品牌的溢价能力取决于品牌产品的文化、信誉、质量、营销、服务等要素。我们要把提高溢价能力作为品牌农业发展的重中之重。要确保品牌农产品的质量，从源头产地控制质量。要提高品牌农产品的认知度，强化客户群情感认知和理性认可。要强化品牌农产品的特色，增强品牌农产品的市场竞争优势。要突出品牌农产品的差异化，以个性化、特色化适应消费者需求。

第三，大力提高品牌农业发展质量

“十四五”时期农业发展的根本要求，就是要提高农业的发展质量和效益。要以全面推进乡村振兴和加快建设农业强国为目标，转变农业发展方式，坚持绿色发展，走质量兴农、品牌强农之路。品牌农业发展要提高农业品牌创建质量，打造高品质、有口碑的金字招牌。农业品牌要提高质量、提升品质、赢得口碑，创建更多的农产品、农业产业、农业企业的金字招牌。

一是大力实施农业品牌提升行动。加快形成以区域公用品牌、企业品牌、大宗农产品品牌、特色农产品品牌为核心的农业品牌格局。创建并认定国家级特色优势农产品保护区，打造一批中国有名、世界知名的特色农产品品牌，增强绿色优势中高端特色农产品供给能力，加大对特色农产品优势区产品的宣传和推介力度。加强农业品牌认证、监管、保护等各环节的规范和管理，提升我国农业品牌的信任度和公信力。创新产销衔接机制，搭建品牌农产品营销平台。依托大型农产品批发市场、电商平台、各类商超组织，为品牌农产品营销创造条件。打造一批国际知名农业品牌和国际知名品牌展会。

二是着力推进农产品区域公用品牌建设。充分发挥区域农业资源的优势和特色，以农产品区域公用品牌为龙头，确立主导产业，主导品牌，打造品牌农产品优势区和主体功能区。发展名优特精农产品区域公用品牌，打造我国农业品牌发展的升级版，培育我国农业品牌的新业态、新动能。大力推动农产品区域公用品牌联合体建设。提高我国农业品牌的规模化、集约化、标准化水平。发挥农业品牌的集聚效应，推动新型农业经营主体家庭农场、农民合作社、社会化服务组织联合与协作，推进农业专业化生产、区域化布局和集约化发展。要培育壮大一批特色鲜明、质量稳定、信誉良好、市场占有率高、在国内外市场有竞争力有占有率的我国农产品区域农业品牌。

三是大力提升地标农产品品牌创建质量。大力提高地标农产品的品牌影响力。要提高地标农产品的六个影响力，即（1）提高地标农产品品牌的地域名誉、信誉、声誉影响力含量；（2）提高地标农产品的人文文化影响力含量；（3）提高地标农产品品牌的生态环境影响力含量；（4）提高地标农产品品牌的特质性影响力含量；（5）提高地标农产品品牌的独特农艺、加工工艺影响力含量；（6）提高地标农产品品牌现代科技要素影响力含量。通过以上措施，创新和延长地标农产品的生产链、价值链，打通地标农产品品牌、地标农产品加工品牌、地标农产品文化品牌、地标农产品营销品牌的四条路径，促进“四标”协调发展，提高贯穿地标农产品生产链、产业链、供应链、价值链全产业链的规模效应和整体效应。

四是以科技创新为动力，大力推进品牌农业理念创新、技术创新、业态创新、组织模式创新。要把品牌农业传统技术精华同现代科技要素有机融合起来。要把现代科技要素植入品牌农业，提高品牌农业的科技含量、文化含量和附加值。要促进数字技术与品牌农业深度融合，擦亮老品牌，塑造新品牌。以数字技术促进品牌农业智能化，提高与新消费、新营销、新流通的适应性。

五是加大品牌农业发展的政策扶持力度。进一步建立健全品牌农业扶持政策。建议把扶持农业品牌发展纳入扶持农业绿色发展、质量兴农政策。财政、金融、保险政策应向农产品区域公用品牌、地标农产品品牌及联合体倾斜。应鼓励社会工商资本和龙头企业积极参与品牌农业创建。进一步加强农产品品牌，特别是农产品区域公用品牌和地标农产品品牌的培育和保护，加大对农产品商标、质量认证、“三品一标”等知识产权的管理和保护。

品牌农业　我们一路同行

刘平均

【作者简介】刘平均，2005年任国家质量监督检验检疫总局党组成员，国家标准化管理委员会主任、党组书记，2008年任国家质量监督检验检疫总局副局长、党组成员，2013年任全国政协委员、中国品牌建设促进会理事长，2014年当选为国际标准化组织品牌评价技术委员会（ISO/TC 289）顾问组（CAG）主席，2019年经中组部批准，连任中国品牌建设促进会理事长，2020年受聘为全国政协参政议政特聘专家。在担任国家标准化管理委员会主任和国家质量监督检验检疫总局副局长期间，成功推动中国成为国际标准化组织（ISO）常任理事国。2011年，联合美国、德国，研究提出了“五要素”品牌价值发展理论，标志着品牌价值伴随科技、经济、社会的进步而不断发展，获得世界各国支持。

推动国际标准化组织（ISO）成立了品牌评价技术委员会（ISO/TC 289），并由我国担任秘书国（秘书国永久不变），秘书处设在中国品牌建设促进会，并作为“品牌价值发展理论”的创始人，当选ISO/TC 289顾问组主席。在担任十二届全国政协委员期间，提案设立中国品牌日，2017年国务院正式批准每年5月10日为中国品牌日。2019年，国际标准化组织（ISO）批准颁布了由中国、奥地利牵头，会同12个成员制定的品牌评价国际主标准《品牌评价 基础与原则》（ISO 20671：2019）。在历时 5 年的标准研制过程中，多次主持会议，对争议的重大问题进行协调，全体成员代表最终形成了以“五要素”理论为核心的国际品牌评价主标准。2021 年，中国品牌日的提案列入了国家 70 年 100 个重要提案，并受到表彰。

2014 年 5 月 10 日，习近平总书记做出了“推动中国制造向中国创造转变、中国速度向中国质量转变、中国产品向中国品牌转变”的重要指示，2021 年又做出了“要强化品牌意识”的重要指示。在总书记一系列指示的引领下，中国农业品牌建设取得了重要成果。

一、中国为全球建立品牌评价理论体系、标准体系和发布体系做出了重大贡献

一是中国联合美国国家标准化机构（ANSI）、德国国家标准化机构（DIN），创新了“品牌价值发展理论”，获得了世界各国的支持。中国的贡献是提出了“质量”和“服务”二个评价指标，德国补充了“技术创新”，美国补充了“无形资产”，加上已有的“有形资产”，形成了“五要素”品牌价值评价理论体系，得到世界各国的支持与认可。

二是在“五要素”理论的基础上，中国和美国向国际标准化组织（ISO）提交联合提案，推动成立国际标准化组织品牌评价技术委员会。经过国际标准化组织 165 个成员国为期 3 个月和 15 个技术局成员国为期 1 个月的投票，分别以 95.6%、100%的赞成票获得支持。2014 年，ISO 中央秘书处正式批准成立“国际标准化组织品牌评价技术委员会（ISO/TC289）”，中国担任秘书国家，中国、美国、英国、德国、法国、加拿大、奥地利、俄罗斯、意大利、墨西哥等国家为成员，美国担任第一届主席国家，现任主席国是英国。

三是由中国、奥地利牵头，会同各成员国家共同制定的以“五要素”理论为核心的品牌评价国际主标准《品牌评价，基础与原则》（ISO：20671）于 2019 年正式颁布实施，为世界各国的品牌建设及国际品牌评价提供了标准依据。2023 年 4 月，分类评价国际标准《品牌评价地理标志相关产品》（ISO 20671 -3：2023）发布，进一步为国际农业区域品牌建设提供了标准

依据。

四是社会公益机构“国际品牌科学院”正式成立。“国际品牌科学院”由中国、美国、英国联合发起成立，其宗旨是遵照品牌评价的国际标准，支持世界各国建立品牌评价标准体系和发布机制，为全球不同体制的国家建立科学公正的品牌价值评价发布体系。

国际品牌科学院已批准中国设立10个国际品牌中心。国际品牌中心重点开展五方面的工作：①研究制定相关产业的品牌评价国际团体标准，由国际品牌科学院立项并发布；②依据品牌评价国际团体标准由国际品牌科学院公益发布相关产业的世界品牌榜，同时按品牌评价“五要素”发布质量金奖、服务金奖、创新金奖、文化金奖、贡献金奖；③发布相关产业的国际品牌发展指数；④开展相关产业的线上线下国际品牌贸易；⑤召开相关产业的全球品牌大会。凡是建立国际品牌中心的地区，由政府建立产业园，建立品牌保护机制，免受假冒伪劣的侵害。2023年将在宁夏国际葡萄酒品牌中心发布世界葡萄酒品牌榜，在四川泸州国际蒸馏酒品牌中心发布世界蒸馏酒品牌榜。

二、我国建立了“科学、公正、公开、公认”的品牌价值评价发布体系，树立中国农业品牌正能量

2014年6月，国务院明确要求推动形成“中国特色的品牌价值评价机制”。目前我国已经颁布了41项品牌评价的国家标准。中国品牌建设促进会先后联合中央电视台、中国国际贸易促进委员会、新华社、《经济日报》、财政部中国资产评估协会、国务院国有资产监督管理委员会新闻中心，遵循“科学，公正，公开，公认”的准则，开展了10次公益性的“中国品牌价值评价信息发布”，获得社会各界高度评价。

三、中国农业品牌走上世界取得重要成果

一是我国颁布了农产品、食品加工、地理标志区域品牌等农业品牌评价国家标准，初步形成了农业品牌建设的标准体系和发布机制。

二是遵照习近平总书记十九大报告中“促进我国产业迈向全球价值链中高端，培育若干世界级先进制造业集群”的指示，我国成立了23个农业相关品牌集群，形成了农业品牌资源的合力。

三是我国建立了7个农业相关国际品牌中心，2024年将发布国际大米品牌榜、国际小麦产业品牌榜、国际人参品牌榜，在推动中国农业品牌走上世界的同时，为建立全球农业品牌评价标准体系和发布机制做贡献。

四、联合发起了“品牌强农，乡村振兴”行动

2022年，中国品牌建设促进会联合中国老区建设促进会、中国农产品市场协会、中国城镇化促进会、中国优质农产品开发服务协会联合开展了“品牌强农乡村振兴”“品牌消费无假劣”行动。

一是在全国优选5000个区域公用品牌，在1500个县（覆盖832个脱贫县）建立产业园，通过农产品深加工，形成品牌产业链，让边远地区的生态农产品走出深山僻壤，解决销售难的问题，为脱贫致富建立长效机制。

二是在国家规划的103个流通节点城市建立品牌供应链中心。

三是在全国成立的30个左右国际品牌中心建立国际品牌供应链中心。形成批发、零售贸易网络，实施产品全程溯源，实现“品牌消费无假劣”，并建立国际品牌贸易平台，助力形成以国内市场为主体，国际国内双循环发展格局。2022年与122个县人民政府签署了“品牌产业园”合作协议，2023年扩大到500个县。今年底，首批品牌供应链中心将正式运营。

民以食为天，世界各国高度重视农业的可持续发展。打造农业品牌要以环境保护、增产增收、可持续发展为核心。在中国优农协会成立30周年之际，祝愿中国的优质农产品一定会走向世界，造福人类！

为农业强国建设打造更多更亮更强的品牌

陈萌山

【作者简介】陈萌山，中国农业科学院研究员，国家食物与营养咨询委员会主任，中国农业技术经济学会会长，中央农办、农业农村部乡村振兴专家咨询委员会委员。曾任第十三届全国政协委员，中国农业科学院党组书记，原农业部办公厅主任、总经济师、种植业管理司司长。长期从事农业农村管理工作，对农村改革、农业政策、粮食安全、乡村治理、食物营养发展、科研管理等有较深入的研究，多年来在《人民日报》《紫光阁》《求是》《农业经济问题》等刊物上发表文章100多篇，著有《主要农作物起源与发展》《马铃薯简史》《会吃才有健康》等多部专著。主持国家公益性行业科研专项“马铃薯主粮化关键技术体系研究与示范”重大课题研究，主持编写《中国食物与营养发展纲要（2023—2030年）》。

中国优质农产品开发服务协会（以下简称中国优农协会）作为从事优质农产品业务的全国性社会团体，过去30年来，始终以服务“三农”为己任，围绕质量兴农、绿色兴农、品牌强农的总体要求，确立了“主攻流通、主打品牌”的工作思路，始终将推动我国农业品牌建设作为工作重点，开展了一系列有声有色的品牌活动，大力培育发展品牌农产品，促进中国产品向中国品牌转变，为推动我国农业品牌化建设系统化、制度化发展取得了显著的成效，成为农业品牌建设的先行者和旗手，彰显了协会国家队的使命和责任、协会工作的特点和特色。

中国优农协会在推进品牌农业建设中，形成了许多有效的做法和经验，呈现了许多工作亮点。

一是大力开展农业品牌宣传推介活动。中国优农协会联系地方政府和有关部门，持续举办各种优质农产品推介活动，大力宣传地域特色农产品品牌；持续开展“强国兴邦中国梦·品牌农业中国行”，特别是在许多贫困地区开展了许多农产品产销对接活动，做到把农业品牌推介的平台沉到了产地，放到了优质农产品生产的重要季节，深耕基层，深受欢迎，有力引导了城乡居民消费，有力促进了农产品流通。

二是大力开展农业品牌评价工作。联合有关涉农协会、学会和农业科研院校，开展“消费者最喜爱的中国农产品区域共用品牌”和“最具影响力的中国农产品区域共用品牌”等网络调查和农业品牌价值评价工作，让更多大而美、小而特的农业品牌深入民心、行销全国、走向世界。

三是大力促进农业品牌标准和制度建设。中国优农协会通过大量的调查研究，向国家有关部门提出了制定国家农业品牌发展规划、建立扶持保护机制、完善品牌标准体系、探索建立农产品品牌目录制度和推进特色农产品区域品牌建设等建议，对推进农业品牌的发展和国家有关品牌农业发展政策的出台发挥了积极的作用。

四是大力提升农业品牌国际化影响。组织开展多国家、多层次、多形式的市场推介交流活动，连续多年组团参加德国柏林国际绿色周，会同中国互联网中心等举办“一带一路”文化融合论坛，为政府及企业提供深度国际交流和品牌海外拓展的机会，大力推介我国品牌农产品，传播品牌故事，成功将我国多个区域公用品牌推向国际市场。

五是大力打造农业品牌宣传平台。创办《优质农产品》杂志和中国品牌农业网，出版了《中国品牌农业年鉴》，协办《农民日报》“品牌农业周刊”，广泛向社会宣传农业品牌，提升农业品牌社会影响力。中国优农协会依靠科技创新，大力推进品牌建设数字化发展，搭建了中国优质农产品数字化平台，将数字科技与农业发展相融合，推进品牌农产品产业化转型。

我国已经全面进入加快农业现代化和建设农业强国新征程，农业品牌建设任重道远。我国农业品牌还存在多而不精、大而不强的问题，优势产业、市场空间潜力大、文化底蕴深厚的产品品牌挖掘得还不够；品牌品类还不完善，区域共用品牌、公用品牌、产品品牌协同发展的局面还没有形成；品牌要素融合不够，还需要在贯穿农业生产加工、流通、消费全过程发力，使品牌形成的过程变成生产要素聚集、大食物资源开发整合的过程；国际型的农业品牌还不够，还需要加强接轨国际规则、适应不同国家消费需求，打造更多具有中国特色又有国际竞争力的农产品品牌；我国农业品牌整体影响力、竞争力还不够强，农业品牌推进机制和建设方略还需要进一步探索完善，品牌的营销宣传和经营服务，品牌的国际推广还有很大潜力。期待中国优农协会继续发挥引领促进作用，聚集多方合力，在打造新时期我国农业品牌促进强农建设过程中再立新功。

一是推动构建多部门联动的农业品牌创建工作机制。通过协会有效的工作，加强农业、工商、发改、质检等部门的合作力度，出台更加有力的政策措施，打造农业品牌联动机制。鼓励各地制定区域公用品牌发展长期规划。通过规划的方式明确各级各部门的责任与义务，保障农业品牌建设行稳致远。推动建立农业品牌促进机构。打造专业化的农业品牌运营机构，构建辐射带动新型农业经营主体的利益联结机制，将品牌的力量充分赋能农业产业链。构建农业品牌建设激励机制。注重保护农业品牌产权，形成完备的农业品牌建设激励机制，切实解决农业品牌建设中“以次充好”的问题。

二是推动地方特色文化与农业品牌融合发展。立足各地丰富的地域资源文化内涵，深挖特色农产品背后的故事传说、风俗习惯和人文精神，强化特色农产品品牌的文化价值。一方面，挖掘具有文化内涵的特色农产品品牌。立足当地独有的气候环境和深厚的农耕文化，深挖特色农产品背后的故事传说和文化内涵，创响一批“土字号”“乡字号”特色农产品品牌，用文化赋能农业品牌。另一方面，将农业文化与特色农产品优势区紧密结合起来。按照“创建特优区和塑造区域公用品牌相结合”的思路，把农业品牌建设与文化振兴、特色农产品优势区创建结合起来，培育一批独具特色、承载文化内涵的乡土特色品牌。

三是重视数字化技术在打造农业品牌过程中的作用。在进一步提升中国优质农产品开发服务协会优质农产品数字化平台的基础上，通过多种方式，推进优质农产品企业利用大数据、云计算、移动互联网、区块链等现代技术手段，提升农业品牌管理水平、营销水平，用科技和数字赋能农业品牌，完善品牌的价值，塑造农业品牌形象。通过各种方式，推进政府和社会加强农业品牌数字化建设，完善农业品牌数字化基础设施。加大资金投入，提升农村宽带网络水平，并依托现有资源建设农业农村大数据中心，推进现代信息技术在农业领域中的应用。推广云端家庭农场、订单式农产品等模式，满足消费者的个性化偏好，从而加深消费者对农产品的认知，深化农业品牌的影响力。打造农产品品牌数字化人才队伍。结合新农科建设的契机，培养农业学科和信息技术、数字技术相结合的复合型人才，建设一支农业品牌数字化研发、营销、管理专业人才队伍体系。

四是形成多元主体共同推动农业品牌发展的格局。要以品牌为纽带，把新型农业经营主体、行业协会等主体紧密联系到一起，共同维护好品牌的声誉，共享品牌收益。探索多元化主体打造农业品牌的格局。充分整合农户、农业、农产品资源，广泛联结各位新型农业经营主体，开展农产品统防统治与标准化生产，提升农业产业化与农产品品牌化水平，形成“政府引导、社会组织支撑、科研院所驱动、生产主体参与”的农业品牌建设氛围。充分发挥中国优农协会这一行业组织的作用，重点引导农业龙头企业、农民专业合作社等新型农业经营主体开展农产品品牌化建设，为市场主体广泛对接科研院所、销售平台等主体，打造农产品品牌建设“产学研销”深度融合的平台。加快推进水肥一体化、有机肥替代化肥、病虫害绿色防控等关键技术研究，鼓励科研机构引进优良种质资源，加快选育一批在口感、风味、营养物质含量等方面与国外品种媲美的新品种，以质量提高推动农产品品牌提升。

五是提高我国农业品牌农产品国际市场竞争力。在百年未有之大变局和“双循环”战略的背景下，切实发挥好中国优农协会会员覆盖面广、联系部门领域多的优势，广泛开展农业品牌“走出去”活动，进一步落实“一带一路”倡议，优先拓展“一带一路”沿线国家农业品牌的合作与交流，让更多的农产品走出国门，提高我国农业品牌的国际竞争力，打造中国优质农产品的国际招牌，着力构建一个更加顺畅、更加开放的中国农业品牌国际市场。

继续发挥中国优农协会杂志、网站、论坛等平台的功能和作用，联系和动员社会更多的力量，支持国家农业现代化和强国建设，更加生动、更加有效地宣传推介农业品牌，不断地开创国家、农业行业组织工作的新局面。

做强农业品牌　赋能乡村振兴

张玉香

【作者简介】张玉香，中国农产品市场协会会长，全国政协丝路规划研究中心专家委员，中国品牌建设促进会专家委员会副主任。曾任原农业部党组成员、总经济师、市场与经济信息司司长，国务院参事室特约研究员，全国妇联执委。长期从事农业农村宏观经济、农业发展战略规划、农产品市场流通、农产品质量安全与品牌建设、农业农村信息化、"菜篮子"工程等研究和管理工作，致力于推动实践农业市场化改革发展。在《国事咨询》等重要期刊和媒体发表文章多篇。其中《提高驾驭农村市场经济能力与推进农业信息化、标准化和市场化的思考》等文章获得多个相关奖项，入选有关理论学习文集。主持研究《推进供给侧结构性改革　促进农业提质增效转型升级》等重点课题，调研撰写多篇关于农业农村发展的重要问题政策建议，获得相关领导批示多次。主编《农业信息化理论与实践》《农产品质量安全管理理论、实践与发展对策》等专著。

农业品牌是农业现代化的核心竞争力和重要标志，是加快建设农业强国的必然选择。习近平总书记高度重视农业品牌建设，指出，要做好"特"字文章，加快培育优势特色农业，打造高品质、有口碑的农业"金字招牌"；要深入推进农业供给侧结构性改革，推动品种培优、品质提升、品牌打造和标准化生产。2022 年 12 月，总书记在中央农村工作会议上，要求各地推动产业振兴，把“土特产”这 3 个字琢磨透，要强龙头、补链条、兴业态、树品牌，为我国走好品牌强农之路，助力建设农业强国指明了方向路径。

当前，我国农业已进高质量发展的新阶段，品牌引领产业兴旺、助力乡村振兴是重要特征和关键任务。

以品牌引领产业振兴。乡村振兴，产业兴旺是首位。推进农业品牌建设有助于农业由增产导向转向提质导向，促进资本、技术、信息、人才等要素向农业农村流动，加快构建现代农业产业体系、生产体系、经营体系，提高农业全要素生产率，培育农业农村发展新动能。

以品牌推动“三产”融合。品牌是农业产业体系的重要引领。选择具有比较优势的特色农业品牌产业，坚持以农产品加工业链接三产融合，推进规模化、集聚化，加强农业与旅游、教育、文化、健康养老等产业深度融合，促进农业高端化发展，从而带动整个农业产业链条的转型升级。

以品牌助力农业提效农民增收。随着我国消费结构加快升级，农产品消费需求呈现个性化、多元化特点。打造农产品品牌，优化农业生产结构和产品结构，增加优质农产品供应，有利于更好地发挥农业的多功能性，提升农业的整体价值，使农业供需关系在更高水平上实现新的平衡。习近平总书记在安吉溪龙乡考察时指出：“一片叶子成就了一个产业，富裕了一方百姓。”品牌将生态、人文等资源优势转化为发展优势和市场优势，实现由低附加值向高附加值转变，让农民分享全产业链和全价值链提升带来的更多收益，形成农民增收新动能。

以品牌提升市场竞争力。世界农业强国无一例外都是品牌强国。当前全球农产品市场格局正在发生根本性变化，市场竞争的制胜法宝已不再只取决于规模，而是取决于是否拥有高品质和差异化的品牌优势。全力打造农产品品牌，有利于提高我国农业产业发展质量，树立我国农产品良好的国际形象，提升对外合作层次与开放水平。只有以品牌为抓手，找准我国农产品出口的细分市场，讲好中国农业品牌故事，唱响中国品牌，才能在应对国际竞争中掌握主动权。

现阶段，我国农业品牌发展面临难得的发展机遇。在国家政策方面，2016 年国务院办公厅印发《关于发挥品牌引领作用推动供需结构升级的意见》，2017年设立中国品牌日，标志着我国品牌建设上升到国家战略。这一时期，农业农村部后续密集出台系列政策文件和措施，确立品牌推进年，推动目录制度建设，加快推进品牌帮扶，相继发布品牌强农指导意见、精品培育计划等，品牌打造贯穿农业农村重点领域重点规划，国家级和各层面品牌推介营销全面开展，农业品牌发展进入全面创新提升发展的新阶段。在建设经验方面，各地实践积累了丰富经验，根据农业农村部发布的最新数据显示：截至2022年8月底，全国绿色有机地理标志农产品产品总数超过6.3万个，相较2012年底，10年增长了320%。洛川苹果、赣南脐橙、斗南花卉、定西马铃薯等一大批农产品品牌脱颖而出，市场影响力与日俱增。2019年，为贯彻落实党中央、国务院决策部署，在农业农村部党组的正确领导下，市场与信息化司组织指导中国农产品市场协会等有关单位共同开展了中国农业品牌目录建设工作，发布了300个农产品区域公用品牌、108个农产品品牌，并对100个品牌进行了公益性价值评估和影响力指数评价。中国农业品牌目录的发布受到社会各界高度关注，影响力很大，带动作用凸显。在技术创新方面，全国农业科技进步贡献率10年间提高7个百分点，超过61%；农作物耕种收综合机械化率超过72%；农作物良种覆盖率达96%以上。从农业机械化到农业信息化，再到农业智能化，为农业品牌发展提供了强大的支撑。

与此同时，我们也应看到，与形势发展要求及发达国家相比，我国农业品牌化发展仍存在一些突出问题。比如，很多地方对农业品牌存在认识差异化，缺乏对品牌内涵的认识、对品牌形象的塑造和文化的挖掘。特别是在管理上，一些本来具有优势的农产品区域公用品牌，由于保护机制不健全，无法持续保持影响力。品牌建设还缺乏“个性化”，多数品牌只是注重商标的识别功能和促销功能，品牌独占性不突出，品牌影响力很多还停留在局部地域，跨省跨区域的品牌不多，国际上的知名品牌还较少。

品牌强农是经济高质量发展的迫切要求，是全面推进乡村振兴、加快农业农村现代化的重要抓手，是加快建设农业强国的必然选择。品牌是一条红线，牵住这条线，就能带活全局。我们要把品牌这杆大旗高举起来，用品牌覆盖农业全产业链条，更好地打造区域品牌、企业品牌、产品品牌，促进农业质量效益全面提升，助力乡村振兴。

一是坚持统筹兼顾，整合资源形成合力。要发挥好政府、市场“两只手”

作用，加快推动建立统一有序、多层链接的中国农业品牌政策体系，深度打造全国知名区域公用品牌、企业品牌和产品品牌。建立健全品牌创建激励保护机制，把中央给予的政策用足用好，用政策手段、金融杠杆等办法，为品牌创建创造良好条件。

二是坚持固本强基，改革机制激发活力。鼓励农产品流通主体同产区共建共创生产基地、共享共赢市场利益，引导推动农业由增产导向转向提质导向，增加有效供给。推行符合高质量发展的标准体系，提高农业的标准化水平，推动国际国内标准接轨。鼓励市场主体制定高于国家标准或行业标准的企业标准，增强品牌企业市场竞争力。加强品牌研究和技术研发机构建设，支持有实力的企业牵头开展行业共性关键技术攻关，推动行业创新发展。

三是坚持市场导向，市场运营增强能力。发挥好企业、合作社和农户等各类主体在品牌建设中的重要作用，构建多元利益联结机制。加强品牌农产品生产与市场互联互通，构建优质优价市场机制，推动农业产业绿色化、特色化、优质化、品牌化。支持“互联网＋农业”，建立品牌农业大数据平台，动态分析市场变化，精准定位消费需求，为发挥品牌带动作用、开展服务创新和商业模式创新提供支撑。

四是坚持产销衔接，品牌营销提升效力。加强农业品牌营销的统筹协调，支持品牌主体既要充分利用农业展会、产销对接会等传统渠道，又要借助大数据、电商、移动互联等现代传播途径，拓宽营销渠道。同时，针对不同的农产品种类、地域情况和市场经济环境，开展农超对接、农批对接、农产品直销以及农校对接、农社对接等农产品产销对接模式。

五是坚持文化先行，宣传推介散发魅力。要立足资源优势，围绕消费诉求、地域特色、文化内涵，培育好农业品牌，挖掘好、提炼好、讲述好中国农业品牌故事，弘扬中华璀璨的农耕文化，不断扩大中国农业品牌影响力，实现以品牌带动产业提升和营销窗口渠道拓展，更好地塑造国家形象、展示大国精神、传播中华文化。

六是坚持与“世”俱进，国际合作创新动力。要善于借船出海，在“一带一路”建设中，推动以品牌农业构建农业国际合作平台，强化品牌合作，打造一批叫得响、走得出的国家农业品牌，提升我国农业在国际的竞争力。

大道之行，壮阔无垠；大道如砥，行者无疆。让我们以习近平新时代中国特色社会主义思想为指导，全面贯彻落实党的二十大精神，坚定信心、铆足干劲，埋头苦干、狠抓落实，让更多中国农业品牌跻身国际大舞台，弘扬中华农耕文化的独特魅力和深厚底蕴，丰富中国百姓和世界人民的餐桌，为全面推进乡村振兴、加快推进农业农村现代化、建设农业强国做出新的更大贡献。

开创篇

KAICHUANG PIAN

筚路蓝缕　风雨兼程

——中国农业品牌30年回望

陈　萍

【作者简介】陈萍，农业农村部市场与信息化司原一级巡视员。在农业农村部从事农业新闻宣传、农业品牌与流通、农业农村信息化等工作三十余载。曾任原农业部办公厅新闻宣传处长，行政审批综合办主任，综合处处长，中国动物卫生与流行病学中心副主任，市场与信息化司副司长、一级巡视员。30多年的多个岗位历练，孜孜以求，钻研业务，探索创新，经验丰富。参与国家重要政策、规章起草，行业标准制定、国家财政专项实施、重大课题研究和重要文献编撰。近年来，主要从事农业品牌与市场流通、农业农村信息化工作，推动产地市场体系建设，建立农业品牌目录制度，实施信息进村入户工程、农产品出村进城工程，研究智慧农业和数字乡村发展战略、政策创设、项目实施。参与组织农交会、中国农民丰收节、贫困地区农产品产销对接等大型活动，为行业发展做出了积极贡献。

中国农业品牌的发展是伴随着改革开放和现代农业建设步伐前行的，由小平同志南方谈话兴始，一路筚路蓝缕，风雨兼程，至今，大步跨越四个阶段，昂首迈向第五个阶段，成功探索出一条立足中国国情，具有中国特色的农业品牌建设发展道路。

一、农业品牌 30 年历程

1. 农业品牌萌芽期（1992—2000 年）

1992 年，邓小平同志视察珠海时提出“我们应该有自己的拳头产品，创出我们中国自己的品牌，否则就要受人欺负”，这是我国领导人首次强调中国自有品牌的概念。同年，国务院印发《关于发展高产优质高效农业的决定》，提出我国农业应当在继续重视产品数量的基础上，转入高产优质并重、提高效益的新阶段。1996 年国务院印发《质量振兴纲要（1996 年—2010 年）》，提出“实施名牌战略，振兴民族工业”。1998 年党的十五届三中全会作出“粮食和其他农产品大幅度增长，由长期短缺到总量大体平衡、丰年有余”的重要判断，我国农产品供求关系发生重大变化，主要农产品长期短缺历史基本结束，农村经济活力逐渐增强，这为农业品牌起步发展提供了政策环境和市场机遇。

此阶段，我国开始推行经济体制改革，一系列搞活、开放政策为企业发展注入了强大动力，一批农业企业开始创建，如蒙牛（1999 年成立）、双汇（1998 成立）、思念（1997 成立）等，这些企业开始从单纯生产型转为生产经营型，逐步建立起以提高经济效益为中心的经营机制，品牌打造意识逐渐崛起，为农业品牌创建奠定了基础。

2. 农业品牌起步发展期（2001—2008 年）

进入 21 世纪，我国经济进入飞速发展期，有几个标志性的品牌相关事件。一是 2001 年中国加入 WTO，国务院批准建立中国名牌战略推进委员会，推动实施名牌发展战略；二是 2005 年中央经济工作会议提出“必须加快实施品牌战略，推动经济增长方式转变”；三是 2007 年党的十七大提出加快培育国际知名品牌要求；四是 2005 年中央一号文件首次提出“农产品品牌”，强调“整合特色农产品品牌，支持做大做强名品产品”；五是 2006 年农业部印发《关于进一步推进农业品牌化工作的意见》，首次提出推动农业品牌化，强调推进农业品牌化是实现农业增效、农民增收的重要举措。

在此背景下，农业企业快速发展，企业数量急剧增加，企业逐渐意识到品牌在消费市场的带动作用，各地涌现出大批龙头企业品牌。同时，政策层面的推动，各地开始聚焦区域公用品牌建设，个别地区品牌创建意识觉醒，例如五常大米、赣南脐橙于 2003 年开始实施原产地域产品保护，烟台市苹果协会2002年正式成立，并将“烟台苹果”注册为地理标志证明商标，开启区域品牌发展之路。

3. 农业品牌多元发展期（2009—2016年）

2009年首届中国农产品区域公用品牌建设论坛召开，这是国内第一次聚焦农产品区域公用品牌建设方法和路径的高峰论坛。2011年中国农产品品牌大会召开，此后农产品区域公用品牌呈星火燎原之势，逐渐成长起来。特别是从2012年党的十八大以来，党中央、国务院高度重视品牌建设，实施品牌强国战略，品牌发展成为国家战略。习近平总书记多次对品牌建设做出重要指示，2014年“三个转变”的提出，为中国品牌建设指明了方向，也为农业品牌打造提供了根本遵循。

此阶段，从中央到地方，各县域特色产业争相创建，农产品区域公用品牌加快发展，随着区域公用品牌的崛起，农业企业品牌和产品品牌分享区域品牌发展的红利，得以快速增长，并且由加工型企业品牌为主向初级农产品生产及流通品牌转变。企业品牌、产品品牌、区域品牌初步形成协同发展格局。

4. 农业品牌快速提升期（2017—2023年）

2017年2月，农业部印发《关于推进农业供给侧结构性改革的实施意见》强调，加快推进农业品牌建设，并将2017年确定为农业品牌推进年。自此开始，国家层面关于农业品牌相关的政策、意见、通知等文件密集印发，2018年提出品牌强农意见；2019年一号文件提出创响“土字号”“乡字号”特色产品品牌，实施农业品牌行动，启动农业品牌目录制度建设；2020年提出打造地方知名农产品品牌，发布《中国农业品牌发展报告》；2021 年提出新“三品一标”，启动脱贫地区农业品牌帮扶工作；2022 年印发《农业品牌精品培育计划（2022—2025 年）》《新时代推进品牌建设的指导意见》；2023 年印发《支持脱贫地区打造区域公用品牌实施方案（2023—2025 年）》，全面推动脱贫地区农业品牌建设。

此阶段，随着中央地方对农业品牌的高度重视，逐渐形成了一套品牌打造的方法和逻辑，各地立足自身资源禀赋优势，因势、因地、因时制宜地打造了一大批区域品牌和企业品牌，带动地方产业转型升级，极大地满足消费者对优质农产品的需求。

5. 品牌深入发展期（2023 年—　）

伴随物联网、大数据、云计算、移动互联、区块链、人工智能等新一代数字管理技术与农业农村的渗透交叉与深入融合，农业农村机械化、数字化水平将大幅提高，农产品将趋于高度标准化和品质化，农业品牌将聚焦核心竞争力向深层次发展。

未来，农业品牌打造将更加深刻地理解把握市场规律和品牌发展规律，以市场需求为导向，以服务产业发展为目标，聚焦品质提升、市场开发、多元化渠道拓展、高水平营销、海外推广等关键环节发力，全面提升农业品牌核心竞争力。

二、中国特色农业品牌发展之路

经过 30 余年品牌发展，据农业农村部公布的数据，截至 2021 年底，我国省级农业农村部门纳入目录重点培育创建的农产品区域公用品牌约 3000 个。截至 2022 年底，全国绿色食品和有机农产品有效用标主体约 2.8 万家，产品超过 6 万个，农产品地理标志商标注册约 6200 个，各地方农业品牌呈现规范有序发展态势。

1. 政策指引农业品牌完成发展时期的转变

回顾我国农业品牌发展的各个阶段，政策制定和实施在各个阶段均起到了指导和引领作用。品牌萌芽期和快速发展期的政策重在打好品牌基础、鼓励探索。作为品牌建设重要基础的《商标法》于 1983 年实施；1984 年我国加入《保护工业产权巴黎公约》，开始探索地理标志保护，农业部相继组建了优质农产品开发服务中心、中国绿色食品发展中心；1994 年成立市场与经济信息司，开始探索出台系列促进农产品品质提升、品牌宣传推广的政策措施；2005年中央一号文件首次提出“农产品品牌”。农业品牌多元发展期的政策重在指导和助推品牌发展。从品牌建设论坛、品牌大会到中国“三个转变”，再到2015年习近平总书记在吉林考察时提出的“粮食也要打出品牌”，均为地方政府、农业企业明确了农业品牌的大方向。品牌深入发展期的政策重在规范和引领品牌建设。多个规划和意见具体明确提出了品牌的具体创建内容、步骤、保障等，为地方品牌规范化良性发展提供依据和借鉴。

2. 区域公用品牌引领带动企业和产品品牌协同发展

中国特色的小农经济决定了占据农业从业者98%的小农户难以参与现代化大市场竞争。随着市场经济发展，小农户扩大规模、报团取暖，以家庭农场、合作社等形式出现，逐渐形成区域规模和特色。此时，区域公用品牌的打造将生产端与消费端连接起来，消费者认同区域公用品牌进而认可区域公用品牌下带动的企业品牌和产品品牌，使得中小规模农户也得以分享优质优价的品牌建设红利。事实表明，这种协同发展的格局有助于产业转型、企业良性发展、农户增收。

3. 科技赋能助推农业品牌迈上新台阶

随着互联网发展及物流技术改进，破解了农业产业地域性、难以远途运输等难题，为农业品牌建设提供了走出地方的可能性。设施农业技术的普及，化解了农业季节性、周期性问题。数字技术的成熟，逐渐提高农业生产作业的精准度，降低病虫害风险，实现可追溯等。科技赋能农业，进而实现农业品牌化、标准化和品质化，为品牌走出地方、迈向更广阔空间提供了保障。

三、未来农业品牌建设新征程展望

1. 继续释放政策红利

当前，各地方对农业品牌创建积极性较高，但仍存在不知从何抓起、难以激发企业能动性、无法形成系统创建方法等问题。这要求中央层面要锚定加快建设农业强国，以打造世界农业品牌为目标，强化统筹，综合施策，发出更加强劲的政策信号，聚集各方力量，打造精品农业品牌。同时各地方应将农业品牌建设纳入年度工作计划，引进外部智力资源，形成中长期品牌建设发展规划；加强制度化建设，形成品牌培育、发展和促进机制，推动品牌创新发展；建立多部门联动的品牌组织，明确职责分工，将品牌工作分解到部门，真正做到工作能落实、资金能到位、效果能监督，进一步激发农业品牌对产业的强引领作用。

2. 积极开拓国内外两个市场

近年来，有一些农业品牌强势发展，品牌竞争力持续提升，知名度影响力不断加大。鼓励优秀农业企业在国内大循环为主体、国内国际双循环相互促进的新格局下，积极开拓国内大市场、促进内循环是农业企业品牌未来发展方向。同时，要突破创新，积极开拓境外市场，提升中国农业品牌国际竞争力，如积极参加境外展会，例如全球水产展、俄罗斯国际食品展、法国 SAIL 国际食品展等全球有影响力的展会。

3. 持续发挥品牌拉动作用

我国地域辽阔，各地区发展不平衡，仍有部分地区脱贫后存在产业发展乏力、市场拓展不足等问题，应以品牌为抓手，聚合高校科研院所等智力资源、传统媒体新媒体等媒体资源、展销洽谈等推广资源、线上线下等渠道资源，以品牌促进资源要素集结，拉动脱贫地区产业持续转型升级，形成内生成长动力，实现乡村振兴。

4. 创新投入品牌数字体系建设

借助互联网、大数据、人工智能等技术，未来的农业品牌将走向科技化、智能化和数字化，品牌与消费者的匹配将更加精准，定制化品牌农产品将走入寻常百姓家，品牌数字体系的建立将极大地降低企业品牌的运营成本，提升精准服务效率。当前来看，品牌数字体系尚在构建过程中，需在投入、运行、使用、监管、保护等方面有所创新，加快品牌数字化水平建设进程。

积极推动我国优质农产品事业高质量发展

——写在中国优农协会成立30周年之际

张华荣

【作者简介】张华荣，现任中国绿色食品协会副会长、中国农业农村法治研究会副会长；曾先后担任原农业部优质农产品开发服务中心主任、中国优质农产品开发服务协会副会长等职务。长期从事我国绿色优质农产品标准化生产、质量安全管理、市场流通和品牌建设等工作；先后在国家级报纸杂志发表一批涉及农业绿色发展、农产品质量安全、农业品牌建设、绿色有机地理标志农产品工作等内容的理论业务研究文章；主编出版《中国农产品地理标志》《全国名特优新农产品选编》《符合的力量——中国农产品包装设计大赛作品集》《种植业标准体系建设理论与实践》《绿色食品工作指南》《绿色食品原料标准化生产基地建设理论与实践》等多部书籍。

中国优质农产品开发服务协会（以下简称中国优农协会）是伴随着我国农村改革开放而成立的全国性社团组织。建会30年特别是自2011年换届以来，在朱保成会长、黄竞仪会长的团结带领下，抓住机遇，迎难而上，扎实工作，奋发有为。紧紧围绕优质农产品开发服务工作主线，主攻流通；推动优质农产品市场建设，主打品牌。中国优农协会积极培育优质农产品品牌，开创了我国优质农产品工作新局面，做出了大量卓有成效的工作，发挥了不可替代的重要作用，得到了社会的广泛好评与认可。

一、中国优农协会工作做法和成效

一是多措并举，全力推动优质农产品品牌建设。品牌是现代农业发展的重要标志，更是优质农产品发展成败的关键。中国优农协会紧紧抓住品牌“牛鼻子”，充分发挥社会组织在品牌工作中评价、监督和服务的独特作用，多措并举，全力推动创品牌、育品牌、推品牌、管品牌、用品牌，走出一条优质农产品品牌建设的特色之路。

积极建言献策推进农业品牌建设。中国优农协会率先提出了“中国农业品牌梦”和“把品牌建设作为提升现代农业的重大战略”的观点。朱保成会长分别在全国政协大会上和政协双周协商座谈会上建言献策，就“实施品牌战略，发展现代农业”提出了重要建议，对推动国家有关品牌发展战略和政策的出台发挥了积极作用。连续组织举办农业品牌发展研讨会、农商品牌发展国际大会等大型会议，传播品牌发展理念，总结品牌建设经验，探讨品牌成长途径。积极开展“中国农产品区域公用品牌影响力调查”活动，发布推介“最具影响力的中国农产品区域公用品牌”，打造品牌，促进生产，引导消费。启动农业品牌价值评价，发布评价信息，提高了农业行业品牌意识，促进了品牌资产升值转化，增强了农业品牌软实力。持续组织“强农兴邦中国梦·品牌农业中国行”活动，先后到云南普洱、四川蒲江等十几个省份开展活动，展示各地品牌建设成绩，宣传品牌培育经验，提高品牌知名度和影响力，受到了各地的普遍欢迎。

同时，中国优农协会创办了《优质农产品》杂志，在《农民日报》办品牌农业周刊，全面宣传我国优质农产品理论政策、工作成绩经验，传播品牌故事，普及品牌知识，得到了广泛好评。联合中国农业出版社编撰出版了《中国品牌农业年鉴》，全面记录和反映我国农业品牌的发展状况，提高了农业品牌的认知度，扩大了农业品牌的国际影响力。

二是搭建平台，线上线下大力促进优质农产品市场流通。中国优农协会制定出台了支持市县农业会展的工作意见，全力支持和帮助各地举办优质农产品推介会、展销会，着力打造专业权威平台，发挥展会在产业引领、产销衔接、品牌培育、文化传播等方面的作用。先后联合主办协办了中国茶叶博览会、中国云南普洱茶国际博览交易会、浙江余姚农业博览会等展会，展示成果，扩大交流，有力促进了优质农产品贸易。同时，中国优农协会积极开展优质农产品电子商务，建设全国农产品产销对接公益服务平台，通过网络手段，建立快捷方便的新型优质农产品交易渠道，对拓展优质农产品销售空间、搞活流通发挥了重要作用。

同时，中国优农协会积极推动优质农产品“走出去”，参与国际市场竞争。连续5年组团参加柏林国际绿色周，展示中国现代农业发展成果，推介中国优质农产品，弘扬中华农耕文明，扩大优质农产品的国际影响力。

三是立足实际，积极探索建立优质农产品标准体系。标准化生产是优质农产品开发的前提和基础，没有标准化就没有优质化。协会按照规范生产者、服务消费者、提升农产品质量安全水平的要求，借鉴国内外开发优质农产品的成熟经验和做法，努力探索优质农产品标准工作新做法、新路子。研究建立包括优质农产品外观、品质、商品性和加工性能等方面的评价指标，组织制定了《中国优质农产品评价通则》，牵头起草制定了《品牌价值评价》国家标准，为优质农产品品牌评价提供了技术和方法依据。同时积极为各地组织开展标准立项征集、技术论证，先后制定了《六堡茶陈化工艺技术规范》《大别山茭白栽培技术规程》《灵山绿茶加工标准》等一系列团体标准和地方标准。标准立足现实，着眼长远，在保证安全性的同时，兼顾营养性、商品性，做到安全与品质兼顾、质量和数量兼得，及时指导帮助各地标准化生产，有力地服务各地优质农产品发展。

四是示范引领，稳步建设优质农产品生产基地。优质农产品首先是生产出来的，通过基地建设，努力增加优质农产品市场供给。中国优农协会稳步开展优质农产品示范基地认定工作，在会员单位中打造一批具有健全的组织管理制度、良好的开发服务功能、完善的生产设施设备、可靠的产品质量保证体系的优质农产品示范基地，先后认定 200 多个优质农产品示范基地、优质果园、优质茶园等。通过示范引领，基地成为现代农业的示范窗口和优质农产品品牌的典型代表，在全国推广先进的管理经验、生产技术、运作模式和市场营销手段，大大调动了会员单位从事优质农产品开发的积极性，培育了一批知名的产品品牌和企业品牌，促进了产业增效、农民增收，提高了优质农产品的市场占有率。

二、中国优农协会工作经验和启示

30 年砥砺前行，30 年春华秋实。中国优农协会与时代发展同向同行，与产业发展紧密相连，以“争创一流协会”为目标，在突出工作重点上下功夫，在增强工作特色上下功夫，在发挥作用扩大影响上下功夫，许多工作得到了国家有关部门的高度肯定。协会被民政部评定为国家 4A 级协会，成为涉农领域最具影响力的社团组织之一，积累了丰富的经验，留下了诸多启示。

一是坚持正确的政治导向，把好工作定位和方向，做围绕中心、服务大局的排头兵。中国优农协会坚持组织经常性的政治理论学习，旗帜鲜明讲政治，坚持正确的政治方向。每年权威解读中央一号文件精神，认真贯彻落实上级的部署和要求，立足大局谋划工作，推动发展。在 10 年前中国优农协会就成立了协会党支部，不断加强党建工作，充分调动和发挥党组织的战斗堡垒作用和党员先锋模范带头作用，保证党的路线方针政策得以贯彻落实，促进协会规范、有序、健康地运转。

二是坚守初心使命，强化责任担当，积极发挥作用，成为各界欢迎的好帮手。中国优农协会没有任何公共权力，没有固定的经费来源，也没有有力的工作系统，开展工作存在许多困难和问题。但中国优农协会团队有深厚的优农情结，有强烈的优农事业心，不叫苦、不畏难，紧紧依靠、充分发挥 4000 多个会员的力量和积极性，认真履职尽责，在完成优质农产品主责主业的同时，积极参与乡村振兴、粮食安全、脱贫攻坚、抗击疫情等重要工作和重大活动，不缺位、不掉队，发挥作用，贡献力量。

三是不断开拓创新，增强主动性，瞄准工作重点和突破口，努力占领优质农产品工作制高点。中国优农协会勇做优质农产品工作的开路先锋，发扬敢为人先的精神，敢想敢闯敢干。围绕公共服务争取项目资金，围绕产业需求确定工作重点，围绕市场走向寻找发展空间。率先提出实施农业品牌战略，率先开展“强农兴邦中国梦・品牌农业中国行”活动，率先创办和出版《优质农产品》杂志、有关农业品牌的专刊和《中国品牌农业年鉴》，较早在国内社团中成立党支部等。在制度、技术、市场、管理等方面大胆开拓创新，不断发声、不断出彩，努力占领优质农产品开发服务工作制高点。

四是增强服务意识，提高服务水平，推动工作再上新台阶。中国优农协会把服务作为核心职能，建渠道、搭平台、找抓手，充分发挥桥梁纽带功能、行业联系指导功能、社会服务支持功能。积极为会员服务，在资金扶持、市场营销、品牌推广和宣传推介等方面，成为牵线搭桥的好“红娘”；积极为政府服务，协助开展行业调查研究，在产业规划、市场建设、行业管理等方面提建议、当参谋；积极为产业服务，及时根据会员需求和产业发展规律，组建有关专业内设机构协调落实；积极为社会服务，加强信息交流，加强业务合作。以服务促发展，以服务树形象，以服务聚人心。

“潮平两岸阔，风正一帆悬。”随着我国进入全面推进乡村振兴、加快建设农业强国的新时期，优质农产品开发服务工作具有广阔的空间和良好的前景；随着政府职能转变和社会组织管理制度改革，中国优农协会的地位将得到提高，作用将越来越强。站在新的发展起点，中国优农协会要永立潮头，紧紧围绕工作目标，立足提高质量、打造品牌、培育市场、服务大众，大力推进优质农产品开发标准化、品牌化、特色化、绿色化，唱响优质主旋律，谱写优农新篇章。

中国优农协会前20年工作回顾

邢文英

【作者简介】邢文英，1952年8月出生于北京，1969年元月到陕西省延川县文安驿公社高家坪大队插队，1971年3月至1975年9月先后在陕西省延川县商业局等部门工作，1978年7月毕业于上海化工学院四川分院（现华东理工大学），1978年7月至2012年在农业部系统内的农业局、土地利用局、种植业管理司、全国农技推广服务中心、农业部优质农产品开发服务中心等部门工作，担任过副处长、处长、副主任等，专业职称为农业推广研究员。在职期间多次主持过重大国家农业推广项目，获得一项国家科技进步奖二等奖以及多项部级奖励，2017年作为第一发明人获得实用新型专利一项。曾担任植物营养学会理事、常务理事、副主任委员，农产品质量安全评审专家委员会副主任委员，国家肥料土壤调理剂标委会委员、副主任；曾担任第三届中国优质农产品开发服务协会法人、常务副会长职务。

中国优质农产品开发服务协会成立30周年了。30年中，中国优农协会从无到有，从小到大，走过艰难历程，现在已成长为国家一级协会。回顾成长历程，感谢各级政府、农业农村部历届领导对协会工作的扶持，感谢协会会员对协会工作的支持。

改革开放前，我国的优质农产品数量不足，品种不丰富。党中央、国务院高度重视优质农产品工作，在农业农村部的领导下，从 1985 年起，连续 7 年组织全国性的优质农产品展销会，时任国务院分管农业的田纪云副总理对发展优质农产品做出重要批示，推动了优质农产品事业的发展。在各级领导的重视支持下，中国优质农产品开发服务协会（以下简称中国优农协会）于 1993 年成立，先后由王甘杭、俞东平、刘新录、朱保成、黄竞仪担任协会会长，他们为协会的成立、发展做出了重要贡献。中国优农协会在 30 年发展中以邓小平理论、“三个代表”重要思想、科学发展观、习近平新时代中国特色社会主义思想为指导，紧紧围绕农业农村工作重点，实施优质品牌战略，依靠全体会员，走出了一条发展中国优质特色农产品的路子。

一、发展历程

中国优质农产品开发服务协会这 30 年来大体经历了四个发展阶段：第一阶段，筹备阶段；第二阶段，创业阶段；第三阶段，巩固发展阶段；第四阶段，快速发展阶段。我是 2000 年到农业部优质农产品开发服务中心（以下简称优农中心）工作的，参加了协会的有关工作，于 2005 年换届选举当选常务副会长兼法人，2012 年我退休，离开了中国优农协会的工作岗位。根据协会成立 30 年编撰文献的有关要求，查阅收集了一些资料，对前三个阶段的工作做一个简要回顾。

1. 第一阶段，筹备阶段

1992 年底，中国共产党第十四次全国代表大会首次确立我国由计划经济转为社会主义市场经济体制。在国家经济转轨转型中，面对千军万马的新型农村农业经济体，中国优农协会应运而生，起到政府连接企业、农民的桥梁作用。在筹备阶段，王甘航是筹备小组组长，副组长有俞东平、熊子亮等。中国优农协会经民政部批准，于 1993 年 6 月正式成立，会长王甘杭兼法人代表。

2. 第二阶段，起步阶段

1993 年 12 月，王甘杭接任中国花卉协会秘书长后，中国优农协会会长由俞东平接任兼法人，秘书长是熊子亮。在此期间，协会以社会组织的面貌，依托优农系统农业商品基地和名特优项目建设，为地方基地做好服务工作，每年组织优质农产品进京展销工作，组织优质农产品鉴评及无公害配套技术推广工作。同时，做好良种的开发和引进工作，挖掘、拯救了一大批名特优稀资源，积极引进良种、开发名特优新品种和新技术，推动各地优质农产品栽培种植，提高优质农产品的产量和质量。如早熟梨、猕猴桃、仙人掌、火龙果、印度大青枣等，促进水果、蔬菜产品的多样性发展。

3. 第三阶段，巩固发展阶段

进入 21 世纪前后，我国农业从相对紧缺转变到数量平衡、丰年有余阶段。2001 年中国加入世贸组织，农业面临国内外两个市场的激烈竞争，党中央提出调整农业结构的战略任务。在此背景下，中国优农协会与优农中心工作紧密配合，围绕农业部的中心工作，充分发挥政府主导和市场推动两个作用，促进优质农产品的稳固发展。

二、协会在推动优质农产品发展中发挥作用

1. 推动高质量小麦发展

2001 年我国优质小麦种植面积小，产品不能满足市场供应，每年需从国外大量进口强筋小麦。为了促进优质小麦发展，2002 年 5 月，由中国优农协会与山东省优质小麦协会共同主办，召开了 2002 泰安中国优质专用小麦产销衔接会。农业部种植业管理司发布我国优质小麦品种品质信息；会上分析加入世贸后我国小麦行业的发展状况，提出了促进优质小麦产业的发展对策；举办优质专用小麦擂台赛，以美国、加拿大优质专用品种为对照，对优质面包专用小麦品质进行现场鉴评。展示和宣传了优质面包专用小麦品种的品质情况。采用专家评审和用户评审相结合，选拔出面包专用小麦优胜品牌，向社会公开推荐；组织了优质小麦产品展示和产销衔接洽谈。大会发布了产销信息，促进我国优质小麦的快速发展，若干年后我国小麦进口从每年 800 万

吨递减到 50 万吨，为满足市场供应起到积极作用。

2. 推动双低油菜产业发展

由农业部优质农产品开发服务协会与湖北省农业厅、湖北省粮食局、荆州市人民政府共同举办的 2002 荆州优质油菜发展研讨暨产销衔接会。种植业管理司陈萌山司长到会做了重要发言。会上发布了我国双低油菜的发展状况，提出了推动双低油菜扩大种植面积的措施，并与油脂加工企业开展了产销对接。

3. 推动棉花产销衔接，促进棉花产业发展

受农业部种植业管理司和江苏省农林厅的委托，协会与江苏省农业厅共同承办 2002 中国南京棉花产销衔接会。加入 WTO 后，我国棉花生产向区域化种植方向转变，但产销有些脱节。时任农业部副部长刘坚出席了会议，并指出要深化棉花流通体制改革，通过产销衔接，发展订单生产，推动产供销一体化经营发展。此次棉花产销衔接会通过棉花生产基地与纺织加工企业之间的沟通洽谈，使一批新品种、新产品、新技术得以展现，从而推动棉花良种生产、区域化种植、产销衔接。来自各地的近 200 家棉花生产、经营企业和纺织用棉企业，达成了 16. 5 亿元的签约成交金额。

4. 推动猕猴桃产业发展

2001 年、2002 年协会分别在河南西峡和陕西周至县召开全国猕猴桃产品鉴评暨无公害栽培技术交流会，会议交流了产销信息，组织了优质猕猴桃产品鉴评，筛选了一批国产猕猴桃优质品种，推广了无公害栽培技术，促进产销对接和猕猴桃产品的深加工。同时，组建了产学研中华猕猴桃联合体。

5. 推动全国早熟梨产业快速发展

2000—2003 年，中国优农协会配合优农中心分别在江西鹰潭市、浙江杭州市、四川江津市连续 3 次召开全国优质早熟梨鉴评及擂台赛等活动，评选出优质早熟梨品种 40 多个。早熟梨新品种的引进扩大，使种植面积增长迅速，填补了 6—8 月水果供应淡季的市场空当，促进了农民增产增收。

2005 年 7 月，中国优农协会举行了第三届理事会选举。产生了以刘新录同志为会长、邢文英同志为副会长兼法人、江玉龙同志为秘书长的新一届协会领导成员。

组织对中西部优质农产品发展进行调研考察。2005 年 10 月，中国优农协会面向中西部，组织了新疆优质农产品考察活动，同时在西安召开红枣鉴评会。

6. 率先开展有机农业前期工作

2006年5月中国优农协会在深圳召开了全国有机农产品产业发展研讨会，会上开展了有机农业交流与培训，与会代表就我国有机农业的发展现状与前景进行了研讨。会后，就有机农业认证工作与国家认证认可委开展了沟通与申报工作。后经部党组研究，有机认证工作交给绿色食品中心。

7. 打造中国中西部特色农产品展销会品牌

2007年元月，中国优农协会在湖南长沙举办了首届特色农产品展销会，袁隆平院士亲自为协会题词“特色新农业、和谐新农村”。在湖南省长沙市政府和省农业厅的支持下，首届特色农产品展销会成功举办，19个省份的530多家企业参展。会场有1万平方米的展厅、611个展位，全部招展到位，展销品种涉及粮食、油料、蔬菜、水果、茶叶、畜牧、水产品以及糖、酒、烟、腌制品、调味品、机械设备、竹木工艺等15个大类、1100多种名特优农产品。时任原农业部副部长危朝安出席了会议，他指出，特色农产品展销是促进优质农产品发展很有潜力的一件事，一定要坚持做好。展会期间，市民现场采购十分踊跃，许多参展商品供不应求，为满足广大群众需求，不少企业都从产地紧急调运。开幕当天，现场成交额达8000万元。各参展企业、采购商供需洽谈十分活跃，据统计，产销企业共签订供应采购合同2000多份，现金交易和现场合同交易额达18.7亿元，意向性合同交易额达23亿多元。

8. 推动优质农产品走出国门

2007年，中国优农协会与全国城市农贸中心合作，在京联合举办了第25届世界批发市场联合会代表大会暨展会。会议主题为“和谐、合作、共享、共赢”，开展农产品市场经验交流，研究与探讨农产品市场发展趋势与对策，介绍农产品市场贸易情况，举办农产品市场贸易等论坛活动。参加此次大会的国家有美国、英国、法国、德国、意大利、澳大利亚、西班牙、捷克、巴西等19个国家，以及58家批发市场代表，协会会员单位等近90家企业参会，为优质农产品走向市场提供机会。

为了使企业了解国际市场规则，中国优农协会于2011年还编纂了《出口农产品指南》一书，为优质农产品企业走出国门提供指导服务。

9. 推进优质蔬菜果品无公害生产技术

2008年7月下旬，中国优农协会在辽宁省大连市举办了优质蔬菜果品生产技术交流会，会议围绕我国蔬菜果品生产发展现状以及存在的问题，进行了交流。会上交流推广了优质蔬菜、果品生产无公害生产技术，宣传了蔬菜果品的安全生产，以及建立农产品可追溯系统和良好农业操作规范等。

10. 协助优农中心开展无公害农产品（种植业产品）展示宣传活动

为加强无公害农产品（种植业产品）展示宣传工作，中国优农协会协助农业部农产品质量安全中心种植业产品认证分中心，于2008年11月在北京举办无公害农产品（种植业产品）展示宣传活动。通过样品展示、产品推介、宣传报道等多种形式，免费为参展企业提供展示宣传平台。此次活动主要涉及北京、天津、河北、黑龙江以及协会部分会员企业，共计22家企业200多个产品，参会人数近百人，面积近400平方米。农民日报、中国质量报、北京晚报、京华时报等多家媒体进行了报道。

2009年5月，中国优农协会在全国范围内开展无公害农产品（种植业）市场认知度调查活动。此次调查活动得到媒体、专业合作组织、科研等多个机构的大力支持。通过反馈的信息获知，无公害农产品市场认知度近九成，对无公害农产品标识的使用、生产管理、产品质量、投入品使用、农产品质量监督等方面有了比较广泛的了解，对无公害农产品认证满意度在达95%以上。

11. 为中国国际农产品交易会做好服务工作

从2008年到2010年受组委会的委托，中国优农协会组织参展农产品金奖评选工作。2009年，中国优农协会受组委会委托，负责组织种植业产品招展工作（包括种业系统），落实了种植业产品展位，加大了对优质农产品的宣传。第七届中国国际农产品交易会组委会委托中国优农协会牵头组织其他5个协会，进行参展农产品的评比工作。在时间紧、任务急的情况下，协会圆满完成了任务。经组委会审批，北京老宋瓜果专业合作社的西瓜等280个产品获得第七届中国国际农产品交易会“金奖”。

三、加强协会自身建设

1. 强化制度建设

第二届协会制度建设不健全，仅有一项财务管理制度。第三届协会理事会成立后，首先修改完善了《中国优质农产品开发服务协会章程》《中国优质农产品开发服务协会会费标准及管理办法》《中国优质农产品开发服务协会分会管理办法（试行）》等。随后，从加强制度建设入手，强化协会内部管理，逐步建立和完善了协会内部相关管理制度，如岗位责任管理制度、公文管理制度、人事管理制度、会员管理办法、印章管理办法、资产财务管理办法、工资收入管理办法、人员聘用管理办法等，促进协会向规范化方向发展。

2. 财务扭亏为盈

第二届协会净资产总额为负 3.18 万元，经费亏损 5.74 万元。第三届协会换届时资产总额 16.48 万元，负债总额 0 元，净资产总额 16.75 万元，协会每年年检合格。

3. 打造协会平台

2006 年中国优农协会注册了管理网站，并就协会相关的域名及时进行注册，涵盖“优质农产品 .cn”“特色优质农产品 .cn”等一批域名。2009 年，协会还注册了中文域名“中国优质农产品协会网 . 公益”“中国优质农产品网 . 公益”等域名。中国优农协会建立了中国优质农产品协会网站，为会员免费提供产品服务及企业宣传，促进了信息交流与资源共享。

4. 及时注册商标维护协会品牌

2006 年，中国优农协会设计注册了自己的商标 Logo，并在国家工商行政管理总局商标局登记，保护了协会的品牌，促进协会健康发展。

前 20 年，尽管协会在工作中努力开拓局面，做了不少工作，但由于受资金、人员等因素限制，协会发展速度缓慢。自 2010 年起，协会在部党组成员朱保成组长的指导下，开展了大规模的协会会员招募工作，为新一届协会换届提供了会员保证。

构建信任　打造品牌

——在使命、责任、担当召唤下的协会工作经历

张　利

【作者简介】张利，原山西太原市城乡管理党工委书记、二级巡视员，原市城乡管理局局长，中国优质农产品开发服务协会副会长。科学成果：提出并推动了城市燃气热电厂的适应性改造、城市燃煤热电厂的适应性改造、城市供热管网一网多用、城市多元网分支供水、城市排水系统水质水量动态管控等多项科学研究和示范工程。长期致力于中国优质农产品信任系统及智慧电子商务平台，推动中国农业发展的基础研究和推广工作。

2010年前后，我在多个场合聆听中国优质农产品开发服务协会（以下简称中国优农协会）朱保成会长、黄竞仪执行副会长关于“主攻流通、主打品牌”的相关论述，深受启发的同时，倍感震惊，“是什么让一个农业部下属的协会提出如此跨部门、跨行业、跨地区的工作目标?”后来渐渐明白：“使命、责任、担当”是不二之解。

由于上述感召，我在“只做一名公益事业义工，不拿协会一分报酬”的前提下，接受了中国优农协会的邀请，开始利用业余时间为协会服务。

通过实地调研、专家咨询和夜以继日的文献检索与研究逐步认识到：

（1）我国食品质量、安全、流通与品牌建设根本问题在于我国农业、食品业发展水平与欧盟等发达地区差距较大，生产方式粗放、集约化程度低、碎片化严重、缺乏诚信，能跨部门、跨行业、跨地区全过程有效管控农产品、食品的协调主体缺位；

（2）标准数量众多，但能适应社会环境、社会需求、有效解决问题的标准不足，执行主体缺失；

（3）基于上述系统性障碍，必须寻找系统的解决办法，那就必须解决以下关键问题：

在生产单位、政府部门努力的同时，能够有新的协调主体为消费者和生产者进行跨部门、跨区域、跨行业的协调，系统高效地解决流通与品牌发展的相关问题；

必须解决农民愿意提供且愿意接受监督的问题，实现要素信息的真实可信；

必须建立并有效运营公共开放平台，使之融合众多信息系统的优异功能，做到管用、实用、好用；

必须在协商一致的基本前提下，建立能适应社会环境、社会需求、有效解决问题的标准体系；

必须建立与完善支撑标准的执行，建立全过程有效管控的体制、机制。

因上述认知，我向中国优农协会提出了进行“中国优质农产品信任系统及智慧电子商务平台”的研发等工作，得到了朱保成会长、黄竞仪常务副会长等领导的大力支持，经研究，成立了电子商务部等相关机构，并由我负责此项工作。

在具体工作中，以问题为导向、以“使命、责任、担当”为动力，汇集协会与社会的力量，按照“协会主导、政府支持、公益导向、企业运作、市场机制”的思路，倾力推动“中国优质农产品信任系统及智慧电子商务平台”这一重大的社会系统工程，让消费者从忧虑走向确信，供应者从失落走向成功。具体做法有以下几点。

通过与相关龙头企业深入交流、深度对接、共谋发展，提高生产管理水平、宣传企业宣传产品、扩大销售、实事求是，在关键时期说为企业讲公道话，让生产者自觉提供真实可信的要素信息并主动接受协会的管理、检查；

组织中国农业科学院等国内院所、企业开发建设“建立信任打造品牌的系统”，该系统由管用、实用、好用的“中国优质农产品信任平台”“中国优质农产品智慧电子商务平台”“线下管控服务系统”等构成。通过“中国优质农产品信任系统”对优质农产品进行全过程管控、服务；通过多种方式为诚实经营、产品优良的农业龙头企业宣传、促销，为消费者提供多方位帮助。

制定品牌创建、利益共享的体制机制。通过协会公益化管理、检查与市场化的信用服务相结合，解决全过程管控问题和体制机制问题。中国优农协会在心中有数的前提下，通过“信任系统”为接受系统服务的龙头企业等，在宣传、销售、危机管理等方面提供支撑。相关生产、加工、流通等企业经认证、推荐、协议等（高门槛）程序进入系统，接受中国优农协会服务的全过程动态管控、检查，若有违规违约事项，按约定，无条件（零门槛）退出，并依据约定接受协会通报批评等惩处；协会在维护消费者权益的同时，通过中国优质农产品信任系统与进入系统的企业、食品生产企业等结成了健康的命运共同体。

按照“消费者希望、生产者愿意、管控者可为、市场接受、国际接轨”的原则，制定相应标准（体系）。

2015年，中国优质农产品信任平台、中国优质农产品智慧电子商务平台3.0版开发、测试完成；农产品交易所筹建工作启动。基于初级农产品生产、物流、加工、储存、销售等环节的线下管控服务团队的整合工作，发展势头良好。与中国农科院加工所及加工分会合作，通过提升加工水平，实现品质提升、效益提升；普洱、十堰、韶关、惠东、汕头、汕尾、东莞等市的众多龙头企业主动、积极、踊跃加入协会，并进入系统。“中国优质农产品信任系统及智慧电子商务平台”（www.zgppny.cn）被农业农村部信息化领导小组作为全国农业信息化重要依靠力量。

同时，“中国优质农产品信任系统及智慧电子商务平台”对于中国农业亟待解决与完善的“期货”“价格发现”“保值套现”等问题的解决令人期待。如：

“农户+龙头企业（合作社）+信任系统+订单+期货”的现代化现货交易；

“农户（合作社）+信任系统+期货投资基金+期货”的现代化农产品交易；

“‘信任系统’+交易市场+指定交割库+期货交易所+期货业协会+证

监会”等形式的探索。

应用“信任系统”创新农产品期货品种。在“信任系统”的支撑下，开发农产品现货交易品种（含非标现货交易品种），如苹果、柑橘、核桃、大枣、名优茶、枸杞、葡萄、甘蔗等农产品资源丰富，并且还拥有品质容易控制的农产品，如雪梨、香蕉、猕猴桃、杨梅、枇杷、脐橙、花卉、名贵中药材、咖啡、笋竹、山茶油、大蒜、生姜、马铃薯、小杂粮、畜产品等有中国特色的优质农产品。

2015年后，由于国家关于公务员兼职方面的有关规定，本人不能兼任协会职务亦没能继续完成“中国优质农产品信任系统及智慧电子商务平台”的相关工作，但在中国优农协会的工作经历，是我最为宝贵的人生片段。

农产品：从“优质”到“品牌”的飞跃

——我的优质农产品情缘

宋　毅

【作者简介】宋毅，男，1959年生于北京，祖籍山东省平度市。1978年10月考入中国人民大学历史系，1982年毕业后，先后在中央团校青年运动史研究室和团中央青年运动历史研究室从事中国现代青年运动史研究。1986年调入国家农牧渔业部（今农业农村部）后，先后在《农村工作通讯》杂志、中国农牧渔业报社当记者，1991年调入农业部办公厅新闻处任副处长，1995年调入中国农机安全报社担任副社长、社长、总编辑；2012年7月，调入中国农业出版社任副总编，《世界农业》（中文核心期刊）主编，高级编辑；现任中国优质农产品开发服务协会《优质农产品》杂志执行总编，中联口述历史整理研究中心研究员、理事。

2022年6月10日，农业农村部办公厅印发《农业品牌精品培育计划（2022—2025年）》的通知，明确指出“为贯彻落实中央一号文件精神，加快农业品牌打造，充分发挥农业品牌对全面推进乡村振兴、加快农业农村现代化发展的重要作用，决定启动实施农业品牌精品培育计划”。这标志着起步于20世纪80年代改革开放初期的优质农产品开发服务、优质农产品基地建设工作，在经历了农村家庭联产承包责任制之后的全面起步、21 世纪前 20 年的发展壮大之后，如今开始迈入精品培育的新阶段，它将为乡村振兴战略的全面实施提供有力的产业支撑。

我的职场生涯中有 34 年时间是在农业农村部系统的新闻宣传出版单位度过的（此前几年在团中央系统工作），从 20 世纪 80 年代后期就开始从事优质农产品基地建设和优质农产品开发服务的新闻报道工作，2019 年退休至今，还在中国优质农产品开发服务协会与中国农业出版社联合主办的《优质农产品》(月刊) 从事编采工作，见证了几十年优质农产品开发事业的不断进展和品牌农业建设不断走上新台阶，不由地想起与优质农产品打交道的点点滴滴。

最先接触的是优质棉花

1987 年底，我从农牧渔业部所属的《农村工作通讯》杂志调到即将创刊的农牧渔业部机关报《中国农牧渔业报》当记者。离正式创刊还有不到两个月，时间相对空闲，报社领导就安排记者们四处参加部里各司局的活动和各种会议，为创刊号准备稿件。我也被分配了一个任务，到山东德州参加在那里召开的全国优质棉基地建设工作会议。

会议是由部农业司主办，时任司长王甘杭和分管副司长高麟益主持，部里计划司、财务司、种子总站等单位都派了人参会，各棉花主产省农业厅的经作处长悉数参加。我从会上第一次知道，棉花中还有“优质棉”一说，此前对棉花的印象就是歌中唱到的那样“麦浪滚滚闪金光，棉田一片白茫茫”。

翻看当年的报纸，我是这样报道的：“到 1987 年底，我国已经有 72 个优质棉基地县（市），其中 54 个基地县（市）的棉花原种场已经建成，有 45 个良种棉轧花厂基本建成投产；成立了 47 个以推广棉花技术为主的农业技术推广中心。据农业部门统计，1987 年和 1986 年相比较，全国棉田面积增加了 817 万亩*，总产增加 985 万担，其中，72 个基地县（市）增加了 285 万亩和 381 万担，增加的皮棉产量约占全国增产量的 40%。”可见，优质棉基地

---

* 亩为非法定计量单位，1 亩≈667 平方米。——编者注

县建设的成效还是很显著的。

也是在这次会上，我从各省代表的交流发言中得知，虽然优质棉基地县建设是一项利国利民的战略举措，长期以来在短缺经济下，百姓要凭布票买布，凭棉花票买棉花做棉衣，提高棉花的产量、满足人民的需求是众望所归的事情。但在计划经济体制下，受部门利益掣肘，优质棉基地县建设举步维艰。一是来自供销社系统的“围剿”，商业系统经常阻止棉农将优质棉基地的棉花出售给农业部门的良种棉轧花厂，迫使他们卖给供销社的收购网点。二是来自纤维检验部门的压力。

所以，从那时起我就觉得媒体工作者有一份为优质棉基地县（市）建设鼓与呼的责任。本来按照优质棉基地建设的有关政策，基地县内优质棉卖给良种棉轧花厂的数量可以占当地总产量的5%，但实际落实起来很难。1993年，我在农业部办公厅新闻处工作期间，应山东农业厅经作处的请求，组织了几位中央媒体的记者，对优质棉基地县山东省惠民县优质棉基地建设进行专题采访，时任《农民日报》总编室主任的张德修同志写的报道《5%的口子不应该开吗》，深度分析了优质棉基地建设中存在的深层次问题。当时正值朱镕基副总理召开全国棉花工作会议之际，文章在《农民日报》刊出后，不但被中央人民广播电台《新闻和报纸摘要》节目摘播，还被送入京西宾馆，会议代表人手一份。

报道商品粮基地建设成绩要讲求方法

德州会议之后，我和农业司的联系多了起来，这时已经知道，农业司不但主管优质棉基地建设，还管着商品粮基地建设、优质农产品基地建设。只不过优质棉基地归经作处负责，商品粮基地县和优质农产品基地归基地处负责，即便1986年成立优质农产品中心后，在挺长一段时间内基地处和中心是合署办公的。当记者的那个时期，基地处是我跑得最勤的部门之一。

20世纪80年代末、90年代初的几年，全国粮食总产不是很稳固，有增产年也有减产年。为了稳固粮食生产能力，商品粮基地建设就显得尤为重要。第一批国家商品粮基地是20世纪80年代国家计委、农牧渔业部等有关部门与地方共同投资、实行钱粮挂钩、联合建设兴建的，试点县分布在8个省的50个县（市），到80年代末，已经具有一定规模。

宣传商品粮基地建设碰到的问题是遇到丰收年好办，一荣俱荣；可遇到减产年份该怎么把握宣传口径呢？基地县建设的成绩肯定要宣传，但粮食减产的现实也不能回避吧？

我把困惑和苦恼与基地处的同志谈了，基地处的同志拿出了一张全国商品粮基地县建设的汇总表给我看，告诉我应该把握住几个关键点：当全国粮食增产时，看基地县的粮食平均增产幅度超过了全国平均增产幅度多少个百分点，超过的百分点就是基地建设的成绩；当全国粮食减产时，看基地县粮食平均减产幅度比全国平均减产幅度要少多少个百分点，少的百分点也是基地县建设的成就。同样道理还可比较单产的增减幅度，在增产年和减产年亩产分别增加或减少几个百分点。他对我说："这么一对比，不就能反映出商品粮基地县建设的成绩了吗?"

我仔细琢磨，说得确实有道理。

优质农产品留下的记忆

在《中国农牧渔业报》当记者的那几年，我经常参加优质农产品的活动，也留下了一些很有趣的记忆。

1988 年，在北京呼家楼宾馆参加了一次优质农产品中心主办的"猕猴桃品种评审会"，当时猕猴桃基地建设起步不久，产量还很少，猕猴桃对寻常百姓来说还是稀缺水果。主办方在会场中间的长方形大桌子上摆了 23 盘切好的猕猴桃，每盘一个品种，每个品种都有编号，让大家品尝之后填表投票，选出自己认为优质的品种。当我品尝完 4～5 个品种时，根本想不起来前面的是酸是甜了，没办法，只好填了清香型、浓香型、曲香型、酱香型，交表时气得中心的负责人责问我："让你评酒来了吗?"

还有一次，基地处的同志给我一份文件，是农业司组织的全国优质苹果评选的获奖名单，让我在本报宣传一下。各苹果主产省份一共有 13 个品种获奖，写报道时我突发奇想，何不给每个省的地方报纸写稿，多挣点稿费呢?当时没电脑，就用复写纸将新闻稿复写了 20 份，先是给获奖苹果所在的各省省报投稿，内容是"我省某品种苹果在农业部组织的评比中获奖"，进而又将稿件分别投给获奖品种所在地市的报纸，没出 1 个月，20 篇投出的稿件全部被刊登出来，我也总共得到了 200 元稿费，须知那时的工资水平都很低，我有中级职称，工资也不过 113 元。

1989 年 4 月初，我和首都新闻界几位同行到云南昆明参加农业部全国基地工作会议，报到的时候，会务组给每两人发一箱香蕉，还特别声明，这是云南省的优质香蕉生产基地生产的，请会议代表们品尝。我从小有个愿望，长大挣了工资后，一定要买香蕉吃足吃够，这次会议算是满足了我这个小小愿望。会议结束后，我们又马不停蹄地赶往西双版纳，参加团中央青农部韩长赋部长主持的全国农场共青团年会。当时的西双版纳不但交通不便，入住景洪的西双版纳农垦分局招待所后，一到晚上就停电，除定时供水洗澡洗脸外，不提供饮用水。为保障会议顺利召开，西双版纳农垦分局准备了大量我们从未见过的当地产的无眼菠萝，由会务组的服务人员削好后，送到各个房间当水喝，而且保证每小时送一次。于是有新闻界的朋友感慨说，还是优质菠萝救了我们，没让我们被渴死。

参加第二节农民丰收节

此“优质”非彼“优质”

从 1995 年起，我转战到农机化战线工作，与优质农产品工作没有什么联系。当再次接触优质农产品领域是 2012 年调到中国农业出版社以后的事情了。某日，出版社党委书记兼社长刘增胜同志找我商量，说是部党组成员、中纪委驻农业部纪检组组长、中国优质农产品开发服务协会会长朱保成同志找到他，想利用出版社的出版资质联合主办一份《优质农产品》(月刊)。刘书记说："你从事报刊出版时间较长，又分管期刊出版中心，你认为可以办我们就答应下来，而且由你分管。"几句话唤起我对优质农产品工作的回忆，当即建议刘书记答应下来，而且很快和中国优农协会的同志投入到杂志创刊的筹备工作中。

这时，我又感到光有杂志还不够，还应该再有一本年鉴类读物才显结构完整。于是我向中国优农协会负责同志建议，应该出版一本《中国优质农产品年鉴》，协会负责人回答说："为何叫优质农产品年鉴？直接叫《中国品牌农业年鉴》不好吗？"至此，我忽然明白了，经历 30 多年的发展，优质农产品开发服务事业已经进入到品牌农业建设的新阶段。

在我看来，20 世纪 80 年代启动优质农产品基地建设，是因为农村实行大包干后，特别是 1984 年粮食大丰收后，城乡居民的温饱问题基本得到解决，但是人民生活不可或缺的农副产品仍然匮乏，那时启动各项基地建设，是因为百姓生活中没有足够的优质农产品，因此当时开发优质农产品的主要目的是生产又多又好的有特色农产品，尽量提高人民日常生活需要的满足度。

2020 年初，在镇江高新区京东农场和农场主孙振中博士合影

而进入 21 世纪后的今天，形势发生了翻天覆地的变化，各种优农产品在数量上汗牛充栋，现在的问题是大家不知道什么是优质农产品了，也不会吃优质农产品了，以至于“吃个明白”重新进入人们的视野。

习总书记说，人民对美好生活的向往就是我们的奋斗目标。优质农产品开发、品牌农业建设就是人民对美好生活的向往在“三农”领域的具体体现。因此，今天的品牌农业建设要重新审视新格局，要把已经形成的“三品一标”产品、区域公用产品、驰名商标产品不断进行规范、充分开发利用，真正将更多产品培育成品牌农业中的精品。同时，要依法保护好农业品牌，并制定出系列配套的法律法规政策为打造农业品牌保驾护航。另外，要讲好农业品牌故事，不断扩大农业品牌的公众影响力和市场占有率。

2020 年春节前，在中国农业大学农机化发展中心每年一度主办的农机化发展论坛上，偶然结识了江苏镇江高新区一对农场主夫妇，丈夫孙振中是北京大学的博士后，在深圳工作，妻子魏巧是中科院地理所博士、助理研究员，在北京工作。前两年，他们响应女方父亲——一个家庭农场主的召唤，双双辞去公职回镇江创办京东机械化家庭农场。于是春节过后，我和刘向坤立刻追到镇江，对夫妻二人进行了详细采访，并在《优质农产品》杂志上发表了记述他们事迹的通讯。2023 年 3 月 5 日下午，习近平总书记在参加全国人大

2023 年 3 月 5 日，魏巧博士作为新农人代表出席中共第十四届全国人民代表大会第一次会议

会议江苏代表团讨论时，妻子魏巧作为新农人的代表，当面向总书记做了汇报。事后，丈夫孙振中来电致谢，称《优质农产品》杂志是第一个长篇宣传报道他们夫妇事迹的媒体。

总之，今天的优质农产品开发、品牌农业建设工作与20世纪八九十年代相比，无论外延和内涵都有了很大拓展，可以说，从“优质”到“品牌”产生了巨大的飞跃。

共赢篇

GONGYING PIAN

以品牌引领农业“走出去”提质增效

卢 琰 陈 宏 张陆彪

【作者简介】张陆彪，博士，研究员，博士生导师。现任农业农村部对外经济合作中心（中国-欧盟农业技术中心）主任。具有丰富的国际机构和政府部门从业经验，受邀担任联合国和平大学特聘教授及世界银行、非洲开发银行、亚洲开发银行、联合国粮农组织、国际农发基金、联合国环境规划署等国际机构咨询顾问。曾任农业农村部国际合作司副司长、农业贸易促进中心主任（兼中国国际贸促会农业行业分会秘书长、中国国际商会农业商会秘书长）、中国农业科学院国际合作局局长、安徽省滁州市副市长等。1992 年获南京农业大学农业经济学博士学位。1999 年获世界银行罗伯特·麦克纳马拉奖。2004 年获世界银行“突出贡献奖”。

党的二十大报告明确提出“加快建设农业强国”，充分体现了以习近平同志为核心的党中央对农业高质量发展的高度重视。品牌强农是农业高质量发展的迫切要求，是加强农业核心竞争力的重要抓手，是加快建设农业强国的必然选择。面对日益开放的国际竞争格局，品牌农业发展要坚持以市场为导向，着力加强产销对接，提升“引进来”的质量与标准，增强“走出去”的国际竞争力，讲好中国农业品牌故事，提升农业质量效益和竞争力，培育经贸合作新优势。

一、实施品牌农业战略，增强农业国际竞争力和影响力

发展品牌农业是对日益紧张的国际竞争格局的顺应，是增强农业国际竞争力的有效途径。实施品牌农业战略要求以质量水平为核心，优化特色农业资源及国际市场资源配置，普及优质技术标准，做优做强特色产业，以质量创品牌，促进形成品牌农业企业和一批拳头出口产品，再以品牌为立足点加强经营建设，建立品牌联动机制，充分发挥区域品牌“领头羊”作用，支持品牌主体之间开展多形式、多内容、多层次合作，实现多主体联合发展，立足传统推介平台及依托科技创新发展形成的新平台，大力拓展农产品的国内外市场空间，满足消费者日益升级的消费需求，提高本国农产品的竞争力。

发展品牌农业是提高农业产业发展质量，增强农业国际影响力的科学手段。打造农产品品牌可拓展农业全产业链增值空间，推动现代化农业产业发展，提升农业质量效益和竞争力，保持农产品旺盛的生命力，实现农业产业持续健康发展，增强我国农业产业在全球竞争中的影响力。

二、扩大农业对外开放，积极服务于品牌农业战略

搭建投资促进优质平台，推进品牌农业国际合作。农业农村部外经中心通过打造专业化展览平台助力各企业单位发掘自身农业优势特色，交流学习农业产业技术，提高农产品品质及特色，树立品牌形象，在“走出去”的过程中扩大辐射带动范围，讲好中国品牌故事。同时，借助平台扩宽“引进来”各国农业品牌的路径，促进国际化标准的普及，加强品牌农业发展的国际合作。截至2023年9月，已成功举办8届中国-东盟农业国际合作展及配套论坛，着力搭建我国农业企业“走出去”和东盟国家品牌农业“走进来”的国际化、专业化、可持续发展的核心平台。作为极具国际竞争力的农产品展示窗口，综合展示了企业自身农业优势特色、产业政策、优质农业产品和项目及与东盟国家的合作成果，促进农业品牌品质化、特色化和差异化，推动农业品牌国际化标准的实施，助力企业多渠道拓展海外业务，更好地适应市场需求，推动中国-东盟农业国际合作提质增效。成功举办世界智慧农业博览会，聚焦“高精尖特新”技术和服务，将网络、数据、技术和知识等要素与各国农业产业的差异化优势和资源特色相结合，巩固拓展国际农业产业标准、国际合作政策和方式，加大农业关键核心技术合作攻关，为实现高质量农业

的品牌化发展提供优质化平台，强化数字化传播渠道，促进品牌海外推广，激发数字化赋能农业产业高质量发展及在农业品牌建设领域深耕的动能。

用好双边与区域合作机制，拓宽品牌农业发展路径。外经中心发挥农业对外合作专业优势，依托和创新双边与区域农业合作机制平台，充分发挥澜湄农业合作中心、中德农业中心等优质农业合作平台作用，拓宽品牌农业发展路径。基于澜湄水果节举办“果品质量安全澜湄行”活动及质量安全培训班，推动农产品质量标准“走出去”，强化国际化标准实施，带动输华果品质量安全提质增效，夯实农业品牌质量基础，增强品牌效应，提高品牌推介能力。通过举办中德农业周及相关论坛研讨活动，就智慧农业、粮食安全和作物生产与农业技术等方面进行深入探讨，加强中德在数字农业、农业可持续发展、国际贸易治理等领域的合作，支撑解决农产品品质不稳定、特色不突出、精深加工不足、推广渠道不畅等问题。

加大农业对外援助和合作水平，优化品牌农业发展环境。外经中心坚持投援结合，推动中国农业技术、农机农资、农业管理经验等“走出去”，支持当地主导特色产业增质发展，打造产业带动力强、市场号召力大、助农增收效益好的农产品区域公用品牌。积极发挥联合国粮食及农业组织（FAO）南南合作研究培训参考中心平台作用，打造以价值链建设为核心的中国-FAO南南合作及三方合作新模式，推动构建均衡、有效、可持续的粮食安全架构，提升我国在品牌农产品国际经贸合作中的参与度和话语权，为品牌农业国际合作减少各种壁垒。

提升规划咨询能力与水平，指引品牌农业发展方向。外经中心注重对外合作重大问题前瞻性研究和重要国际农情超前研判，积极关注和参与中国同重点国家农业双边合作规划及相关活动，充分发挥作为农业“走出去”智库的规划咨询作用，为企业因地制宜地开展品牌“走出去”提供方向，促进满足市场需求的品牌农产品“引进来”。

三、携手推进农业品牌发展，共同助力农业强国建设

中国优农协会一直致力于国际市场开拓以及与国际机构的合作，组织开展多国家、多层次、多形式的市场推介交流活动，与世界各国的政府机构、非政府组织等建立了沟通合作机制，为政府及企业提供深度国际交流和品牌海外拓展的机会，成功将我国多个区域公用品牌推向国际市场，为我国优质农产品深度拓展到国际农产品市场搭建了坚实平台。走过 30 年的风雨历程，从满足消费者“吃好”的愿景到如今的以品牌农业助力乡村振兴，中国优农协会为做好“三农”工作贡献了重要力量。

中国优质农产品开发服务协会和外经中心是推动品牌农业国际化发展道路上的坚实伙伴。外经中心作为农业对外开放合作的窗口单位，聚焦推动农业“走出去”的主责主业，以投资促进、多边合作、双边与区域合作、发展援助、规划咨询等业务为抓手，通过搭建中国-东盟农业国际合作展及配套论坛和世界智慧农业博览会等对外投资促进优质平台，加强品牌农业建设，促进品牌农业的“引进来”和“走出去”；依托双边与区域合作机制，借助澜湄农业合作中心、中德农业中心等农业合作平台，夯实品牌农业国家合作基础建设，提高农业产业效益；加大农业对外援助和合作水平，打造农产品区域公用品牌，优化品牌农业的国际发展环境；提升规划咨询能力与水平，为品牌农业的发展指明方向，促进实现畅循环、促消费、稳增长的目标，增强我国农业产业的国际市场竞争力、影响力和可持续发展能力，推动我国由农业大国向农业强国转变。

促进农业品牌建设，中国优农协会一直在行动

陈兆云

【作者简介】陈兆云，1964年出生于四川省成都市双流区，1981年考入四川财经学院农经系学习。1985年毕业后赴北京参加工作，先后就职于农牧渔业部全国农村合作经济经营管理总站、农业部市场与经济信息司、中国绿色食品发展中心，曾从事农村合作经济管理干部培训、农业物价政策研究制定、农产品市场流通体系建设、农产品营销促销、全国菜篮子工程协调指导、绿色食品产业发展与农业品牌建设指导等工作，现任中国绿色食品发展中心副主任、研究员。

在农业农村部市场与信息化司市场发展处和中国绿色食品发展中心工作的十多年间，自己先后应邀参加过多次中国优质农产品开发服务协会（以下简称中国优农协会）举办的农业品牌建设活动。这些活动，有的是全国性、国际性的，有的是地方性、区域性的；有的是专家论道、问诊把脉式的品牌建设论坛活动，有的是品牌展示、产销对接式的商贸交流活动；有的是精品荟萃、客商云集现场推广，有的是网上直播、新媒体联动推介，等等。不仅积极宣传了农业品牌建设的新理念、新思路、新成果，还为培育名优农产品品牌指示了方向、提供了借鉴，中国优农协会在为名优农产品扩大影响搭建

平台、拓宽销路、找到市等方面做了大量工作，取得积极成效，产生了广泛社会影响，在行业中赢得了好口碑。参加这些活动，我自己也确实感受到中国优农协会在为我国农业品牌建设凝聚智慧、探索路子、推广经验、衔接产销，用心用情用力，工作实实在在。体会最多的有以下四点：

一是推动各地做好“土特产”文章。中国优农协会多年来积极倡导和着力推动发展农业区域公用品牌，指导地方深入挖掘各地农业生产蕴含的独特性，立足独特自然环境、独特生产方式、独特人文历史和独特产品品质等，培育地方农业区域公用品牌，彰显一个地方农产品的特色优势和与众不同，帮助提升各地农产品品牌的辨识度、影响力。

二是弘扬农业品牌建设的绿色导向。多年来，中国优农协会在推动农业品牌建设的工作实践中始终注意引导各地牢固树立质量安全底线，消除质量安全风险，夯实品牌发展的质量根基，不断提高农产品绿色化、优质化水平，使农业品牌建设更好地顺应农业绿色发展和人们对营养健康农产品消费的新需求，帮助各地努力提升名优农产品品牌的市场美誉度、消费信赖度。

三是支持各地培育农业公用品牌运营载体。多年来，中国优农协会广泛联系各地农业龙头企业和地方农业行业协会，引导支持他们带头建设和运营管理农业区域公用品牌，发挥好农业品牌建设的“领头羊”作用，帮助完善品牌管理机制，利用好公共品牌整合地方特色农业资源，规范行业发展，提升产业发展质量，把同行业力量组织起来抱团进入市场，提升各地特色农产品的品牌竞争力。

四是不断创新、多形式助力各地宣展推介农业特色精品品牌。多年来，中国优农协会聚焦短板问题，坚持服务宗旨，积极与地方政府、其他行业组织、媒体单位、农业龙头企业等联系、合作，共同组织开展形式多样的名优品牌农产品宣展推介活动，发挥自身组织协调优势和联系面广的优势，吸引调动多方资源参与活动，有力提升了各类品牌宣展推介活动的影响力和实际效果。

我国农业品牌建设方兴未艾、任重道远，中国优农协会作为一支重要支持服务力量，新时代对各方面都有新期待，相信中国优农协会定有新作为。

发展品牌农业，推进农业粮食体系转型

张忠军

【作者简介】张忠军，农业经济学博士。1986—2004 年，在农业部国际合作司工作。1996—1999 年被派往中国常驻联合国粮农组织（罗马）代表处，从事国际农业和农村经济调研工作。2004 年加入联合国粮农组织，任该组织驻中国和朝鲜代表处助理代表。

国际农业发展态势为品牌农业发展提供机遇

中国优质农产品开发服务协会（以下简称中国优农协会）于 1993 年 4 月正式成立，历经风云三十载，走过基础建设阶段、不断发展阶段，如今进入快速发展阶段，协会日益壮大和强盛，不仅见证了中国农业和农村经济所发生的翻天覆地的巨大变化，也为中国农业发展发挥了积极作用，尤其是在主要农产品流通和优质农产品品牌建设等方面做出了突出贡献。

中国优农协会所成长的 30 年，恰为全球粮食安全重新定义、国际农产品开发和农产品贸易突飞猛进的 30 年。

30 年来，人口增长、城市化进程加快和收入增加，不仅推升了全球食物的刚性需求，也促使人们不断改变饮食结构和消费模式，追求更安全、更优质、更有营养和更健康的食品。1996年世界粮食首脑峰会将粮食安全的定义更新为“所有人在任何时候都能在社会物质上和经济上获得足够、安全和富有营养的食物以满足其健康而积极生活的膳食需要”。这意味着，随着经济社会发展的不断进步，人们不再将粮食安全单单聚焦于粮食生产和供给的维度，而是从更加全面、丰富的四个维度——粮食供应、获得、稳定性以及利用——对其进行定义。

在新的粮食安全框架下，市场与贸易日益成为发展进程的巨大推手。在粮食和农业领域，市场能拓宽消费者的选择，为农民增收创造动力，从而使资源得到优化配置，并在农业和其他经济部门之间建立联系。自1995年以来，粮食和农业领域的国际贸易已实际增长了一倍以上。全球超过1/3的农产品和食品出口贸易是在全球价值链中完成的。新兴国家和发展中国家在全球农产品和食品市场上的参与度不断提升，其出口值已占世界出口总值的1/3以上。

发展中国家农产品市场涉及大量种植者、中间商和交易商，如何使得有关产品质量的信息通过价值链传递，实现潜在的产品质量溢价，从而不断提高产品竞争力，农业品牌战略不失为一条有效的途径。品牌农业发展的呼声伴随着市场和贸易的增长不断增强。

中国国际品牌农业发展大会见证品牌农业发展合作之路

品牌农业反映的是我们对健康和可持续农业，以及粮食体系的集体愿景。农业产业的发展离不开产业链条各环节的不断优化，离不开生产种植环节的好品种，离不开加工、运输、储存环节的好品质，更离不开好品种和好品质基础上的好品牌。好品种、好品质、好品牌，成就好价格，从而使产业链条上的生产者、加工者和消费者实现各自利益的最大化。

以品牌为核心，中国优农协会在推进农产品品牌意识、品牌标准、品牌建设、品牌服务、品牌价值研究、品牌发展战略等各个维度开展了卓有成效的工作。值得一提的是，中国优农协会首创并牵头组织了国内规模最大的品牌农业论坛及农商跨界融合平台——品牌农商发展大会。

自2013年起至今，联合国粮农组织参与了中国优农协会组织的历届中国国际品牌农业发展大会。从“品牌之道：挖掘价值，探索途径”到“品牌农业的内生动力与驱动力”，从“共享前景：一体化市场与品牌贸易”到“共商共建共享：区域合作新格局”，从“增长新动力：推进互联互通贸易伙伴关系”到“新发展格局下的农业国际贸易与合作”，大会与时俱进，聚焦不同主题，搭建了一个推动品牌农业发展对话、交流和合作的宝贵平台。

联合国粮农组织总部、亚太区域办公室以及中国代表处的同事，包括我本人都切身参与了历届国际品牌农业发展大会。联合国粮农组织见证了大会主题不断深化，规模不断扩大，影响不断深远，成果不断丰富的发展历程。

作为中国优农协会联合相关行业组织搭建的国际性农业品牌交流平台，国际品牌农业发展大会充分发挥协会引领作用及服务职能，促进科技创新推广及国际合作互联，建立国际行业组织协作机制，促进中国与其他国家行业组织的农业资源互补，成为支持农业产业的绿色、创新和可持续发展的一股宝贵力量。

农业粮食体系转型为品牌农业发展提出新的要求

当今世界，风云变幻。全球粮食安全的形势也充满着挑战与机遇。

全球食物不足的发生率仍远高于新冠疫情暴发前的水平。2022 年，全世界估计有 6. 91 亿～7. 83 亿人面临饥饿，中位数高达 7. 35 亿人。

一方面，农业粮食体系面临长期的系统性压力，主要因素包括自然资源退化、生物多样性丧失、人口迅速增长、城市化、收入增长以及随之而来的消费模式变化。另一方面，全球粮食安全也在经受诸如极端天气、冲突和地缘政治紧张、出口限制等冲击性因素的影响。

为此，联合国粮农组织积极倡导全球农业粮食体系转型，通过向可持续、包容和有韧性的粮食体系转型，实现“四个更好”，即更好的生产、更好的营养、更好的环境和更好的生活，从而实现不让任何人掉队。

在这样的总体定位和思路下，联合国粮农组织在与中国的合作中，秉承“服务中国‘三农’，携手中国伙伴，分享中国经验”的总体思路，积极促进农业粮食体系转型，增强农业粮食体系韧性，加强国际和区域合作，着力在同一健康、气候变化和生物多样性保护、自然资源管理、生计开发等具体方面开展广泛的合作与交流。

联合国粮农组织高度重视和支持品牌农业的发展，“全球重要农业文化遗产”便是一项创新性尝试。自 2005 年起，联合国粮农组织已认定了 24 个国家的 78 个系统及遗产地。目前，中国以 19 项位居首位，涵盖传统水稻系统、稻鱼种植、稻鸭种植、传统茶树系统、旱地耕作、草原游牧、石堰梯田、葡萄园和枣园等不同农业生态系统。除了提供可观的品牌价值之外，全球重要农业文化遗产形成了杰出的自然景观，创造了有利于生计的农业实践方式，更以独特的方式把生物多样性、韧性生态系统结合起来，传统和创新相结合，以可持续的方式供应多种产品和服务，为亿万小农保障粮食和生计安全。

展望未来，联合国粮农组织期待与包括中国优农协会在内的各方一道，共同努力，广泛合作，全方位推进品牌农业建设，促进农业高质量发展，为共同助力乡村振兴、保障中国乃至全球农业可持续发展和粮食营养安全，实现 2030 年可持续发展目标做出新的贡献。

坚持两山理论　抓好特色产业
打赢边疆民族地区脱贫攻坚战

——访云南省政协常委、提案委员会主任卫星

记者 黄珊

【人物简介】卫星，1964年4月生，博士，中国行政管理学会会员，云南大学、云南师范大学、云南财经大学客座教授、研究生导师，被评为2016年度中国十佳绿色新闻人物。曾任云南省委办公厅常委办主任，丽江市常委、秘书长、常务副市长，云南省政府副秘书长，云南省委副秘书长，普洱市委书记，云南省民政厅厅长；现任云南省政协常委、提案委员会主任。

云南省普洱市，地处祖国边陲，有“彩云之南”之称，风景秀丽，但由于自然和历史原因，这里长期处于贫困之中。全市山区、半山区面积占比超过98%，深山和大江割断了其与外界的联系。2013年以前，普洱市10个县区中有9个是贫困县，贫困发生率高达30%，其中澜沧县、江城县是国家级深度贫困县。记者专访了原普洱市委书记、云南省民政厅厅长，现任云南省政协常委、提案委员会主任卫星，请他谈谈如何找准问题突破口，坚持“绿水青山就是金山银山”理念，发展特色产业，打赢边疆民族地区脱贫攻坚战。

记者：普洱属于边疆民族地区，自然条件优越，在脱贫攻坚战中，如何

西盟县勐梭龙潭
（普洱市西盟县委办　提供）

找准切入点？

卫星：习近平总书记反复强调，要正确处理经济发展同生态环境保护的关系，决不以牺牲环境为代价去换取一时的经济增长。我们必须贯彻新发展理念，做到在保护中发展、在发展中更好地保护，努力绘就“绿水青山就是金山银山”的普洱画卷。

如果你从卫星云图上看地球，你会发现普洱位于北回归线最大的一片绿洲上，其他地方要么是海洋，要么是沙漠。绿色是普洱的底色，这里的生态环境非常好，气候条件非常优良，四季如春，具有生物多样性，是全国唯一的国家绿色经济试验示范区。我们明确提出，要用好试验示范区的重大历史机遇，坚持生态立市、绿色发展，追求绿色、生态、惠民的GDP。

当然，如果没有国家的大力支持，普洱市依靠自身的实力是肯定完不成脱贫攻坚任务的，可以说是国家通过制度优势帮助我们边疆民族地区解决了延续千年的贫困问题。

普洱市的国境线比较长，有486公里，与缅甸、老挝、越南三个国家接壤，西南边我们紧邻缅北佤邦，强边固防任务重。以澜沧这个国家级深度贫困县为例，国家在5年时间里投入扶贫资金120个亿，这是史无前例的投入啊！

江城县康平镇瑶家山村干田团墩易地扶贫搬迁安置点
（普洱市江城县政府办 提供）

澜沧江限制了江两岸居民的发展，所以沿江的脱贫任务比较重，现在高速公路修通了，天堑变通途，发展的基础条件更好了。我经常给我们的干部们讲，在普洱修路就是修发展路、脱贫路、致富路、开放路、国防路。

在脱贫攻坚中，交通是最重要的一个环节，过去我们因为很多道路都是晴通雨阻，农副产品要么运不出去，要么运输成本太高。比如我们的沃柑从种植基地交给电商一公斤5元左右，运到昆明销售，运输费用要8元，比售价还高。但如果在广西，种植基地给电商一公斤8元，运输费只有5元。这个差距直接反映在老百姓的收入上。普洱市其他所有农副产品都面临着类似的困境，因为交通我们很多优质农产品跟别人相比完全没有价格竞争力。我们必须解决道路不通或通而不畅的问题，这就是我们为什么拼命修高速公路的原因。除高速公路以外，我们还在国家的大力支持下建设铁路、机场，另外还有信息化建设。信息高速公路贯通后，中国优质农产品开发服务协会还帮助我们率先搭建了虚拟现实的电商平台，使全世界都可以通过这个平台购买到普洱市的优质农产品，深山里的普洱就完全和全国、全世界融为一体了。

记者：产业是脱贫的根本，茶产业是普洱的特色，你们是如何发挥这个特色的？

卫星：很多外来的客人问我，普洱茶卖得那么贵还卖得那么好，普洱怎

时任普洱市委书记卫星陪同原农业部副部长陈晓华品鉴普洱茶，并带队参加中国优质农产品开发服务协会举行的品牌农业发展国际研讨会

么会有贫困呢？我从历史来给你们讲讲来龙去脉。

全球茶叶的发源地不是印度也不是斯里兰卡，而是中国云南普洱，我们有 3546 万年的景谷宽叶木兰化石和镇沅千家寨 2700 年的野生古茶树、澜沧邦崴 1700 余年的过渡型古茶树、景迈山千年万亩栽培型古茶林，世界茶树原生地“五世同堂”的实物证据链清晰可见。正因为这样，2013 年国际茶业委员会授予普洱市“世界茶源”称号，有力证明了中国是世界上最早种茶、制茶、饮茶、进行茶贸易的国家。普洱有一座山叫景迈山，山上居住的布朗族在远古时代就有种茶的习俗，这是他们的祖先帕艾冷在 1800 多年前传授给他们的技艺。帕艾冷在遗训上写着：“我要给你们留下牛马，怕遭灾害死光；我要给你们留下金银财宝，怕你们吃光；我就给你们留下茶树，让子孙后代取之不尽用之不竭。你们一定要像爱护眼睛那样爱护茶树。”这可以堪称人类最古朴的“科学发展观”。从这以后，茶叶从普洱起源，辐射出接内地、达京城、通邻国、连世界等 5 条茶马古道，被后人称作是中国西南最早的对外开放之道、民族融合之道、文明互鉴之道，在传播中华文明、增进民族团结、维护国家统一等方面发挥了重要作用。

但大家不知道的是，普洱在这轮脱贫攻坚之前，很多老百姓并没有因为茶产业而致富。

思茅至澜沧高速公路建成通车
（普洱市委宣传部　提供）

脱贫攻坚有效地解决了交通问题，大幅降低了物流成本，把茶产业带动发展了起来。随着茶农收入的增长，种植技术的提高，普洱茶的产量和品质提高了，价格也上去了，形成了良性循环。但普洱茶品质不统一、附加值不均衡，始终是影响茶农收入提高的一个痛点。大家认识到的普洱茶往往是比较高端的古树茶，也就是人们所称的“名山小众茶”，现在价格达到几千元甚至几万元一公斤。但这些名山古树茶产量都不大，受益的群众也是有限的，大部分茶农是在现代茶园种植，如何做到以茶脱贫致富，我们就要做好生态有机这篇大文章。

为把茶产业这一普洱“衣食万户”大产业做大做强，我们提出“大众做有机、小众走高端”的茶产业发展思路，推动一二三产业融合发展。一产环节抓标准、做有机，二产环节抓龙头、做加工，三产环节抓品牌、做市场。我们对全市 160 多万亩现代茶园进行有机转换，“十三五”期间我们每年对 10 万亩茶园进行了有机转换，现在茶区农民收入中有一半以上的收入来自茶叶。我们的目标是打造中国有机茶第一强市。

随着人们生活水平的提高，消费者的健康理念越来越浓，市场上也越来越重视有机茶。现在我们采取抓标准、抓品牌、抓融资、抓庄园、抓整合、抓“互联网 +”推动茶产业转型升级、提质增效，运用区块链技术，制定了一套质量溯源体系，茶饼的二维码、里面附带的芯片让茶叶的种植、采摘、加工、仓储等全过程可追溯，确保消费者买得放心、喝得安心。现在云南省有机茶的认证面积达 73 万亩，普洱市有 50 万亩，有机茶主要出口欧盟、美国、日本。

中国优质农产品开发服务协会为普洱市制定了《普洱品牌农业五年规划》《普洱咖啡品牌规划》，为普洱未来的农业品牌高质量发展打下了良好的基础，未来我们的设想是要让普洱茶这个知名公共品牌，覆盖高中低端。云南农垦主导这项工作的基础建设，思路是强化质量体系，稳定市场，连接大企业、茶商、粗制所、农村合作社、茶农，整治市场乱象，高端茶不让它贵得离谱，中低端茶不让它便宜到无利可图。通过普遍稳定茶叶质量，让普洱茶价格回归理性，让它尽可能地惠及所有茶农。现在浙江大学、福建大学、云南农大等高校已经做出普洱茶的口香糖、牙膏、饮料、面膜、面霜等周边产品，这类深加工产品我们要一直做下去。

记者：我们了解到，普洱的咖啡产业也很不错。请您介绍一下这方面的情况。

卫星：普洱的咖啡种植面积、产量、产值在全国位居第一，所以被称为“咖啡之都”。我们种植的咖啡豆分为两种，一种是“商业”、一种是“精品”。“商业”就是我们在纽约大宗商品基准交割品的这个等级，但因为国际市场期货价格波动太大，政府就采取价格保险来稳定咖啡价格，每当价格低落时，保险公司会补贴种植户。为了最大程度惠及农户，普洱现在还打造了一个咖啡交易和服务平台——云南国际咖啡交易中心。因为我们的咖啡种植是在边疆少数民族地区，而国际咖啡市场是在国外的一线城市，这个市场的承接价格和我们的输出价格落差非常大，中间需要一个平台来为农户寻找市场、寻找价格、提供服务。

我们的咖啡产业跟茶产业相比要年轻得多，但为什么发展得快？主要是因为评价体系非常明晰。因为咖啡是国际大宗商品，有一套已经很完备的质量检测标准，制定这套标准的是美国的泰德林德先生，他也是我们普洱咖啡的高级顾问，帮助我们制定了云南咖啡跟国际接轨的一套质量检测标准。有了这套标准就好办了，全球语言不同，但是大家拿到这套标准的时候，一下就能看懂这个产品的“风味轮”数值，其中酸度、甜度、醇厚度、平衡感、一致性等分数明明白白地写在上面。在这个评价体系之下，我们设立了专门的质检人员培训机构，我们现在有 22 位品鉴师持贝贝斯国际咖啡杯测品鉴师证，这个鉴定证是全球通用的，三个持证人就可以来测评咖啡，打出的分数被视为权威的。我们还有罗布斯塔品鉴师 9 人，而这 9 人是同时持有双证的。所以普洱现在是拥有全球最多持双证品鉴师的地方。这意味着什么？意味着全球咖啡评价体系的话语权在我们手里。

普洱比较发达的还有现代林产业、橡胶产业，这都是发展得比较成熟的。传统的养殖业我们现在发展得也比较好，猪、牛、羊、鸡等养殖数值年年都在大幅增长；种植业就是蔬菜瓜果，还有经济作物比如核桃、澳洲坚果，以及以花椒为主的香料都增长得很快；我们还有热带水果，比如芒果、柠檬。这些农产品都与老百姓的收入联系紧密，我们有大量的建档立卡的贫困人口就是通过传统产业达到脱贫标准的。此外，我们还种植林下三七、滇黄精、天麻、石斛等中药材，希望这样的新兴生物药产业快速成长为百亿级产业。另外，乡村旅游产业会在我们丰富的民族文化资源基础上铺开，我们现在要把它打造成普洱的支柱产业。以上这些都会形成巩固脱贫攻坚成果的有效手段。

林下三七产业助农增收

（普洱市澜沧县委办　提供）

记者：普洱文旅扶贫成效显著，请谈谈你们是如何利用民族地区自身特色和资源优势实现脱贫致富的？

卫星：普洱的民族文化、茶文化、茶马古道文化、生态文化、边地文化底蕴深厚、丰富多彩、相互交融，就像文化的“大观园”“万花筒”。少数民族在长期的生产、生活中，种茶、制茶、卖茶、吃茶、饮茶、祭茶，逐渐形成了丰富多彩的民族茶文化。如澜沧县景迈山就很典型，不仅有千年万亩古茶林，还有保存完好的民族古村落、民族文化和茶文化。除此之外普洱还有拉祜文化、哈尼文化、佤族文化、布朗文化等。

普洱就像一个民族文化资源的“聚宝盆”。普洱的文化资源品位高、存量大、种类多，积淀深厚，别具特色，但由于长期被阻隔在大山里，只能是“藏在深山人未识”。在脱贫攻坚中，各项基础设施的建设为这里叩开了世界的大门，我们独特的文化资源也就有办法转化为经济优势、竞争优势。我们大力发展文化旅游产业，专门研究制定了《普洱市文化精准扶贫实施方案》，开展普洱文化扶贫工作，实施挖掘文物、搜集文史、发展文教、活跃文体、创作文艺、培育文产、建设文城、弘扬文明、传承文脉、建立文库等十大工程。这就像串珍珠，把大山里的文化遗珠串起来，因此我们也把它称为“文化珍珠链”工程。通过文化精准扶贫，把文化旅游产业这篇大文章做好，让千百年来处在“自娱自乐”状态的传统文化转变为“生产力”“金饭碗”，变成少数民族群众脱贫致富的重要途径。

在这个过程中，我们重点打好文化牌、走好产业路，把文化育民、惠民、乐民的特殊功能充分发挥出来。一是创新文化传播载体，通过影视、歌曲、舞蹈等人民群众喜闻乐见的艺术形式，大力实施农村文化小广场、小文艺队、小喇叭“三小”工程建设，让普洱优秀传统文化走入寻常百姓家，让每一个市民都成为讲好普洱故事、传播好普洱声音、展示好普洱形象的主角，让文化之珠“露”出来。二是坚持走好产业融合发展路，在加大传统文化保护传承的同时，不断挖掘利用资源，把特色文化元素融入文化旅游产品打造中，让文化之珠“串”起来，使游客从中获得可观、可感、可体验的愉悦。三是以市场为导向、以资源为基础、以特色文化为核心，把传统的民风民俗、建筑风格、服饰特色、饮食习惯等融入文化旅游产品之中，通过挖掘故事、加工故事，开发出独具个性的文化旅游产品，使珍珠“亮”起来。这几年，我们举办了墨江国际双胞节、孟连神鱼节、澜沧葫芦节、景谷泼水采花节、佤族木鼓节、彝族火把节、端午百草根节等节庆活动，精彩纷呈，很多国内外的游客来普洱体验多姿多彩的民族文化，体验别具风格的茶乡风情。“十三五”期间，全市旅游业实现旅游总收入 1.18 亿元，旅游就业人数达到 1900 余人，带动建档立卡贫困人口脱贫近万人。

我们民族民间工艺品产业也很发达，通过发展民间手工艺制作助力脱贫增收。服饰染织、民间陶瓷暨茶文化、民族民间器乐等都深受青睐，已经走向世界。如孟连民族民间工艺传承协会发挥带动作用，组织村寨里的民间手工艺人闯市场、拓销量，既带动群众增加收入，又传承民族民间手工艺。西盟佤族自治县翁嘎科镇英力下村民族文化传承人岩恩，从事手工艺制作 16 年，带领村里的残疾人、退伍军人从事佤族象脚鼓和木鼓等民间乐器的制作，乐器产品远销泰国及周边地区，带动山寨群众脱贫增收。

同时，我们大力推进文化“走出去”，创作推出了《宾弄赛嗨》《阿佤人民再唱新歌》《农民院士》《天赐普洱》《民族团结誓言》等一大批唱响全国的文艺精品力作，许多优秀作品走出了云南，进了央视、走进了国家大剧院，享誉全国、走向世界，被文艺界称为“普洱文化现象”。文化扶贫不仅给群众带来了实实在在的收入，也极大提振了干部群众的精气神，增强了民族自信心和凝聚力，提升了普洱的知名度和影响力。

在文化扶贫的过程中，全市农村由村民自发、自创、自演的文化演艺公司就组建了 20 余家，拓宽了群众增收致富之路。

澜沧县老达保村文艺演出

（普洱市澜沧县委宣传部　提供）

我们仍在积极推进文旅融合、茶旅融合，大力发展康养旅游、全域旅游，全面加强旅游基础设施和景区景点建设，积极发展旅游新业态，打造文旅综合体和高端半山酒店，不断丰富旅游产品。现在，有 5 个县城入选云南省“美丽县城”，创建了一大批生态村、旅游重点村，西盟县城、宁洱那柯里等成为新的旅游“打卡地”。我们一直把澜沧景迈山古茶林文化景观申报世界文化遗产作为普洱旅游产业大发展的“引爆点”来推进，以此实现旅游产业跨越式发展。目前，国务院已将景迈山古茶林文化景观作为中国 2022 年申遗项目提交联合国教科文组织，今年 8 月将迎来国际评审专家的实地考察评审。普洱的文化旅游产业即将迎来千载难逢的发展机遇，为巩固拓展脱贫成果、推进乡村振兴提供有力支撑。

脱贫攻坚是一场伟大的革命，它改变了普洱这个曾经闭塞贫穷的地方，极大地解放了这里的生产力，推动普洱走进了一个崭新的时代。

普洱倚象山半山酒店

（普洱市文旅局　提供）

绿色引领　加快推进特色现代农业高质量发展

——访陕西省农产品质量安全中心主任刘斌

《优质农产品》记者　杨　雪　李　昕

【人物简介】刘斌，内蒙古包头市人，现任陕西省农产品质量安全中心主任。主要从事农产品质量安全、农业标准化、农业品牌化和产业扶贫工作。在长期的实践工作中，善于深入实际调查研究，解决生产疑难问题，具备扎实的专业理论功底，熟知农产品质量安全与农业品牌化技术要点，对推进提升全省农产品质量安全与农业标准化具有独到的见解。多次主持参与实施省部级重点农业项目并获奖。先后发表多篇论文、出版专著若干部。担任中国农产品质量安全分会常务委员、全国果品标准化技术委员会委员、全国名特优新农产品暨特质农品品管品审员、陕西省农业农村标准化技术委员会秘书长、陕西省市场监管专家库成员、陕西猕猴桃现代农业产业技术体系专家、西安市质量技术监督局专家，在行业内享有较高声誉。

近年来，陕西省深入学习贯彻习近平总书记关于“三农”工作的重要论述和四次来陕考察重要讲话精神，坚持特色现代农业发展定位，围绕农业供给侧结构性改革，立足追赶超越，全面推进乡村振兴。特别是突出农业行业诚信体系建设，积极谋划创新，大力发展“3 + X”特色产业，积极培育八大农业全产业链，扎实推进农产品“三品一标”，持续守护群众“舌尖上的安全”，开创了以产业振兴引领乡村全面振兴的新篇章。

近日，《优质农产品》记者围绕“绿色引领　加快推进特色现代农业高质量发展”，专题访谈陕西省农产品质量安全中心主任刘斌。

记者：刘主任，您能不能简单介绍一下陕西省在抓优质农产品方面做的一些工作。

刘斌：我们坚持把产业振兴作为乡村振兴的重中之重，以做好“土特产”文章作为切入点，久久为功抓牢优质农产品，通过绿色引领，在加快推进特色现代农业高质量发展上取得了一些经验，关键在于做到了三个“始终”。一是始终坚持“硬标准”。组建成立了陕西省农业农村标准化技术委员会，对农业农村标准化工作在组织结构上进行了完善，对推动全省农业农村标准化发展具有里程碑意义。年审定申报省级农业地方标准 200 余项，在全省 19 个县（区）开展特色产业全产业链标准化试点，不断提高特色产业标准化生产水平，推动优质农产品生产规模占比达到 20.4%。二是始终保护“好环境”。深入实施农药化肥零增长行动，探索果畜结合、畜沼结合等一批发展模式，建立农药减量控害示范区 10 个、绿色防控示范区 30 个，主要农作物绿色防控实施面积覆盖率达 50%以上，主要作物测土配肥技术覆盖率达 90%以上，农药肥料使用量逐年递减，富硒秦巴山水、生态黄土高原、绿色关中沃野逐步成为特色农产品的最优产区。三是始终强化“全追溯”。构建“阳光农安”治理新格局，在全部 104 个涉农县（区）推进乡镇网格化管理，全面实施农产品质量安全追溯管理和承诺达标合格证制度，落实“四挂钩”，推进产地准出和市场准入的有效衔接。对标“有机构、有人员、有场地、有设备、有经费、有制度”（“六有”标准），建设完成 798 个乡镇机构，打印发放追溯码标签 332 万张，开具合格证 412 万份，新型经营主体开具承诺达标合格证率超过 75%，主要农产品批发市场 100%实施亮证行动，让农产品“带证带码”上市，实现了“有身份、有身价”。

记者：我们知道，陕西省在抓优质农产品工作上亮点比较多，有没有比较有代表性的地市，他们是怎么做的。

刘斌：陕西省在抓优质农产品工作上各地都有比较典型的模式，比如西安将优质农产品发展列为市委、市政府一号工程，榆林、宝鸡出台发展优质农产品奖补政策，安康以整市创建为抓手，召开了全国名特优新农产品现场工作推进会，举办了系列产品展销推介，陕西优质农产品从培育到宣传，从品质到品牌得到了全方位的发展提升。比如涌现出延安洛川苹果、西安临潼石榴、周至猕猴桃、商洛柞水黑木耳、榆林米脂小米、靖边马铃薯、安康魔芋、紫阳毛尖等一批区域品牌。但是最值得一提的就是商洛市成功创建了“全国名特优新农产品高质发展样板市”，他们的做法总结起来就是“3335”工作机制。第一个“3”就是三管齐下扩集群。方案定向，商洛市政府印发《创建全国名特优新农产品试点市实施方案》，明确了培育方向。规范定标，顶格执行《全国名特优新农产品收集登录规范》，对申报的农产品逐级审核把关。企业当先，培育名特优新农产品生产企业 192 家。第二个“3”就是三驾齐驱保质量。推行质量追溯，开发手机 App，把 192 家名特优新附证企业纳入监管。狠抓产品检测，全力推行市级每季度、县（区）每月、乡镇每周一次和企业常态开展的“三级四层”监测。重拳执法护航，组织公安、市场监管部门联合执法办案。第三个“3”就是三措并举促溢价。编消费指南，为产销对接搭建了“桥梁”，为市民消费提供了“菜单”。办推介活动，展示推介商洛名特优新农产品，讲好名特优新农产品品牌故事。上云上博览，商南茶等 60 多个产品入驻 832 平台，通过 300 多个直播间、400 多家网店直销。最后一个“五”就是五项机制赋动能。强化组织领导，商洛市委、市政府成立市长任组长的创建工作领导小组，高位推动创建工作。强化政策支持，市、县两级财政投入工作经费 650 万元，提供经费保障。强化技术服务，组建市级技术服务团，全方位开展技术指导。强化发动宣传，及时宣传工作成效，营造浓厚的工作氛围。强化督查考核，市委督查办公室进行常态化督察督办，每季度开展一次督查，确保全市步调一致、协调推进。

记者：最后，刘主任可否分享一下在推进优质农产品工作中与《优质农产品》杂志的小故事。

刘斌：今年已是与协会和杂志相识的第九个年头，我与《优质农产品》之间的珍贵交往历程，是一段充满合作、分享和成长的故事，也是我们共同追求农产品质量安全使命的见证。我们与协会的合作始于 2012 年，我本人见证了协会在农产品质量安全提升与品牌打造方面的创新与突破，特别是创办的《优质农产品》杂志，每一期都会刊登全国各地优质农产品质量安全品牌打造的最新研究和实践，这些案例激励着我们这些从业者探索新路径，提升产品质量，打造产品品牌。在我看来，《优质农产品》不仅仅是一本介绍各地优质农产品的精美杂志，也是一条连接农产品质量安全行业各方力量的纽带，更是丰富、提升和滋养我们普通消费者精神生活境界的桥梁。通过《优质农产品》，我们共同探讨质量安全与农业品牌建设领域的前沿问题。回顾这九年，深深感到我们的合作不仅仅是一份工作，更是一份责任，一份对农产品质量与安全的坚守。我也期待《优质农产品》探索出更多创新的思路，贡献出更多的智慧和力量，不断推动优质农产品事业向前，谱写优质农产品发展的新篇章！

品牌农业在蒲江生根发芽，成长成势

——回忆中国优农协会支持蒲江农业十年历程

赵武斌　王海燕

【作者简介】赵武斌，1969 年出生，历任四川成都市蒲江县成佳镇党委书记、镇长，蒲江县委农办主任，农村发展局局长，农业和林业局局长，县统筹城乡工作委员会办公室主任，县政府副县长；现任成都市郫都区委常委、统战部部长。

王海燕，1988 年出生，2009—2022 年在成都市蒲江县农业农村部门工作，主要从事农业技术推广、农业品牌宣传等工作，现任成都市农业技术推广总站办公室主任。

赵武斌

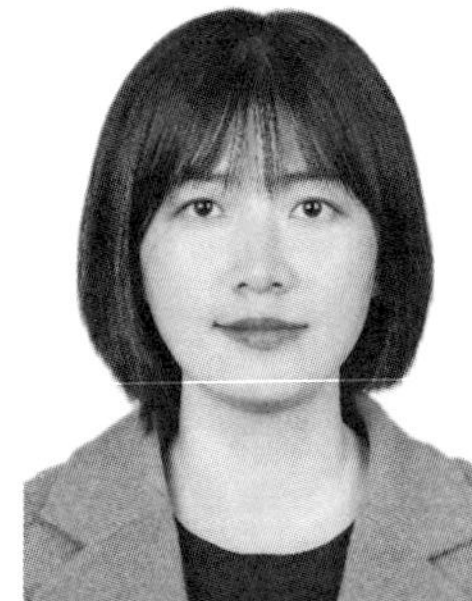

王海燕

与中国优质农产品开发服务协会结缘于 2013 年 5 月，时任农业部党组成员、中纪委驻农业部纪检组组长、中国优质农产品开发服务协会（以下简称中国优农协会）会长朱保成率队到成都开展“强农兴邦中国梦·品牌农业中国行”——走进成都活动，此次活动在蒲江举行我感到很荣幸。为期3天的时间，中国优农协会一行在蒲江县进行了深度调研、座谈，召开了品牌讲堂、企业研讨会，为蒲江农业把脉，为蒲江县优质农产品开发服务协会授牌，这是全国第一家县级协会。

中国优农协会此行为蒲江品牌农业发展开启了一扇新的大门，彼此进行了深入的交流了解，蒲江对于农业品牌建设的思考探索与中国优农协会致力于树立中国优质农产品品牌形象的宗旨十分契合。自此，蒲江与中国优农协会一直保持着良好的交流合作，深度参与了自2013年起的多届国际品牌农业发展大会、品牌农业国际研讨会、品牌农商论坛等活动。2017年品牌农业发展国际研讨会落地蒲江，此后连续在蒲江举办了三届，2019年蒲江成为品牌农业发展国际研讨会的永久会址。

蒲江农业品牌建设的探索和实践得到了来自朱保成会长、黄竞仪会长及协会各位同仁的大力支持和帮助，在此对中国优农协会表达最衷心的感谢。如果做农业一定要分派别，我们就是品牌派。回顾这些经历，我们对品牌农业发展有了以下一些体会。

一、发展品牌农业要有良好的产业基础

发展品牌农业首先要有产业基础，相对规模化的产业更有利于集中集约打造品牌。蒲江县坚持规划引领、政策引导，约在2012年基本完成了产业布局，发展优质茶叶10万亩、柑橘25万亩、猕猴桃10万亩，主导产业集中度达90%以上，形成了鲜明的产业结构。成功创建国家现代农业产业园，三大主导产业全面实现园区化发展，全部建成国家级标准化生产示范区。鲜明的农业产业结构为品牌打造奠定了良好的基础。

二、不能脱离品种、品质谈品牌

蒲江从2012年起，坚定不移走“品种、品质、品牌”三品提升之路，始终把品种改良、品质提升作为品牌农业的前提条件和先行基础。一是始终占据品种优势，与中国科学院武汉植物园、中国农业科学院柑橘研究所、四川农业大学等科研院所建立长期稳定的合作关系，引进推广适应蒲江气候条件、商品性能高的猕猴桃专利品种金艳、东红，以及柑橘品种春见、不知火、爱媛等，另外还长期储备茶叶、柑橘、猕猴桃品种上百种，为产业更新换代奠定基础。二

是着力推行标准化生产，不断提高农产品品质。全县先后出台了20余个地方特色标准，建立县、乡、村三级农业综合服务体系，以确保标准贯彻执行。建成一批“三品”认证基地，实施全域水环境治理，耕地质量提升，绿色防控和公共植保，实施有机肥替代化肥、生物防控替代化学防治“两个替代”战略，有效提升了农产品品质。

三、要兼顾区域公用品牌与企业品牌共同发展

蒲江在2014年就提出了区域公用品牌与企业品牌“双轮驱动”的品牌战略，用区域公用品牌挣“名”，企业品牌挣钱。依托产业基础，着力打造了“蒲江雀舌”“蒲江猕猴桃”“蒲江丑柑”3个地理标志保护品牌，且这3个品牌均跻身中国农产品区域公用品牌价值榜前40强，品牌价值达到421亿元。带动培育绿昌茗、佳享等企业品牌30余个，318雀舌、水口红等企业产品品牌40余个，构建了“区域+企业+产品”品牌矩阵体系。

四、要加强市场主体培育，构建完整的产业体系和社会化服务体系

蒲江品牌农业发展历程中，一直秉承全产业链发展的思路，加强市场主体培育，使投入品供给、生产、加工、包装、冷链、物流、消费市场等各环节形成均衡的体系。培育了国家高新技术企业新朝阳生物科技有限公司、卫农天敌工厂等一批绿色投入品生产企业，在生产端有约50万亩的种植基地基础以及生产市场主体集群，全县有农产品初加工及冷链物流企业200余家，形成冷库静态库容量16万余吨。

农业社会化服务体系也是政府高度关注的一个环节。完善的社会化服务体系有效地促进了小农户与现代农业的有机衔接。一是多元整合，成立蒲江县农业社会化服务产业联合会，培育蒲江丑柑协会、猕猴桃协会、茶叶协会等行业协会和农技、植保、农机、劳务等专业服务队伍，推进主导产业社会化服务实现全程覆盖。二是将新型农业经营主体作为社会化服务组织的重要力量，大力培育市级以上龙头企业、农民专业合作组织、家庭农场等，实现小农户带动面达95%以上。三是聚焦多元需求，创新农业社会化服务模式，探索“龙头企业+合作社+基地+农户”“公司+农民土地股份合作社+按股分红”“菜单托管”等多种模式，灵活满足小农户多层次需求。蒲江被评为全国农业社会化服务创新试点县。

五、在品牌市场开拓上要注重线上线下相结合，实现优势互补

有了优良的产业基础和安全优质的农产品，蒲江将市场开拓作为农业发展的重要工作。一是多渠道开发线下市场，连续多年举办蒲江柑橘、猕猴桃产销对接会，主动对接北京新发地、广州江南、浙江嘉兴等市场，并与之建立了深度合作关系，北京新发地市场在蒲江大兴镇水口村建立了合作共建基地，搭建了蒲江农产品进入伊藤洋华堂、盒马生鲜等大型商场的渠道。二是顺应时代需求，在农产品电商发展中走出了蒲江模式。建立“政府—平台—企业”的协作机制，大力扶持本地电商企业发展，联合天猫、京东、苏宁等知名电商，开展蒲江产品原产地活动，开设蒲江特产馆、旗舰店等，促进特色产品销售，连续三年入选阿里研究院发布的全国农产品电商百强县榜单。阿里巴巴等知名电商多次到蒲江，提起蒲江是农产品电商的必争之地。建成了蒲江县电子商务创业园，培育电商经营主体超过 6000 余家。依托良好的农业产业基础以及完善的采后加工、冷藏、物流、仓储、配送等体系，建成菜鸟数字农业中心、水果电商物流中心，吸引了外地芒果、石榴等产品到蒲江仓储销售，形成了“买全国卖全国”的农村电商模式，电子商务年交易额达 100 亿元。

六、要强化品牌宣传，不断构建对外开放合作的动能

蒲江在较早时期就坚定了实施品牌战略的想法，2015 年在机构设置和人员配置上，就设置了品牌科，组建了品牌建设的专门队伍，这在全国也是比较领先的。在品牌营销宣传上，一是通过办节办会打响品牌，从 2008 年起，蒲江陆续承办多届中国茶叶年会、中国柑橘年会、中国猕猴桃节、中国有机农业论

坛、中德农业论坛，到后来中国优农协会主办的品牌农业国际研讨会永久落户蒲江。可以说蒲江品牌农业发展史就是各级支持蒲江农业（节）会的“办会史”。通过诸多全国性（节）会议在蒲江举办，我们结识了许多关心蒲江的领导、业界专家、领军企业以及合作伙伴，在蒲江农业发展的道路上，他们给予了巨大的帮助。二是主动“走出去”，在消费地域营销拓展。2010年起，连续4年在北京举行蒲江猕猴桃北京推介会，在北京、上海举办蒲江丑柑推介会等，积极参加国内国际各类行业大型展会。三是充分依托媒体、互联网宣传，在双流机场航站楼、中央电视台等媒体持续投放蒲江农产品宣传广告。通过举办蒲江农产品网购节，邀请网红主播到蒲江直播带货，建立直播带货基地，有效实现从传统媒体到新媒体的综合利用，大力提升了蒲江农产品的美誉度。

七、要建立健全产业协会，实现行业自律

在产业快速发展的过程中，除政府对产业的引导、监管外，行业自律尤为重要。蒲江在发展中充分发挥行业协会作用，按产业、产品、投入环节等，扶持建立了柑橘协会、猕猴桃协会、茶叶协会，绿色农资协会、冷链商会、电商协会、外贸协会，全县各类农业协会商会等社会组织30余家，辐射带动新型经营主体占比达80%以上，形成以政府为引导、市场为主体的农业发展联盟。完善的行业协会对产业实现自律、自我管理、自我发展，共同拓展市场起到了关键的作用。

以上是我们在品牌农业发展探索中的一些感受和体会，希望在以后的日子中，继续和中国优农协会保持良好的沟通和合作，共同为品牌农业发展贡献自己的绵薄之力。

同舟共济　共谋发展
协力打造庆安大米区域品牌

孙合江

【作者简介】孙合江，汉族，1971 年生，大学本科学历，1992 年 8 月参加工作，1996 年 6 月入党。先后任黑龙江省庆安县党史办科员、人事局股长、人才交流中心副主任、久胜镇镇长、致富乡党委书记、久胜镇党委书记、庆安县司法局局长、农业农村局局长，现任庆安县人大常委会副主任、庆安县品牌工作领导小组办公室主任。

庆安县地处黑龙江省中部，寓意吉庆安康，位于美丽的小兴安岭与富饶的松嫩平原交汇处，幅员 5469 平方公里，耕地 285 万亩，被誉为“中国绿色食品之乡”，享有国家级生态示范区、国家现代农业示范区、全国粮食生产先进县、首批国家现代农业产业园、全国农产品加工示范基地、全国安全食品供应基地、中国优质稻米示范基地等多项国字号荣誉。

我作为庆安大米品牌建设的亲历者和参与者，非常荣幸在 2016 年结识了中国优质农产品开发服务协会（以下简称中国优农协会）。几年来，在中国优农协会的关怀、支持和帮助下，庆安大米区域品牌建设取得了长足的进步和成长，成了具有影响力的区域公用品牌。2016 年、2018 年、2020 年连续获得“中国十大大米区域公用品牌”和“中国十大好吃米饭”殊荣。2019 年通过农业农村部农产品地理标志登记认证，荣获 2019 年中国农业品牌建设学府奖十佳案例奖。黑龙江省 2023 年品牌价值最新发布，庆安大米品牌价值达到 280. 99 亿元。

矢志不渝推品牌，庆安大米品牌越做越大

庆安大米区域品牌的发展主要经历了四个阶段：一是初步成型阶段。20 世纪 90 年代，立足庆安大米优秀品质，面向全国做市场。老县委书记廉继颇背着电饭锅到北京卖大米，由此迈出了品牌打造的第一步。1994 年，国家绿色食品发展中心给庆安县“庆泉”牌大米颁发了绿色食品证书，在品牌定位上明确了“绿色”主基调，庆安县也成为全国最早发展绿色食品的县之一，国家绿色食品水稻基地标准就源自庆安县。2004 年初，庆安县对大米进行了域名注册，用“庆安大米”这个域名商标来规范庆安大米品牌，组建米业协会，当时 38 家大米生产会员企业获准使用域名商标，统一使用防伪包装，“庆安大米”品牌初步成型。二是品牌扩张阶段。2001 年，在国家部委和省、市的大力支持下，举办了首届中国·庆安绿色食品节，并连续举办了五届，助推庆安绿色食品产业快速发展，绿色食品基地认证面积达 201 万亩，绿色食品产品发展到五大类、31 个品牌。2009 年中国农产品区域公用品牌价值评估报告显示，“庆安大米”以 33. 69 亿元的品牌价值，列全国大米品牌第二位。2014 年，庆安大米通过了国家工商行政管理总局组织的专家评审，成为国家农产品地理标识保护产品。三是品牌升级阶段。2016 年，聘请某著名高校专家对区域公用品牌开展战略规划，为“庆安大米”构建了全新的价值体系、符号体系、产品体系与渠道体系，进一步规划和规范品牌，建设了“庆安大米”品牌的发展战略体系，实现“庆安大米”品牌的再次升级。四是品牌提升阶段。此阶段主要是开展品牌宣传提升影响力。2016 年庆安县举办黑龙江绥化庆安绿色有机水稻文化节，对外宣传推介庆安大米；2017 年通过与中国优农协会合作，在庆安县举办了 2017 年黑龙江绥化庆安绿色有机水稻文化节；2018 年和 2019 年又成功举办了两届，但受新冠疫情影响文化节停办了 3 年，2023 年再次成功举办水稻文化节。连续多年举办的水稻文化节，很好地对外宣传推介了庆安大米区域品牌。同时，在中国优农协会的指导下，参加各项品牌评比活

动，庆安大米区域公用品牌知名度和影响力得到了持续提升。

放大优势育品牌，庆安大米品牌越做越强

一是放大优越的自然条件优势。我们常讲“好山好水出好米”，庆安县是国家级生态示范区，境内没有“两高”型企业，生态良好、空气清新、水质清澈、土壤肥沃；地处“寒地黑土”核心区，土壤富含多种微量元素，有机质含量达 4.2%，是黄土和红土的 5～10 倍，化肥和农药的施用量远低于全国平均水平。庆安县也因盛产绿色水稻，被《人民日报》赋予“中国绿色食品之乡”的美誉。袁隆平先生也曾为庆安题词“庆安——中国优质大米之乡”。可以说，得天独厚的自然条件让庆安县成为种植水稻的天赐宝地。

二是放大雄厚的种子研发优势。曾经听人说，积温越高、大米品质越好，但从全国来看，这种观点缺乏说服力。实际上，每个积温带都有自己的优质品种，庆安地处二、三积温带。多年来，庆安县依托域内的 2 户水稻育种企业，培育出适合二、三积温带种植的龙庆稻（8、31、32）、庆源（2、12、18）等 64 个优质品种，并且均通过了审定，在全省、全国推广面积累计已达 1000 万亩以上，为全国优质大米提供了良种保障。2022 年庆安县被评为国家级“制种大县”。

三是放大科学的耕种技术优势。庆安县种植水稻已有百余年的历史，是黑龙江省最早种植水稻的县之一，在全国率先制定了绿色食品水稻生产技术操作规程，为国家制定 A 级绿色食品水稻种植操作规程提供了重要参考。可见，庆安县在绿色水稻种植规范和标准方面走在了全国前列。近年来，我们深入落实“藏粮于技”战略，持续推广应用智能浸种催芽、超早钵育、水稻旱作等先进适用的耕作技术，抢积温、育壮苗、增亩产，为水稻增产丰收打下坚实基础。央视连续 7 年对庆安插下“龙江水稻第一苗”的生产活动进行直播报道。

四是放大完善的基础设施优势。近年来，庆安县实施了国家现代农业产业园、呼兰河和欧根河综合治理、高标准农田、水系连通水美乡村等一批重大基础工程，渠系水灌溉面积达 90%，拥有水稻育秧大棚 4.2 万栋，大棚育苗率达 100%。水稻智能浸种催芽车间有 20 处，覆盖水田面积达 80%。农业机械田间作业综合机械化程度达 99%以上。运用数字技术赋能稻米产业，建设“空天地”一体化数字农田达 2 万亩，为庆安大米的生产过程提供了坚实保障。

好米天成强品牌，庆安大米品牌越做越好

一是雄厚的加工基础。庆安县稻米加工企业发展到 68 家，规模以上企业 28 家，绿色食品、有机产品认证企业分别达到 16 家和 11 家，国家级重点龙头企业 3 家，省（市）级重点龙头企业 21 家。全县稻米年仓储能力 388 万吨，年加工产能 300 万吨左右，东禾金谷、博林鑫被评为全国大米加工企业“50 强”，安庆稻米加工企业的规模和数量位居全省前列。在稻米产业链延伸方面，引进了食乐福油脂、倍特食品、源升河酒业等下游企业，开发了米糠油、速食米饭、大米酒等产品，年产值近 1 亿元。

二是丰富的营养品质。庆安大米不仅馥郁芳香、口感香糯，而且安全营养，富含多种营养元素，直链淀粉含量小于 17%，蛋白质含量为 8.4%～8.5%，含有赖氨酸等 8 种必需氨基酸，碳水化合物，多种维生素和锌、硒、锶、镁、锗、铁等有益微量元素，各项指标达到国家一级粳米标准。庆安大米入口香甜，黏性适中，凉后不回生，确为米中佳品、食中美味。安庆大米已经成为绿色健康、优质香米的代名词，同时也相继开发出了可助眠降压的 GABA 米、保留全营养的胚芽米、增强免疫力的富硒米等功能食品，广受消费者青睐。

三是强劲的品牌效应。近年来，我们积极承办首届“中国农民丰收节”，

参加国内外高层次展销活动，举办绿色水稻文化节，通过持续的办节参会，拓宽线上线下销售渠道。国际稻香米品牌中心、品牌产业园示范基地成功落户庆安，庆安大米品牌被进一步叫响叫亮。浙江大学发布的地标农产品声誉100强中，庆安大米位列第九位；黑龙江省地标大米中位列五常大米之后，排第二位，庆安大米的品牌效应逐步扩大。

农民丰收节期间举办的庆安大米节

品牌农业催生射阳大米转型嬗变

——写在中国优质农产品开发服务协会成立30周年之际

邓成新

【作者简介】邓成新，1953年生，大学本科，中共党员、经济师、中国管理科学研究院客座教授。曾任江苏省射阳县陈洋镇镇长、海通镇党委书记、射阳县人大常委会副主任、射阳县大米协会会长，现任中国粮食行业协会大米分会副理事长、中国优质农产品开发服务协会理事、江苏省粮食行业协会副会长、江苏省粮油学会常务理事、盐城市粮食行业协会副会长、射阳县粮食行业协会会长。

射阳大米是中国农产品百强区域公用品牌，农业农村部组织专家评估其价值为245.32亿元。射阳大米具有香醇绵甜、筋道润滑、食味独特、营养好吃的特色，并通过其品牌价值在全国提升影响力，使射阳稻米产业得到蜕变、裂变。

射阳大米产业振兴，主要得益于中国优质农产品开发服务协会（以下简称中国优农协会）以高度的政治责任感和历史使命感，着眼全局、服务大局，聚焦“三农”重点领域的工作思路，明确“主攻流通、主打品牌”的发展方向，发扬“迎难而上，踔厉奋发”的协会精神，对我们产生的影响和鼓励，促进射阳大米形成200多家烘干企业、70多家加工企业，达成年300万吨的稻米加工能力，成为年产值超百亿元产业。稻农年增收总共超 3 亿元，实现产业振兴带动乡村振兴的目标。

一、协同引领，推动射阳大米走向全国

1. 发挥资源优势

近十年，在中国优农协会的协同引领下，射阳大米协会注重发挥资源优势，助力把农业品牌答卷写在米袋子和千家万户的餐桌上，写在农民鼓起来的钱袋子里。

射阳土地为海相沉积平原，土质与众不同，蓄水透气性好，土壤 pH 在 7.3～8.5，是典型的弱碱性土壤，每千克土壤速效钾含量高达 125～250 毫克，这种富钾弱碱土壤最适合粳稻生长。射阳位于中国南北地理分界线东端，东临黄海，是亚热带和暖温带的过渡地带，南北陆海冷暖气流交汇，夏季炎热，热量充沛、光照充足，夜间多雷雨，秋季天气晴朗降温迟、无霜期长，这种气候有利于粳稻生长和营养物质积蓄。射阳淡水资源丰富，县域生态环境优越，没有工业污染，境内河网密布，有骨干河道 24 条，大沟 183 条，中沟 2446 条，形成纵横交错的灌排体系。射阳河、新洋河、运棉河、黄沙河、利民河、运粮河等六大重要水系横贯东西，淡水资源十分丰富，水稻产区水源上溯洪泽湖和淮河，水质优良。产区灌溉用水全部实行排灌分开。独特的土质，独具的气候，独优的水资源条件成就了射阳大米“弹而不硬、香甜劲道、营养好吃、回味悠长”的品质，使之成为苏米中的精品，备受上海等长三角地区消费者的青睐。我们乘势而为，扩能增产、提档升级、推向全国。

2. 重塑品牌形象

射阳大米是国家地理标志农产品、地理标志集体商标。在中国优农协会的指导支持下，射阳大米获得 2016 年、2017 年、2018 年中国国际农产品交易会金奖，中国百强农产品百强区域公用品牌，十五届、十六届、十七届、十八届、十九届中国国际粮油交易会金奖，中国十佳粮食地理标志品牌，被中国优农协会授予中国消费者最喜爱的 100 个农产品区域公用品牌，2016 年、2018 年、2020 年中国大米十大区域公用品牌和农业品牌 100 强，2018 年、2020 年中国十大好吃米饭，2020 年中国农业十大地理标志产品；射阳县沈氏农副产品加工厂、射阳县圣阳米业公司也被授予核心优质稻米基地，射阳县农业农村局局长乔干群被表彰为全国农业十大新闻人物等。在更广的范

围内扩大了射阳大米的品牌影响，在更深的领域中丰富了射阳大米的品牌内涵，在更高的层次里提升了射阳大米品牌的价值，促进射阳大米实现由内生型自主发展向外向型开拓创新转变，由大路货同质化竞争向更具优势、更有附加值转型，由江苏农产品十强到香飘全国的跨越，形成中国优质好吃大米“北有五常，南有射阳”的现状。射阳也因此被授予中国优质粳稻之乡，连续13年获得全国粮食生产先进县。目前，射阳大米在全国10多个省份销售，每年供给上海市民达50多万吨，占上海大米市场的20%以上。以射阳大米为原料的年糕、粽子产品走出国门，销往日韩等国家。

3. 大力推介宣传

在过去的同行历程中，我们始终把推介宣传摆在突出位置。一是积极参与中国优农协会举办的线上线下、多种多样的品牌农产品推介宣传，包括“品牌农业中国行”活动。二是组织特色鲜明的新闻发布活动，邀请中国优农协会领导站台，副会长兼上海办事处主任王洪江参加了射阳大米2018年、2019年、2020年三次上海、南京新闻发布和产业论坛，2019年副会长岳春利专程从北京赶到上海参加论坛并激情演讲宣传射阳大米。中国优农协会大米分会秘书长徐青，2017年、2018年、2020年三次参加射阳大米的推介宣传，提出绿色高质高效发展，推广“1+2+2”生态种植模式，为射阳大米绿色发展、绿色品牌放声鼓呼。三是除加强在《中国稻米》《新华日报》《农民日报》《新民晚报》《江苏粮食研究》等报刊上宣传外，还建设了800平方米的射阳大米文化馆，编辑出版20万字的中国地理标志农产品丛书之一的《射阳大米》，特邀《优质农产品》杂志记者戈旭皎2次为射阳大米撰文，以纪实文学的方式，宣传射阳大米“历史悠久、品质至臻”，有力推动射阳大米向更高层次发展。

二、高位推进，提升射阳大米竞争实力

中国优农协会笃行不怠、砥砺奋进的工作作风，为全县打造特色产业射阳大米产生了无形的推动作用，县内相关部门专门制定了优质稻米产业发展规划，动员各方力量，有效增强行业组织化程度，巩固提升竞争实力。

1. 加强行政引导

严格落实粮食安全党政同责，先后制定出台《射阳大米产业健康发展意见》《射阳大米产业绿色高质高效行动实施方案》，全面推动射阳大米品牌化

经营、标准化生产、产业化发展、差异化竞争、数字化推进的“五化”联动战略，同时设立财政专项奖补资金，每年安排近千万元聚焦基地建设、良种推广、质量溯源、品牌创建、加工技改等关键环节，保证射阳大米产业实现可持续、高质量发展。

2. 加大技改投入

投入10多亿元组建射阳大米集团，整合县粮食购销公司、种子公司，有效推动育种、种植、加工、销售等全环节转型升级，推动江苏必新大米集团、江苏食为天粮油收储公司、射阳春秋米业公司、射阳金戈米业公司、江苏农垦淮海米业等加工企业加大投入，有效提升稻米全产业链综合效益，促进了射阳大米标准化、规范化发展，为提高射阳大米市场竞争力奠定了基础。

3. 集群集约发展

在全县建设60万亩绿色优质稻米基地，建成海河、四明、新坍、长荡4个味道小镇，在海河镇集中建成26个稻米加工厂，形成了年百万吨加工能力、年百亿元营收的产业，有力带动了农民增收，乡村振兴。培育建成江苏射阳大米集团、淮海米业公司、宏健粮油科技公司3家国家级龙头企业，江苏必新大米集团、江苏杰龙农业科技公司、江苏爱民米业公司3家省级龙头企业，射阳圣阳米业、射阳金戈米业等9家市级龙头企业，形成龙头带动、引领示范、集约经营、集群发展格局。

三、主攻流通，拓展射阳大米营销市场

优质农产品也存在“贵在深山无人识”的情况。射阳大米产销不够平衡，优质不能优价，市场竞争白热化也是常态。中国优质农产品开发服务协会成立产销对接服务平台，黄竞仪会长、王洪江会长、安金燕部长积极联合各地方部门、机构、企业销售平台及媒体宣传平台，多领域、多层次、多元化组织农产品产销对接，开展“品牌农业全国行”“渠道下沉、产品上行”“手拉手”农产品产销对接等活动，持续为产销对接提供新思路、创造新方法、探索新路径，射阳大米受益匪浅，走出了以下三步棋。

一是转型直销。射阳大米顺应新发展形势要求，满足消费者由“吃得饱”向“吃得好”转变的需求，主产南粳9108等品质好的优质品种，推广绿色循环种植模式，实行数字化精准精品转型加工，实施“高端大米打品牌，中端大米创效益，普通大米占市场”的营销战略，坚持“直销连锁、智慧零售、

机关专供”的营销方式，构建“十个直销店，百个线上网店，千个小区智慧零售点，万个超市”的“十百千万”营销体系。目前，射阳大米已在上海、浙江、广东等10多个省份设有300多个直销窗口，已与28家大型商超、3000多个连锁超市经营门店合作供货，在天猫、苏宁、京东等电商平台设立“射阳大米”官方网店12家，销售区域达22个省份，实现年销售收入近30亿元。

二是联营联销。调整“传统营销路径，突破供给盲区”的经营思路，拓展新兴市场领域。射阳金戈米业公司和世界500强新疆中泰集团上海多经国际贸易有限责任公司深度合作，成立农业发展公司，发挥上海多经拥有6800家客户、100余家上市公司的优势，建立膨化食品、黄酒白酒、调料调味品、食品工业原料供给基地；淮海米业公司和上海餐饮老娘舅合作联营，建成老娘舅优质原料供给基地，实现联营联销共赢；射阳县圣阳米业公司和射阳为民农机合作社、江苏沿海投资公司、中国邮政盐城分公司联耕联种联营，实行产加销一体化供给，提高直达终端客户的服务能力，以此来占领市场、赢得市场。

三是质保拓销。秉承“质量求生存，诚信谋发展”的经营理念，加强认证体系建设和质量安全追溯码应用，全面开展ISO 9001国际质量体系认证、ISO 14000环境管理体系认证、ISO 45001职业健康安全管理体系认证、ISO 22000食品安全体系认证和绿色证书认证。同时，加强质量安全管理追溯体系建设，从2019年开始，全国率先在大米产品上应用追溯码，创新射阳大米“双码”管理（射阳大米二维码、企业产品追溯码），做到无质量安全追溯码的包装产品不出厂，无“双码”标志的产品不销售，确保将高质量、高品质产品呈现给广大消费者。2021年加工企业追溯“双码”应用面达94.2%，成为农业农村部2022年全国创新管理的50个典型案例之一。

积势蓄力启新程，奋楫扬帆正当时。“射阳大米”承载着黄海湿地千年稻作文化，将沿着中国优农协会的“丰富质量内涵”的思路，踏着新时代新改革的强音，在品牌农业的道路上勇毅前行，砥砺奋进。

充分发挥平台优势
讲好平度优质农产品故事

姜言芳

【作者简介】姜言芳，中共党员，出生于20世纪70年代。现在山东省平度市农业农村局从事农业机械化方面的工作，兼任山东农业机械学会常务理事、副秘书长、山东农业工程学会理事等职。2022年，获评农业农村部农业机械化总站全国首批“最美农机推广员”称号。多年来，对平度这片热土怀着深深的情怀，结合工作实践，对40多种平度优质农产品、特色产品进行挖掘、探究，对农业奋斗者进行讴歌宣传，通过《优质农产品》杂志向全国宣传推介平度，展示了平度这个小城农业发展的新风貌。

2020年5月，《优质农产品》杂志执行总编宋毅先生在和我交流时说，平度是农业大市，优质农产品资源丰富，但是外地了解的人并不多，可以把它们写出来，通过《优质农产品》杂志分享出去，让更多的人了解平度农产品，了解平度的风土人情。

从此时起，便开始关注平度的农产品发展和品牌建设，也开始关注《优质农产品》杂志。几年来，杂志栏目从领导讲话到品牌农业、从农耕文明到乡村振兴、从优质农品到农机农艺，版面越来越清新，内容越来越丰富，已经成为一本指导品牌农业发展的示范读本。同时，杂志里的文章既关注了高层的农业动态和发展信息，也关注到了小品种的大能量；既有大企业领导者的挥斥方遒，也有小人物培育农产品的艰苦奋斗；既有中国农业大学老教授的茶研究，也有和我一样的业余作者的小文章；既有深度又有广度，既有思想内涵又有茶余饭后的思考。通过对杂志文章的学习，我进一步开阔了视野，丰富了知识储备。

平度市隶属山东省青岛市，区域内农产品资源丰富、农业品牌特色鲜明。全市“三品一标”农产品达到 262 个，其中地理标志保护农产品 20 个，位居全国县级市前列，2014 年成为山东省首个国家地理标志产品保护示范区。平度市拥有大泽山镇 9 个国家级“一村一品”示范村镇，马家沟芹菜等 7 个全国“名特优新”农产品，锐阳萝卜等 3 个全国特质农品；先后被命名为中国葡萄之乡、中国大姜之乡、中国肉牛之乡、中国花生之乡，是全国唯一的粮油肉果总产均跨入百强的县级市。正是有了宋毅总编的鼓励，我开始深入探索平度农产品的发展历程，探究其成长奥秘，思考其未来之路。近年来，通过杂志呈现给读者近 40 余篇优质农产品的故事。2023 年 9 月，在北京举办的《优质农产品》十周年座谈会上，我作为十佳作者代表做了题为《发挥平台优势，讲好平度优质农产品故事》的发言。

《优质农产品》不仅对平度农产品的推广宣传起到了促进作用，而且还让广大读者对平度这个小城的历史、气象等特点有了较为全面的认识。

第一，读者了解了平度的历史和人文特色。平度作为县名已经有 2200 多年的历史，曾经是战国时期齐国在山东半岛的政治、经济、文化中心，战国时期“田单大摆火牛阵”就发生在这里，是汉武帝时期参与编纂《太初历》的学者徐万且的故乡。在《平度大花生产业由大到强正当时》一文中，引用《民国平度县志》“美国来者，子较硕大，同治十三年，州人袁克仁从美传教士梅里士乞种数十枚，始试种，今则连阡陌矣。”的记载，显示了平度种植花生历史悠久。在《仁兆蒜薹：大沽河上流淌的“绿色金条”》一文中，使用李世民远征高丽时“水冲平度，沙淤即墨，摇头摆尾大沽河；蒜植仁地，功德昭昭，卸马挂甲十里歌”的诗句，验证了仁兆蒜薹的独特口味。在《看麻兰油桃如何“桃”人欢心》中，描述了西汉时期汉武帝刘彻之兄胶东王刘寄在平度的故事，证明了这里历史上就是风水宝地。在《蓼兰小麦：风吹麦浪，香飘万家》中，引用了“高平路，长又长，公路两旁好地方，高粱麦子遍地长，到处是杀敌的好战场”的抗战诗歌，说明小麦为抗战做出的贡献。这些故事有些虽无从考究，但对于读者了解农产品，也有帮助。

第二，《优质农产品》杂质让读者知道了平度的气候特点。平度处于北纬36°28′—37°02′，这是地球上一条瓜果蔬菜的黄金纬度带，法国波尔多、韩国首尔都处于这一条纬度带上，文章《黄金纬度带上的冬之菜：马家沟芹菜》就是围绕这个纬度带展开，介绍了当地适当的温度、适宜的土壤条件、适合的光照条件以及窖藏的工序。文章刊出时，临近平度马家沟芹菜节，为节庆增色不少。有一位朋友说，他以前只是知道马家沟芹菜，看了这篇文章才对芹菜有了更全面、直观的了解。2023年的夏天，马家沟芹菜樱花虾在北京登上了特斯拉创始人全球首富马斯克的餐桌，这也得益于《优质农产品》杂志的宣传。《解密舌尖上的甜蜜：大泽山葡萄》一文，介绍了大泽山葡萄产区大泽山镇三面环山，缓冲了冬夏冷暖气流，西接渤海小平原，海风吹拂形成了降水适量的独特气候，与法国的地中海气候相似，非常适宜葡萄种植，称誉“中国的波尔多”。

第三，《优质农产品》杂质让大家知道了平度的地形地貌。在《“旧店苹果”飘香醉人心》一文中，介绍了旧店苹果产区地理上为一古老基底褶皱地块，三面环山，充足的光照、适宜的土壤为苹果的生长提供了理想的自然环境。《蟠桃大姜：“姜”山如此多娇》一文介绍了大姜产区为山前冲积平原和大沽河水系冲积平原，地下水丰富，土壤及水中可溶性钾等微量元素含量较

高，土壤 pH 为 6.5 左右，特别有利于大姜生长。《寻常百姓菜，辣出新味道》则介绍了姜家埠大葱种植区域位于大沽河畔，龙山文化的浸润让大沽河西岸的农事形成一道韵致的风景，得天独厚的本源条件成就了大葱的内在品质。《上过天的西红柿》一文介绍了盐碱性的土壤虽然不长庄稼，但是种植樱桃西红柿具有口感好、甜度高、有回香的特点。通过精细管理，樱桃西红柿一度风靡长江南北，产区已经是青岛市乡村振兴示范片区。

《优质农产品》杂质不仅展现了平度的优质农产品成长经历，还介绍了平度的农业人物、特色产品。如全国种粮大户王玉芹、全国农业劳动模范侯元江等的奋斗故事。其中，杂志刊出的《热拌凉，留得住的乡愁》，通过传承"孝文化"，深入挖掘历史故事，连点穿线，引起了不小的轰动。有朋友告诉我，《优质农产品》杂志的文章已经传到了在国外山东人开的中餐厅中，不少人慕名前来品尝。平度畜牧业比较发达，烤鸡成了平度的特色食品，《寻味平度百年烤鸡香》一文刊出后，微信公众号阅读量已经近 7000 次，今日头条阅读量近 3000 次，刷新了阅读记录。

目前，我已将杂志刊出的一部分文章整理成册发送给社会各界。通过这种形式，让《优质农产品》杂志更加深入人心，也让当地群众通过《优质农产品》对地理标志保护农产品再认识、再熟悉。作为一名业余作者，我深知自己的写作功力和知识储备还很欠缺，《优质农产品》杂志的领导和编辑给了我很多鼓励和支持。

作家汪曾祺曾说："人总是待在一种什么东西里，沉溺其中。苟有所得，才能证明自己的存在，切实地活出自己的价值来。"这个平台，给了我继续挖掘、推介优质农产品的勇气和力量，我也将"沉溺"其中，通过不断学习，呈现出更具有生命力的特色产品和地道美食，让读者读出其独特的味道，感受生活的乐趣。

智慧篇

ZHIHUI PIAN

扎实推进农业企业品牌建设

张　国

【作者简介】张国，农业农村部信息中心原副主任、研究员，现为中国农业展览协会副会长；先后在农业农村部农垦局、财务司、市场信息化司、信息中心工作，兼任国家相关部委的农业品牌、农产品流通、数字乡村项目专家，同时还兼任多家全国性行业协会、中央企业和一些教育培训机构的农产品流通、冷链物流、农产品批发市场、农业会展、农业信息化、数字乡村等项目专家、智库专家或特聘教授等。近些年，牵头组织编写了《中国农业农村信息化发展报告》《中国农产品批发市场发展报告》《中国农业展会发展报告》《中国农产品品牌研究报告》《全国农业农村信息化发展规划》《全国农产品产地市场发展纲要》《全国特色农产品优势区建设规划纲要》《中国县域数字乡村电子商务发展报告》等，组织或参与数十个行业标准、数百个涉农项目的编制、评审等工作，起草或参与编写了数十个国家级、省部级的政策性文件，组织筹办中国国际农产品交易会、中国国际茶叶博览会等大型涉农展会数十场。

企业是先进技术和先进生产工具的积极采用者和制造者，企业的生产经营活动直接关系着整个社会经济的发展，离开了企业，社会经济活动就会中断或停止，就保不住就业、保不住财政收入、保不住社会经济的发展；企业的日子活了，政府的日子也就顺了，老百姓的日子也就好了；企业的名气大了，实力强了，创造财富的能力也就强了。因此在农业品牌建设中，企业品牌建设非常重要，是重中之重。把企业品牌打造好，就可以破解小生产与大市场的问题，就能解决农业标准化、产业化、信息化、现代化和乡村振兴的问题。

据了解，全国现有390多万家的家庭农场（县级及以上示范场数量11.7万个）、222万家农民合作社、7万多家市县区级农业产业化龙头企业、18000多家省级农业产业化龙头企业、2000多家国家级农业产业化龙头企业。这些家庭农场、合作社、龙头企业是我们培育区域性（县级、地级、省级）、国家级、世界级农业企业品牌的现实基础，是农业品牌建设的主渠道、主战场。但现实中，我们在培育企业品牌的过程中，时常脱离主渠道、主战场，表现出来的是品牌定位不准、路径不清、举措不实等问题，即使有些支持措施，也很少是从培育和塑强企业品牌角度切入的。

2021年6月，农业农村部在下发的《关于加快农业全产业链培育发展的指导意见》中明确，到2025年，将培育一批年产值超百亿元的农业“链主企业”，打造一批全产业链价值超百亿元的典型县，发展一批省域全产业链价值超千亿元的重点链；并强调，要聚焦规模化主导产业，建设标准化、规模化、机械化、优质化原料基地；发展精细化综合加工，实现减损增效，提升加工转化增值空间；搭建体系化物流网络，提高农产品商品化处理、错峰销售和产地集散分销能力；开展品牌化市场营销，塑强精品区域公用品牌，共创企业品牌，培育产品品牌。

推进农业企业品牌建设，做大做强做优农业企业，给企业以下五点建议。

一、握紧命根子

品牌是信誉的凝结。诚信是品牌企业生产经营活动的重要支撑和生存发展的基石，也是增强品牌企业凝聚力和培养消费者满意度、忠诚度的重要手段。诚信是企业的命根子，决定企业寿命的长短和命运的好坏。

“人无信不立，国无信不强”。据有关部门统计，截至2020年底，经营异常名录实有企业664.86万户，严重违法失信企业有98.24万户，这其中也有不少涉农企业。企业失信的原因五花八门、各种各样，有坑害政府机构的、有坑害合作伙伴的、有坑害消费者的，大多数的后果都很严重，但究其原因是利益驱使，法规意识淡漠。不诚信的结果教训深刻，相关例子不胜枚举。因此强化企业的法律意识、契约意识和诚信行为对培育壮大企业品牌十分重要。只有讲诚信，企业才可能有机会成为产业发展代表、地域文化代表、同行的带头大哥，才能成为有竞争力、影响力、带动力的品牌。

二、跟上大趋势

随着移动互联网、5G、云计算、大数据、人工智能等现代技术的应用发展，企业的生产加工、仓储包装、物流配送、营销服务等也发生了巨大变化，农业企业的生产流通的新平台、新业态、新模式不断涌现。消费者也发生了重大变化，权利主体意识增强，个性化、定制化消费快速增长，同时不崇洋、不比贵、不攀高、不从众的特点也十分突出。新基本消费、新品质消费、新特色消费广泛流行，消费升级的领域不断拓展，消费升级也为企业发展注入了强大的能量。所以，农业企业要顺应未来消费升级所带来的变化，顺应多业态、智能化、体验化、便捷化、精准化、法制化、品牌化的发展趋势，实时根据消费变化，调整自己的发展战略，瞄准新品种、高品质、新服务、大市场、强品牌的目标，制定实施生产营销策略，构建符合市场需求、消费者喜爱、产业特色突出的现代生产经营服务体系和企业文化的核心价值。

三、持续做创新

创新是一个企业生存和发展的灵魂，是企业用之不竭的动力。怎么实现创新？一是坚持需求导向开展创新。走市场驱动、需求导向的创新路径，把技术本身做好，市场经济体系就会很顺畅地帮助企业完成创新商业化的过程。二是坚持制度创新驱动发展。将创新从科研活动转变为经济活动，消除阻碍创新的制度因素。

创新成功案例有很多，比如华为公司坚持创新 36 年，引领 5G 等新一代信息技术的发展，品牌影响力人所共知；字节跳动公司在 10 多年时间员工已超过 10 万人，他们的抖音、火山、西瓜等直播产品风靡全世界，品牌影响力巨大；河南好想你公司深挖一颗大枣的价值，形成了“红枣 + 药食同源”的产品矩阵，不仅打造了大枣系列产品，还将银耳、百合、枸杞、山楂等特色农产品与红枣结合，开发了标准化、健康化、高品质的药食同源产品，在把一个好产品展现到消费者面前的同时，又将中国的养生文化、喜庆文化融入产品；这两年大家看到新东方俞敏洪的转型，直播带货销售农产品，他们从培训机构变身为农产品营销机构，“东方甄选”董宇辉、王若顿用诗词歌赋、文化故事和多种语言推介销售农产品，创新效果极佳。

四、做优供应链

供应链是品牌管理的制高点，没有牢固优质的供应链，就不会有优秀的品牌。供应链是以客户需求为导向，以提高质量和效率为目标，以整合资源为手段，将供应商、生产商、冷链物流企业、采购商、批发商、分销商、零售商和消费者连在一起。通过对技术流、物流、信息流、资金流、数据流等的控制和运作，提升能力和水平。但在现实中不少企业只把供应链当作是一种物流的连接，没有当成是一种战略关系，没有认识到供应链是一个共同利益联结体。供应链成员间为价格、成本、利润和风险相互挤压，使得供应链成员之间的诚信缺失、信息流通不畅、传递不及时、内容失真等问题存在，造成供应链整体成本的增加，从而影响供应链的竞争力和质量。要解决供应链难题，就要根据市场需求打造好企业的数字供应链，通过供应链建设，打破企业内部及组织之间存在的业务和信息孤岛，规划和管理产业发展的供应采购、生产运营、营销服务等活动，特别是产业链相关方之间的协调和合作，实现各类信息和各种资源的高效融合利用。

五、推进数字化

数据作为新型生产要素，是数字化、网络化、智能化的基础，已融入生产、分配、流通、消费和社会服务管理等各个环节，深刻改变着生产方式、生活方式和社会治理方式。

推进企业数字化发展，建好数据链。一是培养好数字化思维。在面对一堆业务问题的时候，能否使用数据来提出问题、解决问题。既要管理决策者及参与人员尽快养成数字化思维的习惯，又要让他们能够用数字化的方式从事生产经营管理等工作，依靠数字解决问题。二是进行智能化改造。这是一种让企业变得更加“聪明”的方法，各方都要从自身的现实需求出发，对现有的工作进行智能化改造，最终形成完整、高效、科学的智能化系统。三是强调协同化发展。打造企业“系统化谋划、标准化建设、项目化实施、数字化支撑、协同化发展”的机制模式，使企业各要素演化为方向一致、协调有序的体系，这个过程和状态越好，效果也就越好。四是重视安全性控制。随着现代信息技术在企业的不断落地应用，数据规模不断扩大，数据泄露、篡改滥用等风险日益凸显，强化对数据保密、数据治理，构建数据安全保护体系至关重要。

培育农业企业品牌，需要从政府和企业两个不同角度切入，对准一个目标，共同发力。政府部门宜采取灵活包容的策略，给品牌主体营造更宽松友好的环境，为企业发展保驾护航。同时也要治理好品牌建设的乱象，厘清责任，维护市场公平公正，保护企业的合法权益，激励调动企业发扬工匠精神，建设好企业文化，用文化赋能企业创造创新，持续提升企业的竞争力、影响力和带动力。

品牌农业是农业强国的核心内容

孔祥智

【作者简介】孔祥智，1963年3月生，山东郯城人。现任中国人民大学农业与农村发展学院二级教授、博士生导师，中国人民大学首批“杰出学者”特聘教授（A岗），兼任中国合作社研究院院长、《中国合作经济评论》杂志主编。近年来公开发表学术论文400余篇，著作50余部。曾获原农业部软科学成果一等奖、北京市教学名师奖、北京市优秀教师奖、北京市思政教学名师奖、高等学校科学研究优秀成果奖（人文社会科学）等，兼任中华全国供销合作总社第六届、第七届监事会专家监事，国家标准化专家委员会委员、国家标准技术评审专家咨询委员会委员等。

想了半天想出这个题目，与下面要说的似乎文不对题。但我想说的是，党的二十大提出农业强国战略，2023年中央一号文件给予五个方面的界定，即“供给保障强、科技装备强、经营体系强、产业韧性强、竞争能力强”，尽管没有“品牌”这个词，更没有“品牌农业”，但每一个方面都包含着品牌。在农业强国建设中，打造一批闻名遐迩、市场表现好的农产品品牌，提高我国农产品的市场竞争力，尤其是国际农产品市场竞争力，本来就是题中应有之义。因此，研究“三农”问题的学者，谁也离不开品牌农业，不管是有意识还是无意识的。我在40年的农业经济、农村发展问题的学习和研究中，品牌农业一直是重要内容之一。当然，我并没有专注于品牌，评估品牌的价值，那就不单纯是研究了。

改革开放的40多年，大体上可以以新旧世纪之交划分为两个阶段，前一个阶段主要是打基础，进入新世纪后一阶段则量变为质变，进入现代农业发展时期。从农产品供给的角度看，20世纪80年代初期，因农村改革解决了吃饭问题，这是历史性进步。此后，主要农产品供给不断丰富，到了20世纪90年代，出现了局部过剩和“卖难”的问题。当然，这里的“过剩”主要是低质量、大路货产品的过剩，高质量农产品还是供不应求。因此，1992年9月25日，《国务院关于发展高产优质高效农业的决定》发布，开始强调农产品的优质和高效，强调以市场为导向继续调整和不断优化农业生产结构。1998年10月，党的十五届三中全会通过了《中共中央关于农业和农村工作若干重大问题的决定》，对当时农产品供求形势的判断是“总量大体平衡，丰年有余”，提出：“由传统农业向现代农业转变，由粗放经营向集约经营转变”，要进行一次新的农业科技革命，调整和优化农村经济结构，要着眼于世界农业科技加速发展的趋势和我国人多地少的国情，适应国内外市场，依靠科技进步，发挥区域比较优势，增强市场竞争能力，提高农村经济素质和效益。但这两个重要文件都没有出现“品牌”这个词，说明在20世纪，尽管农产品供给出现了“丰年有余”的可喜局面，但我们仍然没有认识到品牌农业的重要性。这当然不是认识问题，而是发展阶段问题。

最早提出发展农产品品牌政策的文件是2005年中央一号文件，提出大力发展特色农业，整合特色农产品品牌，支持做大做强名牌产品。其目标之一，就是“提高农产品国际竞争力，促进优势农产品出口，扩大农业对外开放”。以后提到农业品牌的次数当然就多了起来，如2007年中央一号文件提出：“搞好无公害农产品、绿色食品、有机食品认证，依法保护农产品注册商标、地理标志和知名品牌。”中央一号文件首次出现“三品一标”，此后，各地开始高度关注农产品品牌建设问题，品牌农业的意识开始出现。

“三品一标”管理政策出台的时间不一，2001年，农业部发布《无公害农产品行动计划》；1992年，农业部成立中国绿色食品发展中心，当年发布“绿色食品”商标标志；2012年，发布《绿色食品标志管理办法》；2001年，国家环境保护总局发布《有机食品认证管理办法》；2013年，国家质量监督检验检疫总局发布《有机产品认证管理办法》；1999年，国家质量技术监督局发布《原产地域产品保护规定》；2005 年，发布《地理标志产品保护规定》；而 2007 年是一个重要时间节点。中央一号文件以“三品一标”统领品牌农业建设后，不仅在中央层面，各地也都相继出台一系列政策，大大促进了“三品一标”的发展。

为什么是 2007 年？因为 2007 年是中央一号文件首次提出了以现代农业发展推进社会主义新农村建设，首次提出了现代农业的内涵，即：“要用现代物质条件装备农业，用现代科学技术改造农业，用现代产业体系提升农业，用现代经营形式推进农业，用现代发展理念引领农业，用培养新型农民发展农业，提高农业水利化、机械化和信息化水平，提高土地产出率、资源利用率和农业劳动生产率，提高农业素质、效益和竞争力。”这一年，被学术界称为中国现代农业发展的“元年”，而品牌农业则是现代农业的核心内容。2012 年，国务院发布了《全国现代农业发展规划》，在“重点任务”中明确提出要“加快发展无公害农产品、绿色食品、有机农产品和地理标志农产品。”

从政策延续上看，2017 年党的十九大提出的乡村振兴战略是 2005 年十六届五中全会提出的社会主义新农村建设的升级版，因此党的二十大提出的农业强国建设也可以理解为 2007 年中央一号文件提出的现代农业建设的升级版。如果这个理解正确，那么农业强国建设的重点内容之一仍然是品牌农业。只不过 2017 年农业部把无公害农产品认证制度升级为市场准入制度，原“三品一标”不复存在，说明我国农产品品质整体上越来越好，但品牌农业的精髓不变，即通过打造农产品品牌推进农业现代化或农业强国建设。当然，品牌农业的内涵不仅仅是“三品一标”，还包括地方公用品牌、企业（合作社）产品品牌等。

按照上述理解，在对“三农”问题的研究中，完全不可能忽略品牌农业。如 2009 年，我和团队在研究农民专业合作社问题中发现品牌对于合作社发展的重要性，因此我在调查问卷中设计了专门调查合作社品牌的问题，并根据问卷结果撰写了题为《当前农民专业合作社品牌建设的现状、问题与对策》的报告，我们认为，合作社品牌化能有效抵御农产品市场风险，增加产品价值并提高农民收入；有利于提升农民专业合作社产品质量，增强市场竞争力；推动了与国际市场接轨的农业标准化生产；有助于提高农民专业合作社成员素质；促进了农民专业合作社资源的优化，带动区域经济的发展；有利于推动农业产业化发展；有利于推动实施特色农产品形象识别战略。这篇报告压缩后发表在《中国合作经济》杂志上。通过知网查询，这篇文章可能是国内最早讨论农民专业合作社产品品牌的文献之一。在另外的一些学术成果中，如《农民专业合作社运行机制》(发表于《中国财政》2014 年第 5 期)、《精英控制、资产专用性与合作社分配制度安排》(发表于《地方财政研究》2014 年第 10 期)、《农民专业合作社的再联合》[发表于《西北农林大学学报》(人文社会科学版) 2019 年第 4 期]、《做大做强品牌　助力农业供给侧结构性改革》(发表于《中国农民合作社》2019 年第 8 期) 等，品牌农业贯穿了我的整个学术研究之中。

为了扩大团队力量，我们还与福来战略品牌咨询机构董事长娄向鹏先生合作共同研究品牌农业问题，并委任他为中国人民大学农村发展研究所、中国合作社研究院品牌农业课题组组长，直至 2023 年 7 月由于学校有关部门明确指示不允许校外人员担任本校学术职务才结束聘任，但合作研究会一直进行下去。中国人民大学农村发展研究所、中国合作社研究院在福来咨询机构的支持下，连续举办了三届品牌农业神农论坛，这个论坛还要继续举办下去，我们也会联合更多的有识之士，为我国品牌农业的发展、为建设农业强国贡献力量。

品牌找魂是农业高质量发展的“灵魂”

娄向鹏

【作者简介】娄向鹏，福来咨询董事长、中国人民大学品牌农业课题组组长。长期致力于中国农业品牌建设的研究与实践，率先提出“中国厨房餐桌食品品牌革命到来”的论断，开创农业品牌建设“政府企业双轮驱动、省市县三极联动”的中国路径和“战略寻根、品牌塑魂”的中国方法，为龙头企业和各级政府提供战略品牌顶层设计，著有《品牌农业》六部曲。农业农村部、商务部、新华社、中国农业大学、清华大学、北京大学特邀品牌授课专家。历任宁夏枸杞、寿光蔬菜、横州茉莉花、大同黄花、盱眙龙虾、信阳毛尖、兴安盟大米、乌兰察布马铃薯、玉树牦牛、红河红米、河北梨、荔浦砂糖橘、云天化集团、南方黑芝麻集团、仲景食品等战略品牌顾问。

2019年3月4日下午，中共中央总书记、国家主席、中央军委主席习近平在参加全国政协十三届二次会议时强调，一个国家、一个民族不能没有灵魂。

福来咨询认为，每一个农业品牌也要有灵魂，魂立则心动。没有灵魂的品牌，如行尸走肉，难以存活于心。品牌就是要有血、有肉、有灵魂！

品牌灵魂是福来咨询在品牌领域创导的概念，它是基于消费集体意识洞察，直击消费者的强大心智共鸣和消费动因，是决定品牌现实与未来的竞争原力。一句话，是触动人心的客户价值。从某种意义上说，品牌找魂是农业高质量发展的“灵魂”。

品牌灵魂不是编出来的，是集体意识的共鸣、感召和满足。有灵魂的品牌，更易成为消费者的心中想、心头好，更易抢占消费者心智；有灵魂的品牌，传播更能形成叠加效应，成本更低，效率更高；有灵魂的品牌，更易引起关注和认同，形成更高的品牌溢价，赢得更多的资本青睐。

如何进行品牌找魂？福来咨询提出品牌找魂漏斗模型。它是建立在心理学和国学基础之上的，再结合多年在品牌农业及其他行业工作和咨询的切身体验与思考而形成的独特方法论。

品牌找魂首先要洞察消费集体意识中都有哪些关键词，然后进行竞争对照，看看对手抢占了哪些消费集体意识关键词，最后进行自身对照终极抉择，确定品牌灵魂。

遗憾的是，不少人的农业品牌观念还停留在产品思维、文化思维、广告思维和设计思维上，品牌没有和消费者关联，没有形成差异价值。品牌普遍缺少灵魂，导致人财物浪费，广告传播打水漂。

品牌灵魂从哪里来？福来咨询认为，生态和文化是农业品牌灵魂的“富集地”，也是重要的价值源泉。文化往往蕴含一个地区、一个民族乃至一个国家的消费集体意识和“市场密码”，具有经典性和恒久性。

农业品牌建设，绝不是简单的产品营销，而是对产区、产业、消费者的

一次系统营销。所以要建立先产区、再产业，其次是产品的价值提炼逻辑。如果品牌只立足于单一的产品价值上，是工业品做品牌的价值逻辑，不是做农业品牌的逻辑。

挖掘农业品牌灵魂时，一定要把与产品相关的产区文化、生态价值与产业价值融入品牌价值中去，只有这样才能更好地吸引外部的资金、技术等资源，这样才能在本质上更好地促进三产融合，助力农文旅一盘棋。

以福来咨询服务的宁夏枸杞为例。一直以来，宁夏枸杞都是中国枸杞的首席代表，但近几年以青海、新疆、甘肃、内蒙古为代表的枸杞产区，所产的枸杞果型大、果色艳、果味甜，枸杞种植面积大、产量高、价格低，凭借其气候条件和面积优势，给宁夏枸杞带来了直接冲击和现实挑战。怎么办？

千百年来中医药一直把“道地”视作选材的普世标准，是中药有效性的根本保障，是品类价值的第一竞争力。宁夏作为药用枸杞唯一的原产地，枸杞之乡，是千年中医的不二之选，自古被冠以道地之名。同时，“道地”是药材采买的第一心智关键词，是获得消费者心智认同的杀手锏，携“道地”以令诸侯，是成就宁夏枸杞领导地位的不二法门。因此，福来咨询为宁夏枸杞塑造的品牌灵魂就是“道地”，用“道地”的品牌灵魂构建起坚实的竞争壁垒，其品牌口令“宁夏枸杞，贵在道地”，一语道破“天机”，一句顶一万句，为宁夏枸杞的高质量发展注入强大而恒久的价值背书。

盱眙龙虾的品牌灵魂是什么？福来咨询探究消费动因发现，很多吃货爱吃小龙虾，却又怕不干净。盱眙县作为国家级生态县，山清水秀，生态环境非常好，盱眙龙虾作为虾中贵族，“腮白、腹白、肉白，黄多、肉多”，俗称“三白两多”。那该如何表达？福来咨询巧妙借用一个网络热词“白富美”，为盱眙龙虾找到品牌灵魂——小龙虾中的“白富美”，一句话树立行业品质标准和品牌价值标杆，消除消费隐忧。

汝阳红薯的品牌灵魂是什么？如何从众多红薯中跳出来？福来咨询在调研过程中亲自品尝后发现，汝阳红薯生吃像水果一样清甜爽脆。福来为汝阳红薯提炼出“水果级红薯”的品牌灵魂，“水果型”比“普通型”更高级，水果玉米、水果萝卜、水果黄瓜、水果番茄充分佐证，“水果型”就是更好吃、更好看、更高品质、更高价值的代名词。为了最大化抢占市场，福来咨询建议品牌品类化、品类品牌化，品牌名称升级为“汝阳水果红薯”。将产业特色、品类价值、品牌卖点体现在品名里。品牌口令：“汝阳水果红薯，比水果还好吃!”一剑穿心。

文化第一，但不是唯一；重文化，不能唯文化。农业品牌建设，还要能够跳出文化思维，站在外部思维、市场思维和产业思维进行品牌灵魂的顶层设计。

柳州市三江县是侗族自治县，民族文化、建筑文化和茶饮文化丰富多彩。福来咨询在为三江茶做区域公用品牌咨询时，勇敢跳出单纯的文化思维和内部思维，站在产业竞争和用户价值的角度，从三江茶叶比一般茶叶早上市（春节前就能喝到）的独特优势，赋予其“早春茶”的品牌灵魂，并直接植入到区域公用品牌的名称中。品类品牌化，品牌品类化，建立基于区位和生态的永恒价值，为三江茶叶开辟出一条新时代高质量发展的品牌高速路。

乡村振兴，品牌引领。对于农业品牌而言，品牌找魂要三位一体，必须兼顾区域价值、产业价值和消费价值。品牌找魂是基础，还要进行品牌塑魂，也就是以品牌灵魂为核心，建立品名、个性、图腾、口令一致性的品牌体系，形成入眼入心的品牌魅力、价值认同和消费偏好，才能最终捕获消费者的“芳心”。

品牌塑魂有两个元素非常关键，一个是品牌图腾，一个是品牌口令。品牌图腾，是品牌的第一形象载体；品牌口令，是令客户心动和行动的一句话。

读图时代，品牌图腾是塑造品牌的重要因素，它的功能是吸引眼球、传递价值、影响行动，让大众的每一次消费都成为对品牌的信任累积。牡丹真

国色，茉莉乃天香。福来咨询基于茉莉仙女下凡传说，为横州茉莉花创意了“横州茉莉仙子”视觉图腾。品牌口令嫁接世界级公共文化资产，创意了“好一朵横州茉莉花”这一句人们都熟悉、极具自传播性、听一遍就记住的宣传语，其市场价值与传播效应不低于一个亿，现在已经成为行业经典。

荔浦砂糖橘，每年春节前后 40 天上市，是当之无愧的中国“贺岁橘”。福来咨询将荔浦砂糖橘的品牌灵魂定为“最有年味的水果”，并嫁接“中国年”超级 IP 和《甜蜜蜜》歌曲，提炼出“荔浦砂糖橘，过年甜蜜蜜”的品牌口令，在竞争激烈的砂糖橘行业脱颖而出。

汝阳，是中国恐龙之乡，福来咨询基于恐龙“世界级公共资产”的超级文化大 IP，为汝阳红薯设计了品牌图腾“薯小龙”。“薯小龙”现代、时尚、调皮而自信，手拿飘香烤薯，可爱十足，一下子征服你的眼睛和味蕾。

自检一下，你的品牌有魂吗？

乡村振兴，农产品区域公用品牌大有可为

贾 枭

【作者简介】贾枭，农本咨询创始人、首席专家，全国范围内上百个农产品区域公用品牌建设操盘手，担任多地政府农业品牌建设顾问和多个产业品牌战略顾问，我国农产品区域公用品牌建设领域代表人物。

今年是中国优质农产品开发协会30年华诞，也是我进入“三农”领域的第十七个年头。作为中国品牌农业的重要推手，中国优质农产品开发服务协会就像我们这些农业品牌人的大本营，在需要帮助的时候，总是给予我们大力支持。我衷心地祝福协会越办越好，感谢为协会发展默默付出的各位老师！

我于2006年进入农业领域，一直从事农产品区域公用品牌建设研究工作。过去这些年，我见证了区域公用品牌在我国的“觉醒”，参与了全国多个地区农产品区域公用品牌的建设，感受到了区域公用品牌战略的巨大魅力，看到了品牌建设为地方发展所做出的贡献。一路走来，感慨万千。

一、人们对“区域公用品牌”的接受是一个漫长的过程

区域公用品牌是一种特殊类型的品牌，许多人一开始对此并不理解。要么是望文生义，要么是道听途说，当时较为普遍的观点是“公地悲剧”。因此，早期区域公用品牌建设并不顺利，甚至可以用“艰难”来形容。

那时候，我们一边当“师傅”，教授大家理解区域公用品牌，一边当“雇工”，带大家一起干，用成效证明区域公用品牌的作用。

随着实践，全国多地拥有了成功案例，人们逐渐认识到区域公用品牌的作用。记得 2012 年由中国优质农产品开发服务协会发起，联合多个国字号协会举办品牌农业建设国际研讨会，这是国内第一次高规格、大影响的农业品牌盛会，会上领导、与会嘉宾对农产品区域公用品牌给予了高度肯定。区域公用品牌观念的普及起到了非常重要的作用。

2013 年，农业部发布《中国农产品品牌发展研究报告》（以下简称《报告》），得出“品牌化是现代农业的重要标志”的重要论断。《报告》对我国农产品品牌的三种类型——区域公用品牌、企业产品品牌、企业品牌。不少人认为这是我国农业品牌化的“首次官宣”，也是从官方层面“认可”农产品区域公用品牌。后来，一些大型农业品牌活动，如中国农业品牌推进大会、国际农交会“部长专场”等场合，国家部委领导为农产品区域公用品牌点赞代言。随后，各类鼓励农产品区域公用品牌建设的政策相继出台。至此，农产品区域公用品牌开始登上历史舞台。

二、区域公用品牌建设是一个不断纠错的过程

过去两年，我走访了一批全国有名、较早开展农产品区域公用品牌建设的地区。通过与产业管理者、品牌建设者交流，我发现这些名扬天下的大品牌最初也不知道该怎么干。比如赣州市政协原主席曾新方讲，他们打造“赣南脐橙”品牌时，想学品牌建设方法，但不知道找谁学；还有“阳澄湖大闸蟹”，苏州市阳澄湖大闸蟹产业协会创始会长杨维龙说他们 2002 年开始打造品牌，也是打着灯笼找不到“师傅”。因此，“摸着石头过河”是早期农产品区域公用品牌建设的典型特征。

因为没有可以参照的对象，也没有可以借鉴的经验，所以这些农产品区域公用品牌在建设中做了许多在现在看来并不完美、甚至是错误的事情。但是，这些并不妨碍它们的“成功”。他们的经验和教训，都是我国农产品区域公用品牌建设的宝贵财富。

三、区域公用品牌适合我国国情，大有可为

区域公用品牌符合我国农情特征，是适合中国的农业品牌化建设模式。

我国是农业大国，也是生产小国。在此背景下，区域公用品牌作为衔接小生产，对接大市场的战略平台，高度整合多方力量资源，成为一个让多方受益的公共平台，成为助农增收，助企发展的靠山平台。实践证明，区域公用品牌在带动产业发展、助推区域发展方面，作用明显，意义重大。

进入新时期，区域公用品牌建设成为各地振兴产业，助推共同富裕的重要手段。与此同时，区域公用品牌建设领域也在不断地延伸拓展。比如在近几年地域美食和乡村旅游品牌建设中，人们运用区域公用品牌基本原理，打造出一大批享誉全国的美食品牌，比如“缙云烧饼”“化隆牛肉面”等。2023年，我们在陕西淳化县，依托当地传统特色美食“荞面饸饹”，打造了“淳化荞面饸饹”区域公用品牌，以餐饮为龙头，推动淳化荞麦产业融合发展，使之成为新时期淳化人民共同富裕的新路子。

优质农业品牌全产业链发展新模式

——献给中国优农协会30周年

刘登峰

【作者简介】刘登峰，1992年生，常驻北京，祖籍重庆。农物集创始人、“三农”投交会发起人，导演、视觉营销专业毕业，2016年跨领域初次进入农业，2018年创办农物集，深耕农业品牌、供应链和零售领域近8年。2018年发起创办中国优质农业产业链增长型加速器——“三农”投交会，2018—2019年连续两届成功举办“三农”投交会年度大会，参展规模在350家以上。目前，“三农”投交会已落地北京，做长期持续的产业赋能沙龙。专注农业品牌全产业链发展，致力打造全国10个优质农业产业带标杆模式。

农物集，2017年在北京成立，团队由“三农”顶尖行业品牌及零售操盘手、专家组成，是一家集企业咨询、品牌及营销、产品开发、供应链打造、渠道BC一体化、产业赋能为一体的“三农”领域品牌全产业链综合服务商。农物集旗下有农物集品牌、农物集供应链、农物碳、农物集投资、“三农”投交会各板块公司主体。近8年来，农物集共计打造和孵化了包括客瑶来、云柰、源丰鲍鱼、亚通古孜、奋斗柿等数十个农业单品品牌、企业品牌、县域地标品牌、区域公用品牌。

产业振兴是乡村振兴的重中之重，是乡村全面振兴的基础和关键。乡村振兴中最重要、最根本、最关键的是产业振兴。产业振兴的前提是要让产业形成闭环，而且是由市场倒推一产、二产的合理有效闭环。从产业发展中不可或缺的品牌至市场路径来看，如何才能通过品牌和销售的增长来促进产业振兴?

农业产业带发展中品牌商的“四不懂”

对于农业产业带的大部分农业企业来说，基本面临四方面的认知问题：不懂产品、不懂流量、不懂品牌、不懂政策。

行业现状——农产食品品牌的四不懂

不懂产品。大部分农产品销售渠道受阻、品牌增长缓慢、渠道宽度和深度很难建立、受产品价格恶性竞争等多方面因素影响，其核心原因就是产品在开发的时候定位不够精准、产品开发不够透彻。首先，从产品打造的角度，要充分理解产品的定位，究竟是定位什么人群、什么渠道类型、什么区域市场、什么供应路径、BC一体化如何兼容等多个问题。其次，从产品的口味、形态、包装、规格、视觉、内容卖点、核心品牌表达、价格体系、内容和营销体系、物流仓储方式等多方面入手打磨产品。杜绝我有什么、能做成什么就去销售什么，一定要从市场倒推产品开发，理解需求导向。

不懂流量。产品开发如果是基于市场的需要来做，那么开发到位的产品一定会从市场端充分反馈出其优质的一面。销售增长缓慢的农业企业在产品销售中主要存在两个现象：一是并不足够了解市场，对于市场渠道的变化和渠道类型知之甚少，在产品落地销售环节就会因为做不到知己知彼很难将产品与之行程匹配；二是对不同渠道的需求不去认真了解和满足，主要体现在以自我产品为中心，不以渠道需求为导向去实现产品到销售的闭环。不同类型渠道对于同类型产品在产品规格、价格体系、营销体系、供应链体系等方面是有所区别的，这是一个比较好解决的问题，前提是你要懂流量、懂ABC一体化运营逻辑。

不懂品牌。农产品品牌上行是很多行业从业者一直追求的目标，但是农产品品牌并不是一蹴而就的。可将做好品牌理解为：品牌 = 产品供应链 + 内容供应链 + 营销动作 + 渠道布局。不论是“抖品牌”“团品牌”“淘品牌”还是“白牌”，都应该有一个十分清晰且合理的品牌定位。大部分农产品品牌无法实现市场化自循环，在做好产品供应链的前提下，主要问题是没有将内容供应链和营销动作做充分、做到位。一款产品，即使是“白牌”，要短时间内打通渠道、覆盖一部分市场、做到一定品牌影响力，也是有具体“组合拳”的。品牌营销一定不仅仅是为了满足品牌商的自我宣传和推广，也要满足渠道和市场在面向C端人群的内容需求和价值引导。品牌需要营销动作充分，更需要时间的沉淀。

不懂政策。产业发展离不开政策的支持，中央到地方关于乡村振兴和产业振兴持续输出了多种优势政策，要充分去把握和理解。产业的高效发展不仅靠人才、靠市场，更要结合政策环境，即使没有优势政策环境，也要去创造一定的环境。三产能倒推一二产的变革和提升，当然也需要产业前端的政策来支撑。产业带龙头企业将单品类做到年 1 个亿以上时，需要再发展，那一定离不开一产的规模和二产的提速增效，离不开政策和资金的补充。

农业产业带发展的趋势

农业产业带必定会向规模化、集约化、品牌化、绿色化 4 个主要方面去发展。支撑这“四化”的基础因素有很多，从软硬件方面来看，农业企业要想发展成为产业带的龙头需要付出巨大的努力。产业规模化，至少需要加强基础建设、加大资金投入、重视人才和团队建设；产业集约化，离不开集合各种优势要素、数字化体系管理和降本增效等措施；产业品牌化，要将产品开发透彻、完善市场和渠道的布局和营销动作；产业绿色化，从产前产中去抓品质、抓溯源，将绿色优质产品持续提供给消费者。

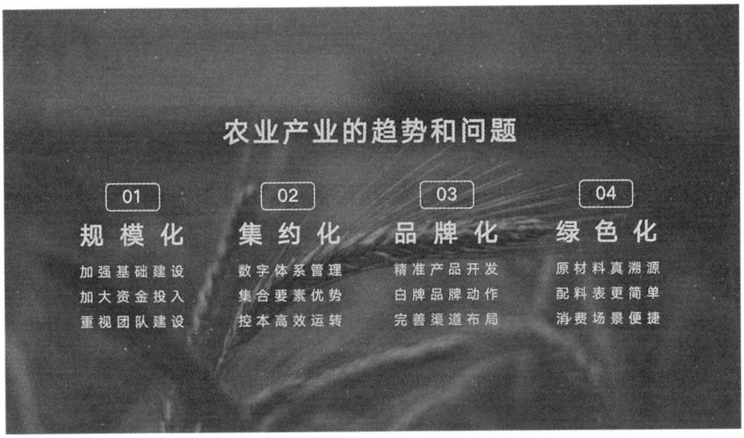

行业现状——农产食品品牌的趋势和问题

不同渠道类型的需求如何满足

了解市场渠道需求并能够满足它，这是大部分农业企业在产品落地到市场端时能否做到优秀的关键。

理解市场渠道的布局，将渠道类型从以下 4 个类型进行区分，不同渠道

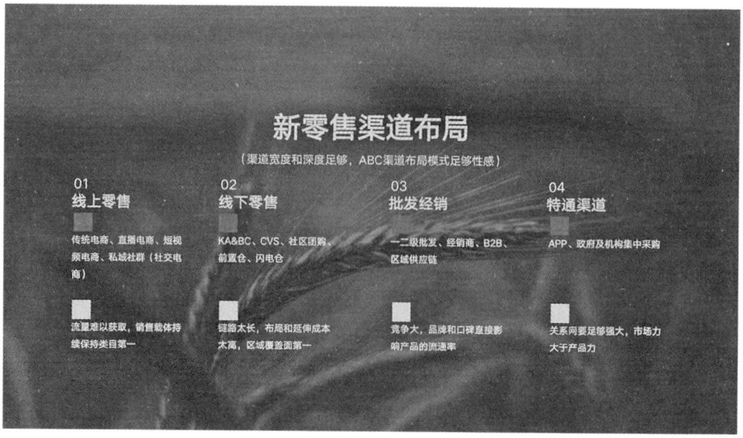

行业现状——农产食品品牌在新零售渠道中的现状

需求和定位是完全不一样的。线上零售，包含传统电商、直播电商、短视频电商、私域社群、自媒体电商、社交电商等，这类型渠道的流量获取目前是整体成本越来越高，即使是类目品牌第一在线上某个渠道也不一定是多大的正向利润，甚至是亏损在撑第一；线下零售，包含 KA&BC、CVS、社区团购、前置仓、闪电仓等，这类型的渠道对于品牌商来说链路太长、时间和资金成本过高，对于品类就有很多要求；批发经销，包含一二级批发商、经销商、B2B、区域供应链等，这类渠道会反向压榨品牌商的利润空间，对于“白牌”来说十分不合适；特通渠道，包含各种国央企和大型机构的内部 App、积分兑换、集中采购等，这类渠道的纯市场化运作较低。对于农业产业带的品牌商，不同渠道对于同类产品的要求是需要拆分了解和满足的。

农物集的品牌全产业链综合解决方案

农物集是一家集企业咨询、品牌及营销、产品开发、供应链打造、渠道 BC 一体化、产业赋能为一体的“三农”领域品牌全产业链综合服务商。近 8 年来，农物集共计打造和孵化了数十个农业单品品牌、企业品牌、县域地标品牌、区域公用品牌等。

一是战略咨询。其实就是找问题，找企业发展受阻、缓慢的原因，找到企业高效发展的要素；农业企业发展受阻主要体现在企业战略定位不清晰甚至精准定位后不断调整不坚持执行、业务机构紊乱、团队管理和流程管理不

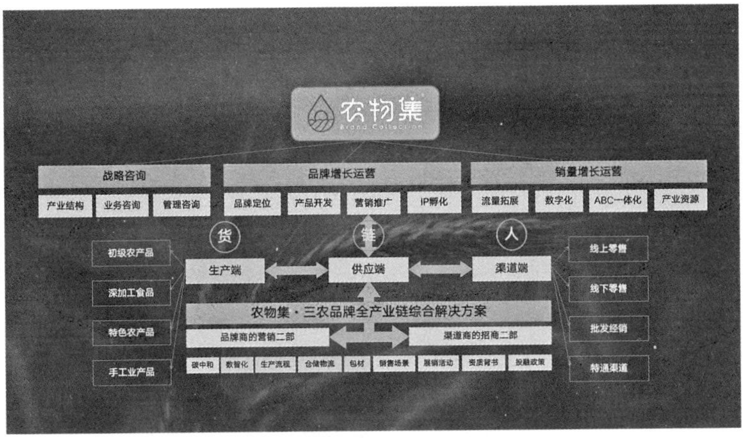

解决方案——农物集的品牌全产业链解决方案

舒畅、人才梯队不完整、产业结构不完善、市场渠道不健全、产品开发不透彻、营销动作不充分、政策环境利用不到位、创始人自我管理和认知不够等多个方面。战略咨询的目的是找到核心问题、理清内外核心主要矛盾并梳理解决方案。

二是品牌增长运营。围绕企业的品牌定位、产品开发、营销推广、IP孵化打造等多方面进行充分的运营。对于农业企业来说，以上动作做了并不等同于做好，因为专业人才是十分缺失的。农物集联合国内优质实战的品牌操盘手、品牌运营专家、营销专家等，为企业打造出一套完整的品牌运营增长系统方案。

三是销售增长运营。时间是第一成本，如何快速破亿（年流水）是每个想成为产业带龙头的企业都要去思考的问题。农物集品牌产业链综合解决方案中的第三个板块，就是主要解决企业的数字化供应链管理、市场化流量拓展、ABC一体化销售运营、产业赋能等问题，助力企业快速实现销售增长。农业企业在市场渠道丰富度高和年度销售额在几千万元时，必定是要通过数字化去实现供应链的升级优化，数字化是提升供应链十分有效的措施。农物集在帮助企业销售增长的过程中，不仅将渠道引入到企业的产销合作中，更重要的是将渠道的需求通过反复培训，运用到企业的市场团队中，让品牌商和渠道商直接合作。在产业赋能中，更多的是帮助企业搭建产业、行业的资质，建立企业自身的多维度“护城河”，助力企业实现稳定持续发展。

产业振兴是乡村振兴的优先举措，只有产业振兴才能带动产业带的多维度发展。农业企业的发展也离不开行业的助力，更离不开专业团队的精准赋能。农物集，持续深耕农业领域，专注“三农”品牌全产业链综合服务，致力打造 10 个国内优质农业产业带，为产业带提供品牌全产业链综合解决方案，助力乡村振兴。

构建农业全产业链标准化体系 促进农产品品牌价值提升

梁 霞

【作者简介】梁霞，中国优质农产品开发服务协会标准认证专业委员会主任、中国国际工程咨询公司资深专家、云南省“头雁”乡村振兴带头人培训指导专家；非物质文化遗产与知识产权保护论坛策划人和执行人，浙江大学、唐山创业大赛特约导师；国家品牌价值提升课题组成员。曾参与退耕还林后期政策调研、木本油料政策市场工作，与凤凰网共同策划打造《魅力匠心（晚匠)》纪录片等调研。在农林行业项目策划、咨询、设计、申报和品牌打造，标准体系建设及管理方面有独特的经验，擅长农耕文化等非物质文化遗产保护传承、农业循环经济、国家现代农业产业园、农业农村部财政部两部农业产业融合发展项目、农业现代化示范区、乡村振兴示范县和林业经济等项目咨询与申报。

农业起源

源于农耕文明的中华民族，在人类生存繁衍的最初数百万年里，我们的祖先从茂密的森林获取食物，大自然是人类赖以生存的环境和衣食来源，人们在丛林里采集野果，猎食野生动物。随着人们与大自然不断地磨合，认识和经验在实践中得以提升。在距今大约一万年，我们的祖先开始走出丛林，种植农作物并定居，渐渐地放弃了他们擅长的采集捕猎活动，由食物采集者，变成了食物生产者，这也是最初的农业起源。

在最初的农业起源演变发展过程中，我们的先辈逐渐掌握了自然变化，天文地理、季节更替与种养殖之间的规律和关联性，并利用这些信息获得了更好、更多、更便于生产和食用、储存食物的生产方式。而这些规律性及关联性就是“标准化”的雏形，正是先辈们面对极恶环境下所做的抗争，也正是他们团结、乐观、自强与坚韧精神的体现，更是工业革命开启之基石，是先辈留给世人的智慧成果。这些信息在经历千年不断地探索、发现、创造、改良、创新的过程中得以传承至今。

农业起源对人类最大的意义在于，对于自然人类由最初的被动适应，逐渐向主动地适应、改造，甚至是创造转变，从而从自然中获取更多的生活必需品。以农牧业为主的生产布局及以手工劳动为主的生产方式逐渐形成。

农业和畜牧业的兴起，对人类摆脱野蛮状态起到了决定性作用，推动了人类文明的进步。中国社科院考古所科考中心副主任赵志军认为，充足的粮食使得我们人类社会可以进行更细致的社会劳动分工，使得一部分人脱离基本生活需求的生产活动，而从事更高级的一些社会活动。例如社会管理、艺术品的创造、手工业的生产等，而这些不同社会阶层的出现，也使我们人类社会结构产生了一个巨大的变化。这些变化直接导致了文明社会的出现。

农耕文明作为中华民族传统文化的底色，积淀了宝贵的农学思想和农学经验，这些农学思想和农学经验正是现代农业标准化生产模式的基石，更是人类得以生存至今的根本所在。

农业品牌现状

我们知道，与一般工业化产品品牌相比较，影响农产品品牌价值的因素更为复杂多样，虽然我们拥有高产量的农产品及庞大的消费群体，但仍缺少一批具有国际竞争力的农产品品牌。在已发布与农业相关的标准中，存在着重前端（种养环节），但缺少全产业链标准化生产及管理的标准，使我国农产品品牌在建设发展过程中出现路径不清、盲目投入、急于求成等现象，导致产品及服务提供者与购买者之间最大的矛盾不是价格的高低，而是信任。

农业全产业链是农业研发、生产、加工、储运、销售、品牌、体验、消费、服务等环节和主体紧密关联、有效衔接、耦合配套、协同发展的有机整体。因此，围绕农产品特色产业发展，以产品为主线，构建协同高效的现代化农业全产业链标准体系，既是保护现代农业创新成果的有力保障，更是现代农业品牌化良性发展的有力支撑。

■ 何为品牌

那么，究竟什么是品牌？我们常说的品牌与商标又是什么关系呢？

我们可以这样描述农产品品牌：是以农产品的区位优势、质量等差异性为基础，但商标、认证标志、产品包装等，不等同于品牌。简单地说，商标是解决“你叫什么”的问题，经一定法律程序，由国家知识产权局商标行政主管部门核准后方能取得商标权；而品牌是告诉大家，你是谁，你能给大家带来什么等。前者是法律赋予权利人的专有权利，是法律概念；而后者是市场影响力及商品综合实力的载体，是以市场结果为导向的经济概念。

通过外在信息来传播农产品相关信息，从而区别于其他产品，使其在市场中脱颖而出，为交易双方带来共同价值的显著标记。

基于上述农产品品牌概念，如何有效利用区位优势、合理整合区域优势、确保农产品在市场竞争中保留区域优势，同时实现利益最大化，这已然成为各国农业政策制定的重要指导方向；同时也是在挖掘农产品丰富的人文价值的基础上，整合国家及行业协会等社会力量，通过对农产品企业实施标准化管理，实现创造具有国际竞争力的自有农产品品牌的有效途径。

■ 实施标准体系建设的目的

2023 年 5 月 5 日，习近平总书记主持召开二十届中央财经委员会第一次会议，研究加快建设现代化产业体系问题，强调现代化产业体系是现代化国家的物质技术基础，必须把发展经济的着力点放在实体经济上，为实现第二个百年奋斗目标提供坚强物质支撑。

现代化的农业是现代化产业体系的重要根基。现代化产业体系应当具备智能化、绿色化、融合化三个基本特征。既要藏粮于地，又要藏粮于技，依靠科技进步不断解放和发展农业生产力。要深度融合各类先进生产要素，在科技支撑有力、设施装备先进、经营管理高效上下更大功夫，努力实现生产设施化、服务社会化、产业融合化，提升资源利用效率，要大力发展生物合成、“农业工厂”等农业新形态，突破耕地等自然条件的限制，更好地满足现代社会的需求。

为了服务于现代农业产业体系建设，从标准化及法制的角度更好地规范，推进农产品品牌建设，提高农产品企业在知识产权、品牌管理中的标准化管理和运用水平，通过对企业标准化建设，以保护并促进企业的技术创新，提高农产品品质，提升服务质量，最终实现农产品品牌价值提升。

农产品企业标准建设的必要性

随着知识经济的发展和经济全球化进程的加快，人们对农产品的要求由量逐渐向精细化、功能化、优质化转变。现代农业科技创新发展已成为现代农业发展的重要资源和核心竞争力，企业创新成果自有知识产权的价值，已然成为现代农业建设的重要支撑和掌握农业发展主动权的关键所在。标准化体系建设及管理，就是对企业创新成果及品牌价值的有力保障和支撑。

据《中国农业知识产权创造指数报告（2020年）》发布显示：2019年全国农业知识产权创造指数为113.00%，与2018年相比降低了10.04个百分点。其中申请量指数为115.62%、授权量指数为116.38%、维持年限指数为107.23%，分别比2018年降低了7.27%、6.08%和16.55%。

从地域分布来看，农业知识产权创造指数排列前三位的依然是江苏（99.76%）、山东（91.72%）和浙江（85.33%）。创造指数排名前五位的省份与2018年一致，其中，江苏省分别位列申请量指数和维持年限指数首位，浙江省位居授权量指数首位，均同2018年保持一致。

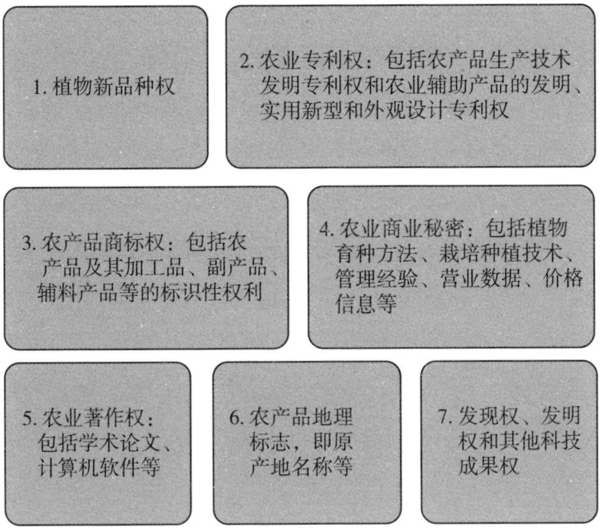

农产品企业涉及创新成果保护内容

自主知识产权是现代农产品企业提高竞争实力促发展的有力保证

我们知道，现代农产品企业要在市场竞争中立于不败之地，就必须在品种、种养、仓储、加工等多个环节上不断进行技术创新，力保产品质量，才能适应市场要求，增强企业市场竞争力，提高产品市场占有率，提升品牌价值及影响力，这无一不与全产业链各环节的标准化生产及管理息息相关，也只有通过企业的标准体系建设及管理，在市场经营活动中，才能使企业基于自主知识产权获取更大的经济效益。

企业标准化程度决定了其发展空间的大小

企业之间的竞争，其本质就是知识产权等无形资产的竞争，而企业对创新成果的保护及运用，则依赖于标准化管理的程度，管理规范化及力度将直接影响到企业的存续与发展空间。

相对农产品企业的经营管理，“安全”是摆在第一位也是最基本的要求，但农产品由田间到最终端产品，管理环节复杂烦琐，涉及领域广，包括品种、

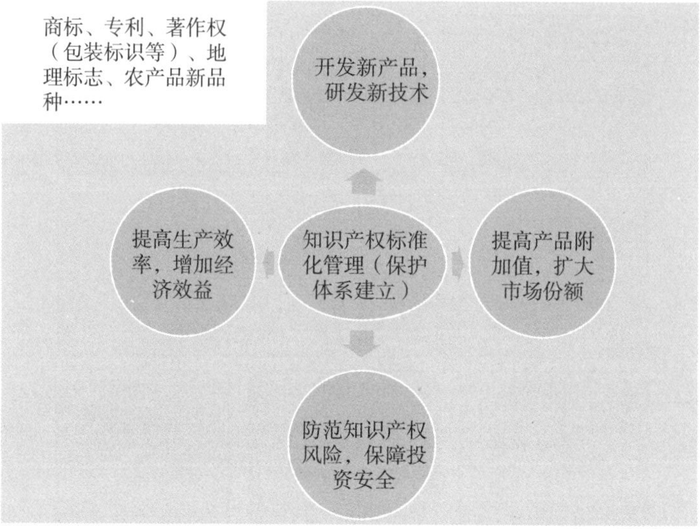

标准化参与企业创新成果保护及经营管理关系图

种植养殖环境、加工、仓储及运输等，以及新品种培育、土壤改良、制冷设备、保鲜技术、加工工艺等，均是现代科技的范畴。

因此，农产品企业也只有通过在其内部实施标准化生产及管理，将创新成果与经营发展战略相结合，构建企业一二三产业融合的标准化体系，才能确保企业充分利用自主知识产权中所蕴含的巨大商业价值，实现高附加值。

构建全产业链标准体系助力企业品牌优势化发展

1. 促进农产品企业自主创新

现代企业的一个很重要的特点就是持续不断地创新，创新是现代企业发展的“原动力”，对于农产品企业尤其是。一方面，由于农产品企业的特殊性，从田间到餐桌，每个环节都存在一定的质量损耗，这就迫使农产品企业必须不断依据产品类型及生长、保鲜、加工等环节研发新的技术，以达到适应市场竞争的同时，提高服务及产品的抗复制能力。为更好地保护企业自身权益，建立一套完整的一二三产业融合标准化体系，在既满足对创新成果保护的需求，协助企业牢牢把握成果独占权的同时，利用创新成果从事生产经营活动。

另一方面，由于知识产权制度保护企业技术创新的成果，使其获得较高的经济收益和社会效益，这将有利于技术创新的进一步投入，形成良性循环，促进技术创新的持续发展。

2. 增强农产品企业市场竞争力

创新成果的自主知识产权作为企业软实力，如不能实现其市场价值只能称之为“知识”。如果说，有效的技术创新是企业生存的前提，那么企业所提供的服务及产品市场价值的实现，则是企业市场竞争力的有效证明，也是知识实现“产权”的最终目的。依靠知识产权的独占性占领市场才能取得竞争优势，在一定范围内市场议价权得以实现。

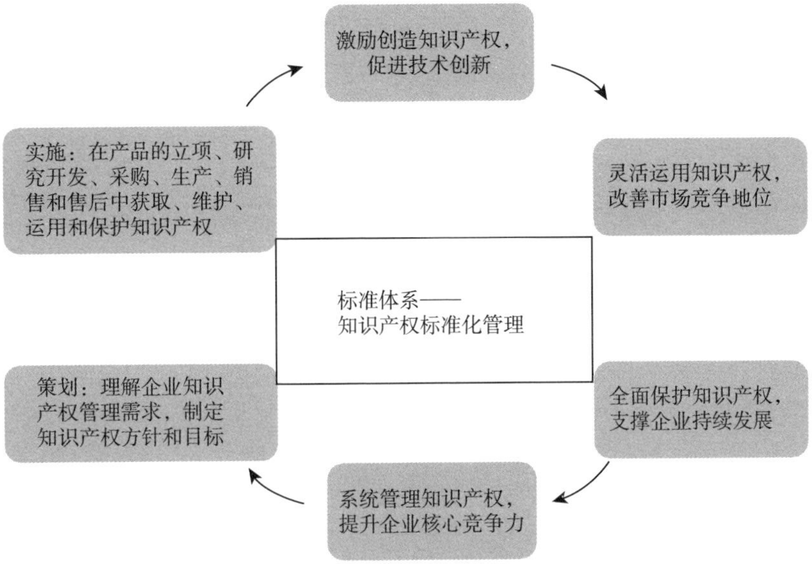

知识产权标准化管理参与企业发展战略制定示意图

标准化体系建设是现代企业有效管理的体现，尤其是农产品企业，标准化体系建设是对这一行业重要管理指示和高端服务的保证，也是高技术服务业发展的重点领域。标准化对农产品企业科技创新、产业升级、对外贸易和文化发展的支撑作用日益凸显，对形成结构优化、附加值高、吸纳就业能力强的新兴农产品企业意义重大。

标准化体系不仅是品质的一个保证，更是实现农产品优质化、品牌化的有效途径，甚至可能是唯一的有效途径。我们相信，未来优质农产品一定是订单式生产模式，而这种模式就是标准化订单产品。

同舟篇

TONGZHOU PIAN

蒲江模式的十年，与中国优农协会区域品牌服务同行的日子

于家伊

【作者简介】于家伊，教授级高级工程师，北京市劳模，中国专利金奖、国家技术发明奖二等奖获得者，中国有机30年先锋人物，十大农业品牌影响力人物。任中国优质农产品开发服务协会副会长兼健康土壤分会秘书长，中国财政学会投融资专委会常委，中关村生态乡村创新服务联盟理事长。

于家伊基于对中国农耕文化精髓的理解、对中国有机废物及土壤现状的独到反思，提出有机废物高效定向腐殖化的新思路，在“有机废物生物强化腐殖化及腐殖酸高效提取循环利用技术”研发、推广与应用中做出了重要创造性贡献，荣获2014年国家技术发明奖二等奖，国家科学技术奖励工作办公室评价该技术推动了有机废物资源化利用方式的根本性转变，经鉴定达到国际先进水平。

于家伊带领创业团队在20年的发展实践中，创新多个区域环农一体、低碳生态服务模式，蒲江耕地质量提升“5+1”服务模式获得第四届保尔森可持续发展城市奖，2020年该项目纳入农业农村部干部管理学院的培训案例；在南水北调中线的核心水源地湖北省十堰市郧阳区打造的县域水土共治、环水有机农业模式，获得了相关部委领导的认可。

于家伊先后承担4项国家重点研发计划（固废专项）、1项国家重点研发计划（水专项）、2项国家重点研发计划（国家质量基础专项），省部级以上研发和产业化项目15项，国家发明专利48项，参与创制国家标准1项、行业标准4项、地方标准2项、团体标准14项。联合中国标准化研究院、国家市场监督管理总局认证认可技术研究中心、中国质量认证中心，带领团队参与了“十二五”“十三五”“十四五”减排固碳相关国家重点研发计划等课题，先后制定了37项低碳农业标准和7项农业减排方法学。

众所周知，良田出良品。但是，农民难，种出好产品还得卖上好价钱；农业难，地标产品有品牌还得有定价话语权。我作为一名深耕健康土壤改良工作多年的科技人员，纵观中国和世界众多知名品牌后发现，很多地理标志农产品有个共同发展之路，那就是品质、品味与品牌。加入中国优农协会尤其是担任中国优农协会专家组专家、副会长之后，参与了从强农兴邦中国梦到中国品牌日、从优质农产品来自健康土壤到四良工作法助力乡村振兴等一系列的农业品牌活动，见证并践行了中国优农协会助力品牌农业可持续发展的创新之路。

与中国优农协会的初次见面

记得是在2013年，我获得了国家知识产权局和世界知识产权组织联合授予的中国专利金奖，这是中国专利领域的最高荣誉，是中国固废资源化技术的第一金，这也是当年唯一一个涉农的获奖专利，主题是有机废弃物资源化还田提升土壤地力使土壤得到改良。

在获奖名单公布不久，我接到了中国优农协会的电话，来电的是中国优农协会现任常务副秘书长陈松梅，后来我们成为很要好的朋友。她说协会作为国家级的农业行业社会团体，对这项涉农金奖非常重视，第一时间在官网上开设了“优质农产品源自健康土壤”专栏。同时，还向我表达了两个意愿：一是中国优农协会看到了我在专业领域上的成果，希望我加入协会，将先进的土壤改良技术带到地方，与地方政府合作，建立试验示范基地，待技术成熟形成模式后进行复制推广。从我的角度来讲，可以将自己的技术落实在田间地头，实实在在为农业发展提供帮助，是一名科研人员的荣幸。因此，我非常愿意加入像中国优农协会这样的平台，推进技术落地。另一个是经过时任中国优农协会会长朱保成和执行副会长黄竞仪等专家领导的考核，希望我以中国优农协会专家委员会专家的身份加入协会，并在蒲江县农业农村局承办的第三届“强农兴邦中国梦·品牌农业中国行”——走进四川蒲江的活动之中，在品牌大讲堂环节围绕土壤改良进行讲座。

经了解，中国优农协会举办“中国行”活动的目的，不但要挖掘各地的特色优质农产品，而且还要帮助这些优质农产品完善产业、打造品牌，提升其生产力、知名度与附加值，助力当地农业长足发展。优质农产品与农业品牌建设是分不开的，当时“品牌农业”理念在国内还不是农业发展的主流，而中国优农协会不仅较早提出了“品牌农业”的概念，而且在通过“中国行”活动的方式将这个理念推介到全国各地。现在看来这是一个相当具有前瞻性的动作。我在品牌大讲堂环节以“品质　品味　品牌——培育健康土壤，带动品牌农业可持续发展”为主题，对土壤改良进行了一个初步的讲解。这次活动加深了我对协会的了解，使得我与协会成为并肩而行的伙伴，也使我与四川蒲江结了缘。

一拍即合，协会与蒲江的十年之约

“中国行”活动结束不久，时任蒲江县农业局局长赵武斌联系到我说，2012 年时，蒲江县政府委托中国农业科学院技术转移中心编制了《成都市蒲江县有机事业发展规划（2013—2022)》，成立了蒲江县有机产业发展办公室，牵头启动了国家有机产品认证示范区创建工作，大力推动有机产业发展。蒲江想用10年的时间把猕猴桃、柑橘、茶叶这三大支柱产业做大，提升其有机种植规模，带动提升生态服务能力、食品安全保障能力和品牌竞争力，实现农业产业、生态环境、观光旅游和经济效益的有机统一。

事儿是好事，但初次开展这类工作的蒲江却迟迟找不到推动事情发展的切入点，为此当地政府十分焦心。赵武斌说："上次在'中国行'活动中听到了您关于土壤改良、培肥土壤的课程，您是土壤专家，我们觉得蒲江的有机农业应该从健康土壤这边来下手开始做。"

"土壤"就是蒲江想要的切入点。他们表示，通过上次活动的合作，当地政府非常信任中国优农协会这个平台，因此，希望我可以再次作为协会专家，去蒲江给当地农业农村局中心组成员详细讲讲土壤改良。

协会的工作就是为大家提供服务，地方有需求，我当然义不容辞。在与中国优农协会领导、蒲江县农业农村局领导沟通后，快速达成一致，我作为协会的土壤专家，在蒲江开展一系列的土壤改良工作。

再次授课也非常成功，当地的干部说，课后要回到镇里对课程内容进行传达，实现以点概面的传播方式，尽快将健康土壤培育理念在全县范围内进行普及。从县里到重点乡镇，多次多层级的培训给当地普及了耕地土壤健康的重要性，并初步建立了健康土壤培育的知识体系。

在授课之余，蒲江县农业局还联系了我们驻成都的团队，团队多次赴蒲江进行实地调研。调研中发现，"不知火"丑柑作为当地的支柱产业已经有40多年的发展历史，然而在价格和质量上却没有优势，每千克只能卖到3元，味道也与四川其他地区种出的丑柑别无二致。

当地果农对我说："前些年，果园地力越来越差，很多果树都黄黄喽！"老百姓种柑橘都是简单地在山上撒一点化肥，有虫子了就用农药打一遍虫，大水、大肥、大药，种植管理简单粗犷，完全没有养地的想法，导致土壤健康受损严重。2013年，蒲江在全县开展了一次土壤质量普查。普查结果显示，蒲江县耕地土壤有机质含量平均不到2.3%，强酸性土壤占68.5%，土壤板结问题严重，在这样的土地上怎么可能种得出让消费者认可的优质农产品呢？土壤健康已成为影响蒲江县农产品产量增加和品质提升的关键障碍因素，治理土地迫在眉睫。同年，我与我的团队应蒲江县农业局的邀请，正式入驻蒲江。

蒲江县耕地质量提升“5 + 1”综合服务模式出场

团队到岗后，第一时间全面掌握了蒲江的产业发展及耕地质量情况，因地制宜地探索出了一套以耕地质量为核心的综合服务体系，即蒲江县耕地质量提升“5 + 1”综合服务模式。

“5 + 1”综合服务模式，就是集成推广养土肥田、生物防控、有机质循环利用、土壤大数据、小型农机具五大技术和电商、信贷、保险、冷链、有机认证、市场推广等服务，加强与农药、农机等企业合作引进先进产品和技术，推进从耕地质量保护与提升到农产品生产的全程标准化。这样一来，在农产品生产过程中谁来投入、谁来服务、如何促进优质优价这三大难题都得到了解决。

综合服务中心则是采用政府购买服务的 PPP 模式，改造蒲江县农业技术推广站的基础设施，由我的团队提供服务，服务包含农产品产前、产中、产后全产业链服务，并对种植基地水、土、气进行综合监测，建立土壤环境数据库，为制定农产品品质标准、编制土壤指数与农产品品质关系图提供数据支撑。

“5 + 1”综合服务模式提出的当年，相关试点工作就在蒲江启动实施了。回想起来，从我获得专利金奖成为协会专家组专家，到通过“中国行”活动走进蒲江，与蒲江结缘，进一步形成“5 + 1”综合服务模式，这一系列的工作都是在同年完成的。地方的迫切渴求，协会的及时响应，使得蒲江的土壤改良工作快速进入正轨。

2014 年春，3 月的倒春寒在一夜之间冰封了蒲江的土地，果树也被突如其来的大雪压得抬不起头。几周后就是收获丑柑的时节，若是蒲江县 10 万亩的丑柑果树在这个时候被冻死，经济损失就不是简简单单“惨重”两个字可以形容的了。

村民看着蔫下去的树叶，急得像是热锅上的蚂蚁，蒲江县农业局也连续给我打来电话询问情况，土如何，树如何，丑柑还能收获不？然而还没等当地人想出什么对策，前后两天的时间，经过土壤改良的试点果园里的丑柑果树便悄悄抬了头，恢复了往日的茂盛模样，而未经改良土地上的果树仍是奄奄一息。

倒春寒对果树的不同影响也在摘果时有所体现。这是由于经过生物强化改土技术的培肥地力，土壤中的有机质得到提升，为果树提供充足的营养物质，逐渐健康的土壤与树根的物质交换能力也有所提升。就好比两个得了重感冒的孩子，一个快速地补充上营养，好得快；另一个营养不良，即使吃了补品还是由于身体底子弱吸收不了，当然就好得慢。

经过了这次倒春寒事件，当地政府、百姓实打实地从心底里认可了“5+1”综合服务模式，对协会和我的团队也愈发信任和依赖。

蒲江的土地在经过一年的土壤改良工作后有了显著的变化，蒲江县第二次土壤普查结果显示，有机质含量缺乏的耕地面积大幅减少，而中等含量的有机质面积占比由36%上升到58%，酸性土壤也得到明显改善。仅一年，便成果喜人。

2015年，蒲江县农业农村局以“5+1”综合服务模式为基础，出台了《蒲江县健康土壤培育三年行动计划（2015—2017年）》，预计在3年内，辐射推广健康土壤培育25万亩，覆盖全县三大支柱产业，每年提升土壤有机质含量0.2%，进一步改善土壤酸化，降低化肥用量，实现“健康土壤-品质品味-生态涵养”三位一体发展，打造与国际接轨的有机农业基地。计划实施的当年，在“丑柑经济”的支撑下，蒲江县农民人均可支配收入达到16860万元，同比增长11%，脱贫成果显著。要说证明一个农业项目的成果，农民增收大概是最有力的指标，眼看着丑柑一年比一年好吃，农民一年比一年富裕，我们的工作也变得愈发有价值起来。

在优质农产品的生产过程中，品牌打造也是不可或缺的。此时，蒲江丑柑“不知火”已在四川境内有名气，为保护蒲江的农业品牌，防止外地柑橘来蒲江“洗澡”，我们团队开始对接初加工企业、冷库、打冷包装供应链的系统和果园就近建立直接的联系，开展订单制生产。经营这些环节的均为当地返乡创业的年轻人，对农业发展、品牌打造有更高的接受度与行动力，他们承诺坚决不收外地柑橘入库。同时，中国优农协会发文，规定了每年蒲江丑柑的第一批采摘时间，这样做的目的有二：一是在该时间段采摘的丑柑最可口，二是该时间段之前上市的丑柑均非产自蒲江。有了当地政府对协会的信任作基础，这个文件在当地一呼百应，也由于品质上乘，蒲江丑柑拿到了全国丑柑的定价权，其他地区的丑柑每千克比蒲江低2元。伴随着一年一度“最美丑柑”大赛及各类媒体的宣传报道，“蒲江丑柑”愈发成为全国人民熟知的优质特色农产品。

2015 年，“蒲江丑柑”成功申报国家地理标志保护产品和证明商标，且获评“全国十大最具魅力农产品”称号，登上了 CCTV 魅力农产品嘉年华的舞台，一跃成为被外界称道的蒲江地域品牌农产品之一。

蒲江县政府更是成为蒲江品牌农业最直接的代言人，带着蒲江品牌走上了中国优农协会搭建的一个又一个品牌农业舞台。

2015 年，蒲江县政府作为战略合作单位参与中国优农协会等主办的国际农商品牌发展（北京）论坛，将蒲江农业品牌带到了国际化舞台。2016 年，蒲江县政府与中国优农协会、中国农产品市场协会联合主办了品牌农业发展国际研讨会。

2017 年，品牌农业发展国际研讨会落地蒲江，蒲江县政府成为大会的承办单位。品牌农业发展国际研讨会持续在蒲江召开了三届，其间，中国优农协会前后两任会长朱保成和黄竞仪，多次带队到蒲江县考察调研，为蒲江农业发展出谋划策、总结经验。

2019 年，已升任蒲江县副县长的赵武斌在品牌农业发展国际研讨会上以“蒲江 5 + 1 模式”为题进行了主题演讲，向世界介绍蒲江品牌农业发展的斐然成绩和成功经验，并发布了蒲江宣言，蒲江成为中国优农协会主办的品牌农业发展国际研讨会永久会址。

蒲江模式成型，十年之约达成

2015 年，中国优农协会成立健康土壤分会，我有幸成为分会秘书长，继续开展土壤改良工作，为更多需要帮助的地区提供技术支持。

2016 年，我陪同朱保成会长等一行专家领导组成的调研组赴蒲江调研，同行的还有农民日报社《品牌农业》周刊的刘艳涛主任，他将此次在蒲江的所见所闻以文字的方式记录下来，让更多人认识蒲江，看到这片长势喜人的丑柑，看到这片蒲江人民脱贫致富的金果果，提升了蒲江丑柑的市场认知度与知名度。

调研组返京后，朱保成会长撰写了一篇关于成都市蒲江县实施耕地质量保护与提升行动的调研报告并报送农业农村部领导，获部长批示。2016 年，部长两次带队赴蒲江调研，“5 + 1”综合服务模式成为农业农村部上上下下学习的典型。

2017 年是三年行动计划的收官之年，当初定下的目标早已提前完成，可以用三个例子来描述这段时间的工作成果：一是堆肥专家川崎广人先生听说蒲江的土壤有机质含量很高，想来亲眼瞧上一瞧，他亲自选点、挖土，结果锹锹有蚯蚓，这位老人手捧着土由衷地说："这是我见过中国农村最好的土壤。"后来，蒲江的每一锹土壤都有蚯蚓也成为蒲江健康土壤最好的代名词。二是法国大使馆参赞在农交会上评价蒲江丑柑，"这是农民用生态的方式种出来的丑柑，是艺术品"。蒲江全年化肥施用量降低 10%，丑柑却变得更可口了。三是过去的这几年蒲江农村几乎见不到背着篮筐上山管护果园的场景。当我再度到果园查看情况时发现，农民家家户户开着小车上山种地。村民喜滋滋地说，丑柑地头价从每千克 3 元涨到 9 元，行情好的时候能卖 11 元，大家卖柑橘挣上钱了，生活变好了，家家户户都买上了小轿车。

2017 年 3 月 16 日，由保尔森基金会主办的"第四届保尔森可持续发展城市奖"在北京举办颁奖典礼，蒲江模式是此次奖项的"主人公"。亨利·保尔森认为，我们大部分的粮食、水和其他资源都来自农村。如果农村地区不能做到可持续发展，城市的发展也就难以为继。这个帮助成都摘得桂冠的项目，准确地展示了这种城乡关联的重要性，提供了可以在中国推广的可行商业模式。

2017 年"蒲江丑柑"品牌价值达 10.43 亿元，2020 年蒲江县获批为"国家柑橘生产标准化示范区"，走上了品牌农产品规模化发展道路。在新发布的"2023 中国品牌价值评价结果"中，"蒲江丑柑"更是榜上有名，品牌价值高达 102.05 亿元，在规模与口碑双双提升的同时实现了区域农产品在全国市场竞争中的品牌高溢价，也逐步成为蒲江对外的靓丽名片。

在逐步建立、应用、推广蒲江模式的过程中，我和我的团队也对健康土壤与品牌农业有了新的认识，在践行蒲江模式的过程中，联合国内权威机构开展了土壤碳汇及农业减排固碳技术标准的研究，并创新了基于农业碳中和的优质农产品全产业链服务模式，我将一如既往地跟随中国优农协会的脚步，把技术落实在土地上，探索生态价值赋能品牌农业的创新之路。

风雨同舟　砥砺前行

——农业物联网发展之路

李　玮

【作者简介】李玮，1994年毕业于华中科技大学，后赴美国留学、工作，经过多年奋斗，成为物联网领域知名科学家。在祖国的感召下，李玮于2009年作为中组部首批“千人计划”专家回国，是国家特聘专家、教授级高级工程师、研究员，中国优质农产品开发服务协会副会长，生态环境部工业污染源工业监控工程技术中心主任，国家发改委国家级物联网工程研究中心主任。作为第一发明人获得国内外发明专利80余项，是中国发明协会会士，担任国家863计划、973计划、科技支撑计划等12项国家课题专项的首席科学家，罗克佳华科技集团股份有限公司（股票代码：688051）董事长、总经理。

岁月不居，时节如流。30年只是历史长河中的一颗水滴，但作为一个行业组织，却是中国农业不平凡的30年，是创新发展的30年，也是不断提升自我、奉献国家和社会的30年。

中国优农协会凝聚行业精英，引领行业发展。有幸作为中国优农协会副会长，在协会成立30周年来临之际，向协会致以最真诚的祝贺！同时，回望十余年来，在协会带领下走过的创新发展之路，感慨万千。

高新技术　开启农业物联之路

“高科技要转变成生产力，服务社会”，这是我成长始终奉行的原则。

2013 年，正值物联网发展如火如荼的时候，我和我的团队——佳华科技的科研人员，深入到各个现场，将最先进的技术应用在最需要的一线。在协会的领导下，在时任会长朱保成和时任副会长黄竞仪的亲自指导下，我们始终将服务农业作为主要方向，将农业物联网作为研发重点，一直在深入推进。

在协会专家的指导下，我们自主研发的“远程遥控一体化污水处理装置”在某市的河道治理中应用，将污水处理站微型化，在排污口现场处理污水，一天处理污水 25～1000 吨，全部地埋不占空间，无须人员维护，全部通过网络进行远程操作，承担了某省 13 个县（市）农村环境连片整治项目的方案编制和工程实施，有效地改善了农村环境，提高了农民生活质量。

2013 年 7 月 4 日，中国优农协会会长朱保成、副会长黄竞仪一行就“智慧农业”来到佳华科技考察调研。朱保成会长对佳华科技的“远程遥控一体化污水处理装置”表示赞赏，他表示，佳华科技开发的污水处理设备，投资小见效快，关键是一体化地埋式，充分体现了易生产、易安装、易远控、易服务的“四易原则”，加上远程遥控技术，构建了一个物联网服务平台。如果将这种技术应用到农村里，一个村子只需要投入一个地埋式的污水处理站，家家户户将污水通过明渠或者简易管道引入处理站，将所有操作和控制通过网络统一运营和服务，将有效改善农村环境，提高农民生活质量。

随后，双方以“品牌农产品智慧电子商务”为题展开了主题研讨，佳华科技自主研发的农业物联网新课题——“产供销运交一体化的智慧电子商务”模式，得到了现场领导的认可。朱保成会长指示，由中国优农协会牵头，组织七大协会，应用最先进的物联网、云计算、电子商务技术，将各地优势单位和先进单位组织起来，成立产业联盟，建立产业集群，并由佳华科技牵头国内外先进技术单位，进行品牌农产品电子商务平台的顶层设计。

此次考察中，朱保成会长感触颇深，他说：“佳华科技这样的单位，一是

团队作风非常朴实，他们对理想的追求、事业的执着，让人敬佩。《人民日报》在头版大幅刊登了他们的动人事迹。二是技术领先，以李玮同志为代表，顶级专家云集，解决的是国家最关注的安全、节能等问题，真正是将高科技深入基层、面向应用的一个研究团队。三是认识到物联网不仅仅停留在大棚使用传感器或者手机监控水温的技术，更重要的是顶层设计的完善和全面、规模化的应用。四是国家领导人多次亲临视察，佳华科技是在国家和政府关怀下的高科技企业典范。"

各级领导的高度信任使我们深受鼓舞，也深感责任重大，在之后的日子里，佳华科技团队夜以继日，全力推进智慧农业平台的研发。

智慧农业　点亮星火燎原之势

民以食为天，农业物联网是发展智慧农业的必经之路。农业物联网可以实现对农产品的生长、加工、流通和销售等过程的全生命周期管理。在发达国家，农业物联网侧重流通环节。2013 年，国内农产品流通领域的物联网应用程度低，信任体系缺失、信息不对称，造成优质农产品往往出现不优价的尴尬。同时，重复开发、缺乏标准及顶层设计是国内农业物联网面临的另一个重大问题，造成经验和推广方面的巨大浪费。

2013 年，在农业部组织的"强农兴邦中国梦·品牌农业中国行"活动中，佳华科技与中国优农协会及太原、朔州、运城等试点城市正式签订合作协议，由中国优农协会会长朱保成等领导启动，佳华科技和中国优农协会共同研发，以物联网和云计算为支撑的“中国优质农产品信任系统和智慧电子商务基础云平台”正式开始运行。

手机或鼠标轻轻一点，智能大棚里的温度、光照、土壤含水量等实时信息尽收眼底；二维码一扫，从农产品种植到交易各环节的记录一目了然……大幅度提高了劳动效率、资源利用率及管理效率，一些设施农业和养殖业的农业物联网技术运用初见成效。

自此，农业物联网数据的处理不再各自为政。用户不再需要建立并维护各自的物联网系统，不再需要主机，只需一个电脑屏幕、一个鼠标、一根网线，其他都交给一个拥有5000台服务器、5万台虚拟机的基础云平台完成。

2013年8月，中国农业科学院农业信息研究所专家团来到佳华科技开展调研。专家团对佳华科技的云平台表示了浓厚的兴趣，特意就网站的“智慧商务”“政府监控”、产品如何溯源等细节进行了考察，并饶有兴致地以普通消费者的身份在网站上进行了一次“采购”。

随着“中国优质农产品信任系统和智慧电子商务基础云平台”的推广运营，我作为特聘专家，分别参加了“强农兴邦中国梦·品牌农业中国行”江西赣州活动、“鄂尔多斯市农牧业技术调研工作会议”等活动，为行业、区域智慧农业发展，构建农业信息化体系建言献策。

数字技术　赋能行业“加速跑”

连成网络的传感器必然带来海量的数据，物联网本身形成规模才有更大的效率，而只有对数据进行有效的处理，数据才能增值。农业数字化应运而生，成为新的风向标，数字农业将会是农业现代化的更高阶段和重要体现。

2023年9月8日，由中国优农协会组织构建的“中国优质农产品开发服务协会数字化平台”正式启动，中国优农协会会长黄竞仪表示，“目前，该平台已建立了完善的、全品类的供应链和渠道销售体系，将优质农食产品从源头产地送达到消费者的餐桌上，探索出了一个涵盖全产业链的乡村振兴产销对接新模式。”

中国优农协会牵头农业物联网行业已经走在了时代的前列，在协会的领

导下，佳华科技的研发团队同步前行，凭借近 20 年的海量数据积累，在全国率先走通了数据资产登记、评估定价、融资贷款等多个数据资产化环节，是首都首批数据资产入表试点企业，获得全国首个上市公司数据资产登记凭证、全国首笔银行数据资产质押贷款，佳华科技研发团队将全力助推中国优农协会农业数字化发展。

相信，农业数字化必将造福万民，全面赋能国家发展。物联网、数字化等高新科技所涉之处，或静水流深，或暗流汹涌，农业这个行业也正在深化改革，不断创新、开放、共享，焕发出盎然的生机。

中国优农协会，30 岁生日快乐！愿与你历尽千帆，风雨同舟！而立之年，愿与你乘风破浪，直挂云帆济沧海！

围绕“一带一路”建设农业品牌大厦推动优质农产品进入全球百姓家

——浅谈30年行稳致远的中国优农品牌通路建设与品牌崛起

郑建武

【作者简介】郑建武，1964年12月生，工程师，长江商学院工商硕士。中国优质农产品开发服务协会副会长，上海国际食品城董事长。自2002年开始专门从事全国特色农产品、绿色食品、优质品牌农产品的推广、销售、展览。2008年策划了中国百县特色优质农产品免租入沪工程项目，各地优质产品销往上海、销往国外，取得了显著成果，近年来一直致力于上海“一带一路”品牌农业博览园的筹备与建设。

中国优农协会成立30周年，是“三农”工作领域里一件值得庆贺的大事、好事！自1993年创立以来，中国优农协会始终坚持推进品牌农业发展、服务农业全产业链、培育安全优质农产品品牌，以“主攻流通、主打品牌”为工作主线，为我国优质农产品深度拓展国内外市场搭建了坚实的平台，取得了可喜的成绩。30年风雨兼程，我国农业在从基本满足吃饱吃好之后，开始全面发力推进农业品牌建设，一大批知名度和市场认可度高的优质农产品进入千家万户。30年行稳致远，我国农业从少量的跨省跨区域品牌到培育区域公用品牌参与全球化竞争，我国农业品牌建设进入新的历史发展黄金期。三十而立，我们坚信在中国优农协会及所有企业的共同努力下，我们共同将顶层设计做好，把品牌战略推出去，未来我们参与全球化竞争赢的概率非常大。

政策驱动，让农业品牌发展进入黄金期

民以食为天。我国的农业人口占全国人口的70%，是一个农业大国，但是由于土地分散、生产效率低、技术落后，水利、机械等农业设施薄弱，品牌竞争力低等多种因素，导致目前还不能称之为农业强国。近年来，中央高度重视农业品牌建设，乡村振兴战略规划和近几年中央一号文件，都对推进农业品牌提出了明确要求。要坚持以品牌建设为引领，在推进农业供给侧结构性改革全过程中，打通农业生产、加工、流通、销售全产业链，向品牌要市场、要质量、要效益。2017年国家设立“中国品牌日”，将我国农业品牌发展战略拉升到前所未有的高度。国家及各省份发布的相关政策都在积极推进区域农产品公用品牌建设，支持地方优势企业和组织打造区域特色品牌，引入现代化各要素升级提升传统名优品牌，这是政策驱动给我国农业品牌的崛起开创了引领之路。

做大做强品牌农业是一项全局性和战略性工作，从播种到走向终端消费，中间每个环节都需要通力合作，任何一个环节出了问题都势必会影响整个品牌。中国优农协会及业界同仁在推动农业品牌建设过程中付出了大量心血。历经30年的努力，我国农业已经从传统“三品一标”（无公害农产品、绿色食品、有机农产品、农产品地理标志）向新“三品一标”（品种培优、品质提升、品牌打造、标准化生产）迈进，也正是因为优质农产品有了品牌，才有机会走向全球消费市场。中国农业品牌的发展路径需要紧跟消费市场的需求，需要从单纯的生产经营转向品牌营销，需要从个体生产转向集约化生产，需要向传统农业注入地方特色文化元素，需要从种植养殖基地走向主要城市，需要从国际化都市迈向全球消费市场。短暂却又漫长的30年，我国农业品牌建设已经取得巨大飞跃，但距离农业强国之路依旧任重道远，农产品的渠道建设和品牌建设依然是重中之重。

从上海园区，见证农业品牌崛起之路

上海是长三角区域龙头带动城市，是特大型消费城市，对优质农产品消

费需求量大，离岸贸易繁忙，高端食品加工技术和市场信息传播迅速。据有关部门统计，上海一年的农产品进货总量超过1000万吨以上，其中，70%以上来自全国各地供应，20%左右来自海外进口，剩下部分由上海生产区域内自行供应。上海国际食品产业园在中国优农协会的支持下紧跟国家农业品牌战略要求，围绕农业品牌化、消费市场化，拥抱国际化趋势，打通了优质农产品全产业链，推动优质农产品品牌美誉度，扩大园区内品牌在长三角城市群及海外市场的消费份额。

在中国优农协会的大力支持下，我们共同培育并服务数百个优农品牌，诸如国家地理标志产品阿克苏红枣。阿克苏红枣是新疆阿克苏地区的特产，生产历史悠久，因品质优良而被称为“白金玉枣”。阿克苏红枣入驻上海国际食品产业园后，凭借园区卓越的区位优势及通路优势，从上海迅速打开消费市场并不断发展壮大，2019年成功入选中国农业品牌目录。又如香格里拉野生中华蜂蜜，野生中华蜜蜂是中国特有的蜂种，人工养殖非常困难，通常只能在无污染的深山老林不移动放养，是不可多得的天然绿色有机食品。香格里拉野生中华蜂蜜入驻上海国际食品产业园后，中国优农协会携手园区通过多种方式整合经销商、渠道商资源，辅助企业开启了供不应求的发展之路。除了香格里拉野生中华蜂蜜，来自伊犁的黑蜂蜂蜜也通过上海国际食品产业园取得了良好的市场份额。再如来自云南的蒙自石榴，因皮薄、汁多、籽大等特点深受消费者喜欢，自入驻上海国际食品产业园后，中国优农协会和园区共同制定渠道建设方案，帮助企业快速覆盖上海消费市场，从而辐射长三角区域，畅销国内各大城市，并出口俄罗斯、泰国、越南等国家和地区，如今蒙自石榴产区已成为产量全国第二、出口量全球第一的石榴主产区。

特别值得一提的是来自黑龙江的“寒地黑土”品牌，当年注册在上海国际食品产业园区，在中国优农协会领导的指导下，依托园区所搭建的平台优势及供应链体系，快速打开全国中高端市场走向现代化农业发展之路，目前已成为黑龙江最具影响力的区域农业品牌之一。2011年，“寒地黑土”被国家工商行政管理总局评为“中国驰名商标”。2020年，首次入选“中国500最具价值品牌排行榜”，位列第121。截至目前，整个绥化市已经有400多个企业获得品牌使用授权，带动种植基地1000余万亩，100万名农民因此受益。诸如此类的农业品牌崛起之路不胜枚举，这也让我深刻意识到平台的重要性，尤其是在主要城市建设和经营好农产品园区对于帮扶全国各地的农产品走出来的厚重使命感。

面向未来，开创农业品牌竞争新格局

2020年，原上海国际食品城经过整体改造升级为上海国际食品产业园。在中国优农协会大力支持下，园区不仅在消费市场研究、品牌展示、畅销对接、供应链金融等服务上开拓创新，而且在加强对外交流合作、推动中国农业品牌“出海”下足了功夫。协会携手园区倾力打造上海“一带一路”品牌农业博览园，是将我国的传统农业文化与“一带一路”沿线国家农业文化相结合的一种全新平台经营模式，是从更高维度激发“农业+”产业链的闭环发展。我们一致认为“从全球进上海，从上海销全球”是构建农业品牌大厦的重要使命，更是将中国农业品牌推向国际市场的重要跳板。上海作为国际化大都市具有全球领先的时尚性、艺术性、体验性、流量性、国际性，从上海开启我国农业品牌“出海”路径是企业参与区域竞争和全球竞争的必经之路。

构建“一带一路”农业品牌大厦，始于农业但不止于农业，它将以更高的选商标准甄别各地区优质农产品，深度挖掘区域传统文化，规划并贯通一条农业品牌发展新路径，是未来“泛农业”产业集聚区的一个重要展示平台。在这个品牌大厦内部将精准植入地方名优特产品、生态乐园、文化旅游、景观建筑、网红基地、数字农业、时尚艺术等多种元素，进一步激发“农业+”与“+农业”的双向驱动潜力，从而带动地方产业结构优化调整，开创跨界合作、跨地区协同、跨国别交易的新格局。

农业品牌存在和发展的根源在于消费需求，一个品牌成功与否的关键在于尽可能地获取消费市场对其产品及服务的认可。从主要城市铺建营销渠道，这是亲临消费市场。围绕国家战略发展方向共建农业品牌大厦，这是布局未来。我国农业品牌建设的基础虽然相对薄弱，但是地大物博、文化多样、极具特色，是我国打造品牌农业绝佳的土壤，有太多的潜力有待发掘。中国品牌正在崛起，我们有太多的事业可以往深里去做。

在此，希望中国优农协会一如既往地全方位支持上海“一带一路”品牌农业博览园的建设，将全球优质农产品推荐到园区，特别是入选中国特色农产品优势区的产品，共同将优势区的产品打造成一批农业和农产品的知名品牌、世界品牌。

桑叶养蚕织丝绸　桑果精酿成紫酒

高庆国

【作者简介】高庆国，1962年出生于辽宁。毕业于原国家煤炭部重点院校煤炭师范学院英语系，留校任教；后赴美国留学深造，在德州农工大学分校取得硕士学位、在田纳西大学取得博士学位，毕业后在美国田纳西河流域管理局工作；后回国发展，在外资企业任中国区CEO约10年；2009年创办了句容东方紫酒业有限公司，开创了新的酒品类，现为公司董事长、法人代表，以及中国品牌建设丝绸桑蚕品牌集群副主席。

2023年8月17日，全国桑椹酒行业标准起草工作会在句容市东方紫酒业有限公司（以下简称东方紫酒业）召开，根据工业和信息化部办公厅《关于印发2020年第三批行业标准制修订和外文版项目计划的通知》(工信厅科函〔2020〕263号)，“果酒第5部分：桑椹酒”（计划编号QB/T 2020—1300）被列入制定计划。这个标准由全国酿酒标准化技术委员会归口，该标准的制定，旨在为桑椹酒行业提供规范市场的依据，维护消费者权益，为消费者提供高品质的桑椹酒产品。

东方紫酒业作为桑椹酒行业的领军企业，曾参与制定过桑椹酒团体标准、镇江市地方标准等，这次作为标准的主要起草单位，将会总结成功的经验，与行业专家共同探讨，为行业发展的壮大贡献东方紫酒业的力量。

东方紫酒业已成立14年了，得到社会各界包括中国优农协会等社会公益组织的关心呵护与大力支持。2019年9月，在东方紫酒业成立10周年之际，中国丝绸桑蚕品牌集群在北京举办的首届桑椹酒产业论坛暨品鉴发布活动上，东方紫酒业获得主办方颁发的“优质桑椹酒企业”“优质桑椹种植基地”“优质桑椹酒品牌企业”3个奖项，其中“优质桑椹种植基地”是由中国优农协会负责牵头评定的。

东方紫酒业从2009年创建之日起，发展到正常经营整整用了10年时间，可以说是十年磨一剑。10年对于一家互联网企业来说有点太长了，但对于一家做酒的企业而言又有点太短了，做好一个酿酒企业很不容易，需要时间的积淀。

2009年还是外资企业高管的我，会同其他两位大股东和几位小股东，合资买下了句容市乡亲饮品厂，当时这是一位台湾老板创办的酒厂。我们收购时酒厂的规模很小，仅有的一个加工车间，只能压榨桑果果汁。创办老板从2003年开始，做酒的同时也做果汁，但由于没有自己的酒厂，只能把果汁榨完后长途运送到山东龙口的一家酒厂继续加工成酒。

2009年我们完成酒厂的收购，2011年开始建酒厂的车间、盖办公楼、建酒窖，不再满足于只有加工车间的现状。建自己的酒厂对我们来说太重要了，因为桑椹榨成的果汁在刚开始量小的时候往山东运输还没多大的问题，产量大了再运输成本就太高了，对企业来说很不划算。同时，从句容运到山东龙口需要一天多时间，如果在夏天运输，桑椹果汁品质可能会产生变化，对酒的品质也会有影响。

“建自己的酒厂，做自己的品牌”，实践证明这是东方紫酒业的最佳选择。因为工厂所在地句容市茅山镇不但有国内著名的茅山风景区，还有种植优质果桑的传统，茅山镇打造的5个农业板块中，果桑就是其中之一。工厂附近的丁庄村、丁家边村、城盖村等都是“一村一品”国家级示范村，种植果桑面积约1万亩，光核心区面积就达7000多亩，每株桑树能产500多千克桑椹果，这为后来东方紫酒的兴起奠定了基础。

初创的东方紫酒业是一个较小的企业，但又是一个有远大愿景的企业，从收购酒厂的那一刻起，我和同事们的抱负就是要做出一款能够走向世界的中国美酒。在我们之前，国内还没有紫酒的说法，以前也有企业在做桑椹酒，但是概念不一样，做的多是浸泡酒，不是后来东方紫酒业用桑椹做出来的真正的发酵酒。

东方紫酒业是 2011—2012 年更名的，“紫酒”是从 2010 年开始叫出来的，以此取代之前的名称“桑果酒”。为什么要叫“紫酒”？是因为受到一个历史传说的启发：据传在五代十国时，西域和田有个国王叫李胜天，他招待内地使节时用的一款酒，被称为“紫酒”，而且“不知其所酿，其味优美”。后经学术界考证，认为李胜天用的紫酒是用桑果酿的果酒，按照从老国王那里得到的灵感，在北京一家策划公司的帮助下，我们将新产品取名为“东方紫酒”，最重要的一点是不同于以前桑果制成的浸泡酒，东方紫酒是一款纯正的酿造酒。2011 年，经国家工商行政管理总局的审核批准，正式注册下商标“东方紫”。现在，紫酒已经成为美酒家族中的一个新品类酒，与白酒、红酒、黄酒等传统品类酒比肩而立，以致坊间有了“西方的红酒，东方的紫酒”的说法。紫酒是酒的一个新品类，“东方紫”是企业的商标。

做企业要做成一个有情怀的企业，做企业家要做成一个有情怀的企业家。2011 年我们定下的企业愿景是在中华民族伟大复兴的背景下，以桑果为材，做出一款健康养生、口感极佳，并能承载中国文明的美酒——东方紫酒，东方紫酒依托中国 5000 年桑蚕文明的积淀，从中国走向世界，并实现与世界高档酒品比肩发展，进而续写华夏桑文明辉煌。作为中国桑蚕丝绸品牌集群的重要成员，东方紫酒业对丝绸桑蚕文化也有着独到的理解，我们在宣传东方紫酒的广告语中赫然写道“桑叶养蚕织丝绸，桑果精酿成紫酒”。

对于一家企业来说，在激烈残酷的市场竞争环境下，愿景虽然美好，但现实非常骨感，要想实现愿景的唯一出路就是脚踏实地地去干。紫酒品类从无到有，是一项创新之举，企业创办后要有一个打市场知名度、打客户对紫酒认知的过程。虽说是小品类酒，但为了酿出高品质的东方紫酒，我们一开始就从高品质酒研发上入手，深信不论是普通的紫酒还是高端的白兰地，品牌都要靠品质作保证，所以做了 10 年品质的研发至今仍然没有松劲。我们与中国农业大学黄卫东教授合作，解决了紫酒和葡萄酒酿制工艺中的差异化问题，用传统酿造葡萄酒的工艺来酿造紫酒，质量上过不了关，主要原因是桑果太娇贵了，既不好制作，又不好保存。酿造紫酒原料桑椹即便是上午摘采的，到下午食用口感都会变味，它的营养太丰富，对酿酒工艺的要求就特别严格。每年的桑椹采摘季节，为了保证东方紫酒的品质，我们的桑果从采摘到入罐发酵不能超过 4 个小时。

另外，做企业不可能不遇到困难，“坎”一直都会有的。东方紫酒业刚创建不久，遇到的第一道“坎”是一场涉及企业商标的知识产权诉讼。2011 年“东方紫”商标成功注册，正当企业准备放开手脚大干的时候，一场产品商标诉讼案不期而至，四川一家被誉为川酒“五朵金花”之一的知名白酒厂对“东方紫”商标提出异议，原因是这家酒厂产品系列里有一款酒的注册商标为“东方红”，他们认为“东方”二字侵犯了他们的知识产权。按照新修订《中华人民共和国商标法》的规定，有人对已注册商标提出异议，需要经国家工商行政管理总局商标评审委员会进行行政裁定，当事人如果对行政裁定结果不服，可以向中级人民法院提出诉讼，如果对一审判决不服，还可以向上一级人民法院提出上诉，进行终审判决。

我们认为，“东方红”虽注册在先，但不是著名商标，东方紫酒业申请注册时，根本不知道有它的存在，所以不存在恶意主观的情况；同时，东方紫酒业注册的重点在紫酒，和“东方红”的白酒不是一个酒的品类，况且“东方红”是白酒的商标，非红酒的商标，与紫酒有着非常大的区别。如此反反复复，历时三年，我们赢下了这场官司。赢下这场诉讼对我们特别重要，“东方紫”这个商标我们必须有，这可是个大坎，如果失去了这个商标，这个坎就过不去了。

高庆国（右二）与西南大学鲁成教授（左二）在桑园考察

东方紫酒业是最早研制桑果白兰地的企业，并在2012年申请了专利。“东方丝露”是东方紫桑果白兰地的品牌，“东方丝露”白兰地是通过对高品质的紫酒蒸馏而成，其口感特别柔和，很适合中国人的口味。桑蚕文明起源于中国，我们做这项事业的情结就在于传承中国的桑蚕文化。

“逢盛世，紫酒赢”，这是东方紫酒业2011年提出的口号。我们绝不是附庸政治风雅，而是内心的真实感悟，正是赶上民族复兴的大潮，东方紫酒走向世界才能指日可待。

云朵玫瑰：一朵绽放于乡野的品牌花朵

刘利群

【作者简介】刘利群，出身于医学世家，毕业于四川大学，2004年起组建科研团队专注于国际香型标准玫瑰产业，并从单纯农林业成功发展到生物医药业、食品业，并逐步发展成为完整的玫瑰产业链。2018年创建华玫科技集团有限公司，任董事长；2017年获“老区扶贫巾帼标兵”称号，2021年荣获四川省“三八红旗手”称号，2022年荣获全国“三八红旗手”称号，等等。为北大博雅的特聘教授，出版励志书《为我而生》。

“云朵玫瑰”，这个诞生于农田、扎根于乡野的品牌，近年来在品牌建设和农业可行性研究方面取得了令人瞩目的成果。

“云朵玫瑰”在品牌建设方面的成功，得益于精准的品牌定位和有效的品牌传播策略。在中国优农协会的青睐下，作为协会理事单位，在协会的指导和带领下，“云朵玫瑰”逐渐将自己定位为一个绿色、生态、环保、高品质的农业品牌，这一定位准确地抓住了消费者对健康、环保、天然的关注和追求。当下，广大消费者越来越注重健康和环保、生态，对于天然、无污染的农产品有着更高的需求，“云朵玫瑰”正好满足了这一需求。

打造“云朵玫瑰”的华玫科技集团有限公司成立于2004年，刚开始只专注于做国际标准香型玫瑰的种植和精油加工品销售。那时候只是一家玫瑰的种植大户加卖玫瑰精油产品的企业，其他的领域想都没想过。后来有一次在上海参加一个活动时，在偶然的机会经人介绍认识了也来参加活动的时任农业部党组成员、中纪委驻农业部纪检组组长、中国优农协会会长朱保成和时任中国优农协会执行副会长黄竞仪，便向他们汇报了“云朵玫瑰”发展的有关情况，此后朱保成会长和黄竞仪副会长一直很关心“云朵玫瑰”的成长。有一年，我计划把“云朵玫瑰”发展到西藏的拉萨，而当时中国优农协会正在和拉萨市政府开展项目合作，于是黄竞仪副会长便请他的一位女朋友到西藏出差时，带我一起去拉萨，将我推荐给了一位中纪委派去在那里挂职的干部，帮助我们成功进行了项目对接。到黄竞仪同志任中国优农协会会长期间，对“云朵玫瑰”品牌依然十分关心。新冠疫情期间，企业经营困难重重，黄竞仪会长鼓励我说：“记住习近平总书记视察雄安新区时提出的十六字理念——‘世界眼光、国际标准、中国特色、高点定位’。利群，你要做好‘云朵玫瑰’，就要按照这十六个字去做。”从此，我将这十六个字深深地刻在了记忆里，不断地带领着华玫科技在“云朵玫瑰”+乡村振兴、“云朵玫瑰”+科研、“云朵玫瑰”+生活、“云朵玫瑰”+文化四大板块中突破一重又一重的难关，打造了科技、研发、金融、育苗、种植、生产、加工、销售、文创、田园综合体于一体的完整“云朵玫瑰”产业链，成为国内国际香型油用玫瑰产业的领导品牌，让“云朵玫瑰”的品牌之花香飘万里。

“云朵玫瑰”通过多元化的产业渠道建设和销售模式，为消费者提供了纯正、天然的玫瑰产品。它不仅仅是一个农业品牌，更致力于多元化的产业渠道建设，通过线上线下相结合的方式，积极参与各类农业展览、推广活动，与消费者建立紧密的联系。同时，“云朵玫瑰”还注重利用社交媒体等平台，扩大品牌的曝光度和影响力。

这些举措使“云朵玫瑰”的品牌知名度得到了显著提升，成为越来越多人心目中的优质农业品牌。近年来，在品牌推广和建设上做出了一些示范典型项目及案例。

四川乐山，中医药综合改革示范园区。2022 年与四川省乐山市委、市政府合作，以创新中药研制、中药资源保护与利用、云朵玫瑰中医药挖掘整理及开发应用、中医药关键技术装备研发为抓手，2022 年底成功示范种植 700 亩，2023 年 6 月开花，一产实现收益 580 万元，解决了上千户农户的就业，在乐山市委、市政府和金口河区委、区政府的大力支持下，与金口河区农业平台公司共同规模化标准化发展“云朵玫瑰”产业，为中国经济发展贡献“云朵玫瑰”力量。

四川甘孜，发展庭园经济及农业产业综合示范。2023 年与甘孜藏族自治州白玉县合作，在白玉县委、县政府的大力支持下，带领当地百姓发展庭园经济，同时壮大村集体经济发展“云朵玫瑰”特色种植产业，以“农业 + 科技 + 生态 + 康养”模式，实现农业产业转型升级。

四川凉山彝族自治州木里县、阿坝藏族羌族自治州九寨沟，高原山区乡村振兴产业联动。2021 年分别与四川九寨沟村集体、凉山州凉山发展（控股）集团有限责任公司合作，以“农业 + 科技 + 生态 + 文旅”模式，成为当地有示范引领作用的乡村振兴产业项目。

山西应县，“产学研 + 乡村振兴”。2020 年，在山西开启科学炼苗。2021 年，在山西应县企业先行示范长期荒漠化荒地建设近千亩云瑰种植基地并初具规模，以“公司 + 基地 + 合作社”的运营模式，“乡村振兴 + 学校劳动课 + 旅游体验 + 思政教育”2022 年被纳入“万企兴万村”山西行动省级实验项目名单。

西藏昌都，世界第三极高原玫瑰研究所。“高原‘云朵玫瑰’玫瑰种植示范园 + 高原玫瑰新品种研发”是在 2019 年与丁青县委、县政府合作，建设了云朵玫瑰示范种植基地，在近 4000 米高海拔地区自主自发种植了大面积的云朵玫瑰，农户每亩一产持续性收益突破万元，解决了当地上千户牧民家庭就业，在昌都市委、市政府的支持下与西藏自治区昌都市农业科学研究所合作开展玫瑰高原新品种研发。

“云朵玫瑰”的品牌建设还体现在其注重品质和服务的追求上。“云朵玫瑰”以高品质的玫瑰产品为核心，通过严格的质量控制和科学的种植技术，确保产品的纯正和天然，在多个权威检测机构的检测报告中，该品种通过了384项无农药残留的测试，超出了欧盟的标准。同时，“云朵玫瑰”注重提供优质的服务，为消费者提供专业的咨询和售后支持，使消费者对“云朵玫瑰”的信任和满意度不断提升。

此外，“云朵玫瑰”还注重与消费者的互动和参与。“云朵玫瑰”通过举办各类互动活动，如品鉴会、农场参观、“云朵玫瑰”香疗馆等，让消费者亲身体验和了解“云朵玫瑰”的产品和品牌文化，增强消费者对品牌的认同感和忠诚度。

在农业科研方面，“云朵玫瑰”同样取得了显著的成果。“云朵玫瑰”是借鉴保加利亚经典国际标准香型油用玫瑰，由专家精心培育的优质玫瑰品种，其培育和种植技术具有国家专利保护。符合国际香型标准，其核心成分如香茅醇含量经第三方权威机构检测最高超过保加利亚玫瑰的25.5倍。

作为高经济类、生物制剂类、纳米提取类、工业类混合型多年生藤本植物，极其容易形成经营性资产，涉及产品仓储物流成本较低，通过对比，较现有一般可提取经济作物转换率高。“云朵玫瑰”是观赏性和生产兼用的玫瑰品种，寿命长达25～30年，种植后最短3～4个月就可以开花，花、根、茎、叶都可应用于食品、日用、日化、医药加工。“云朵玫瑰”根粟性强，未经修剪的植株可达7～15米，可用于防风固沙美化环境、戈壁荒漠化种植及治理。

特别要提到的是，“云朵玫瑰”的品牌打造得到了业界顶尖专家支持的推进，他们是“云朵玫瑰”首席科学家陈章良（北京大学原副校长、广西壮族自治区原副主席、中国农业大学校长，主导云朵玫瑰生物及基因科研应用）、“云朵玫瑰”农业科学家杨其长（国际欧亚科学院院士，主导“云朵玫瑰”品种快繁、“云朵玫瑰”在植物工厂科研应用)、“云朵玫瑰”星际玫瑰科学家任茂智（中国农业科学院领军人才，主导“云朵玫瑰”星际农业科研应用)、“云朵玫瑰”纳米技术科学家王奇（国家纳米科学中心研究员，主导“云朵玫瑰”纳米萃取技术及科研应用)、“云朵玫瑰”医学科学家李则挚（广州医科大学附属脑科医院博导，主导“云朵玫瑰”抗抑郁睡眠领域科研应用）等。

在这些专家团队的带动下，近年来，围绕玫瑰开展了以下科研活动：种源自研开发，正积极申报；在良种中开展玫瑰高效组织培养快繁技术研究；在传统玫瑰组织扦插、嫁接、压条分枝等繁殖方式提升快繁组培等；星际玫瑰种质资源创新研究与应用以获取成效；新品种创制研究；管理系统，开发了包括规范管护、病虫害、机械化、种植规范、水肥、卫生、环保等在内的18 个管理系统，并制定了国际国内最前沿的使用技术企业标准；等等。

采用全球领先纳米萃取技术萃取玫瑰精油，收得率至少可达 0.3%，是传统方法的 10 倍以上；在此基础上，通过纳米玫瑰精油开发玫瑰香水，可增加 10 倍以上的产值。该项技术团队已成功研制并获得 8 项国家一级纳米功能颗粒与纳米涂镀层标准物质证书和国家计量器具许可证，通过 2 项部级新技术成果鉴定，完成多项企业委托纳米新产品量产技术开发，发表 SCI 论文 20 余篇，申请国家发明专利 10 多项，制定国家标准 3 项，等等。总之，“云朵玫瑰”生物医药领域的产品开发，近年已有多种产品上市并获得好评。

以上农业可研成果不仅使“云朵玫瑰”的农业产值得到了大幅提升，也为当地农民带来了实实在在的收益。农民们通过参与“云朵玫瑰”的种植、采摘等工作，不仅提高了收入水平，也学到了先进的农业技术和知识，为当地的农业发展注入了新的活力。

展望未来，在中国优农协会的指导支持下，“云朵玫瑰”将继续加强品牌建设，推动现代农业理念在更广泛的范围内得到传播和推广。云朵玫瑰人坚信，只有不断提高品牌知名度和美誉度，才能更好地推动农业的发展和农民的增收。同时，“云朵玫瑰”还将继续加大农业研发投入，探索更加环保、高效的农业模式和技术，以实现农业的可持续发展。

此外，“云朵玫瑰”还将进一步加强与国内外优秀农业企业和研究机构的合作与交流，引进更多先进的农业技术和理念，提高自身的核心竞争力。通过与各方的紧密合作及共同努力，助力中国现代农业的发展迈上新的台阶。

“云朵玫瑰”在品牌建设和农业可研方面的成果不仅体现在产品的高品质和高效益上，更重要的是对社会责任的担当和对未来发展的远见。在未来，云朵玫瑰人初心不变，以咬定青山不放松的精神坚持以推动高质量发展为主题，在建设“云朵玫瑰”现代化产业体系上精准发力，推进科技创新和科技成果转化上同时发力，牢记嘱托，全面助力乡村振兴，在希望的田野上绘就乡村振兴新画卷。

我们与品牌农业一路同行

李润东

【作者简介】李润东，现任广东省罗定市丰智昌顺科技有限公司总经理，罗定市稻米行业协会会长，国家稻米精深加工产业技术创新战略联盟有机稻米产业分联盟副理事长，中国有机稻米标准化生产创新发展联盟副理事长，日本有机认证、欧盟有机认证、中绿华夏有机认证内审员，食品安全管理员、农产品质量安全与营养健康科普专员。专长领域：有机水稻栽培、稻米初精深加工。2003 年师从台湾有机栽培专家陈恒耀教授，在高级农艺师梁中尧的配合下，承担并完成了多项有机水稻栽培试验，为丰智天然健生栽培法的形成提供了可靠的数据。

亚灿米产自南粤粮仓——广东省罗定市，是目前华南地区唯一同时获得中绿华夏中国有机认证、日本（JAS、JONA - IFOAM）有机认证、欧盟（ECOCERT SA）有机认证的有机大米。

一、艰难的品牌创建历程

1. 千方百计解决优质产品滞销问题

（1）亚灿米完全是按照中国、日本和欧盟有机标准生产的，生产成本很高，产品低价卖也卖得很少，甚至免费赠送品尝，导致入不敷出，在 2012 年以前这种尴尬的局面一直没有解决。为此，2013 年公司与罗定市丰智酒业有限公司合作，每年可消耗亚灿稻谷 300 吨，生产有机白酒定台玉液 100 吨，产值约 4000 万元，定台玉液白酒已获得中国、日本和欧盟的有机认证。

（2）加大亚灿米宣传力度。公司积极参加广东省农业农村厅等政府组织的农产品会展活动，20 年来，先后参加了北京、上海、香港、云浮、广州、深圳、长沙和哈尔滨等地的会展活动，取人之长补己之短，并多次获奖，收获颇丰。

（3）选择好的品种是产品创品牌成功的关键。公司早期定下了“三品”路线图，即品种→品质→品牌。第一步是寻找好的品种，标准是好看、好吃、好种，即要谷粒苗修、米泛丝光典型的丝苗米，饭色洁白、有光泽、团粒性状好，口感爽滑、有弹性、饭香味浓，品种抗逆性强、种植容易、品质性状稳定、优质稳产。公司在广东省各地搜集了多个品种试种，广东省农业科学院水稻所提供了新育成的美香占 2 号，一种就是 20 年，至今仍无可替代的品种，在后来的一个个评比、验证中均获得好成绩，实践证明，当初选对了品种。

（4）增加生产投入，解决产品同质化的问题。市场竞争中的产品同质化问题尤为突出，比如生产者都知道美香占 2 号水稻品种优质稳产，投入产出比高，尤其是有机种植的米好吃好卖，这样就形成了产品同质化的现象。我们的解决方案是增加生产投入，在有机种植技术的基础上提出“丰智天然健生栽培法”，在国家和国际有机操作标准的基础上，运用自主知识产权的“丰智天然健生栽培法”种植。种植特点：一是使用“农健宝”牌生物产品 PNE 菌液来提高水稻免疫力；二是利用 PNE 菌液生产可改良土壤及降低土传病害的有机肥料，避免化学肥料的使用；三是所施用的有机肥均是由米糠、花生麸、酒糟、有机农副产品和草木灰等作为制肥原料，避免禽畜粪便的使用。

特别要说明的是，亚灿米获得了中国、日本和欧盟认证机构的认证，亚灿米有机食品与其他有机认证的食品有着本质的区别。区别就在于亚灿米是使用植物源生物肥料生产的，这里所说的植物源材料指系统内生产的农副产品，包括基地生产的稻壳、米糠、有机稻谷酒糟和外购的花生麸等，而不是认证机构允许使用的畜禽粪便发酵后所得的有机肥料，当然也包含市场销售的有机肥料。我们为什么不使用畜禽粪便发酵后所得的有机肥料或商品有机肥料，是因为这样所谓的有机肥料可能含有重金属、抗生素和不可预知的不放心成分，会直接影响到土壤、农业用水和产品的品质，从而影响到产品的成分、味道、口感和安全感。经检测，亚灿米完全检测不出农药残留及黄曲霉毒素，重金属铅、镉分别比国家标准低 6 倍和 9 倍，钙含量高是亚灿米的又一显著特色，产品同质化的问题迎刃而解。

（5）亚灿米是香米，它的香味是从禾苗开始，一直到开花结实香味不断。稻谷收获、清选、烘干后，装袋进入 4～8℃冷库冷藏保鲜，确保田间原有的禾苗香气一直送到餐桌上，让消费者记着亚灿米的味道。

（6）亚灿米包装分 12 千克瓦楞纸板纸箱外包装、1 千克纸板盒包装和 1 千克食品级塑料真空袋内包装。外包装印刷着绿色的稻田和有机食品认证图片，内装是能盛装 2 盒（2 千克）大米的礼品袋。1 千克包装盒为喜庆的大红色，印刷着香港影星廖伟雄（别称：亚灿）牵着耕牛在田间劳作的景象。产品包装设计已深入人心，沿用至今 20 年没变。

2. 坚守初心，保护生态环境

值得一提的是，我们在经过有机认证机构认证的稻田里，为了保护生态环境，在个别田块稻飞虱大面积发生而喷施生物农药防控无效时，严格遵守有机种植用药规则，致使当年稻谷严重减产和部分田块绝产。

3. 认真做好“农事记录”

做“农事记录”不只是为了应付认证机构检查，我们在有机认证之前就养成了这个良好习惯。“农事记录”记录的内容包括日期、天气、作业项目、施肥种类、施肥量、施药种类、施药量、稀释浓度、作业用工量、作物生长情况、病虫害发生情况和灾害性天气排水情况等。“农事记录”便于管理者对基地工作的监督检查，以及为做好下一阶段的生产计划提供依据。

二、我们的努力引起政府和媒体的关注

2016 年经广东省农业农村厅推荐参加中国优农协会的活动并参加评选，“罗定稻米”获得 2016 中国十大大米区域公用品牌，公司为核心企业；2017 年公司亚灿米种植基地获中国优农协会授予的“中国优质稻米基地”称号，“罗定稻米”获得 2017 最受消费者喜爱的中国农产品区域公用品牌，2018 年“罗定稻米”获得 2018 中国十大大米区域公用品牌，亚灿米获得“2018 中国十大好吃米饭”称号，2020 年 10 月亚灿米获得“2020 中国十大好吃米饭”称号。

“罗定稻米”及核心企业的“亚灿米”品牌影响力得到了较大提升，2018年5月，“罗定稻米”经中国品牌建设促进会审定品牌价值为45.18亿元。公司品牌“亚灿米”影响力得到了较大提升，于2016年、2022年被认定为高新技术产品，并于2016年、2019年通过了高新技术企业认定，进一步加强了高校及科研院所与公司的合作，先后成立了农业部稻米产品质量安全风险评估实验室罗定科技合作与创新研究工作站、中国有机稻米标准化生产创新发展联盟华南稻区指导与服务工作总部、广东省现代生态农业与循环农业工程技术研究中心罗定工作站、华南农业大学资源环境学院实践教学基地，设立了有机稻米深加工工程技术研究中心并经过市级认定。

公司亚灿米基地获得国家农业行业标准《有机水稻生产质量控制技术规范》（NY/T 2410—2013）“应用推广示范基地”称号，全国青少年儿童食品安全行动领导小组办公室审核评定为全国青少年儿童食品安全科技创新实验示范（广东罗定）基地，还获得了华南稻区有机水稻标准化生产十大生产关键技术集成应用与模式创新实验基地、有机农业（稻米种植）试验站等荣誉。

公司于2019年作为牵头单位获批实施省级稻米产业园项目，引进台湾米制品新型配套加工设备和加工技术，选用罗定优质绿色稻米为主要研发原料，制作时尚休闲食品米果；引进新型的米醋加工机械设备，利用米糠、碎米等副产品为主要原料，提高有机稻谷资源的综合利用率，酿造出米陈醋产品；稻谷副产品加工白酒生产线扩产增能；有机丝苗米农旅示范基地建设、智慧农业物联网技术相互配合，全面提升工厂智能化管理、水稻种植管理、稻米深加工产品生产、仓储的决策分析。

公司作为省级现代农业产业园罗定市丝苗米产业园牵头实施单位，通过该项目的实施，推进了丝苗米的初加工、精加工，有利于提高丝苗米产后转化率和经济增效幅度，提升了产业附加值，提升了产业农副产品循环利用的高值化利用水平，促进了产业链和价值链的提升，打造了罗定特色稻米产业衍生业，延长了产业链，让农民充分分享到加工流通、休闲旅游带来的增值收益，带动了稻米深加工产业走向集约化、产业化、品牌系列化的发展之路，从而促进和带动了罗定市丝苗米产业健康发展。

中农远洋品牌建设之“武川样本”

彭 程

【作者简介】彭程，中农远洋（北京）贸易有限责任公司董事长，资深农业、品牌、营销专家，从事食品、农产品营销及品牌、供应链20余年，历任北京二商集团、上海光明集团、正大集团的营销管理职务。目前，主要从事农产品品牌孵化、农业供应链体系建设、农产品国际贸易等业务。操盘案例：重庆荣昌猪产业项目、武川区域公用品牌项目、重庆渝西国际冷链物流港项目等。

武川县地处内蒙古自治区中部、大青山北麓，是农耕文明和游牧文明的过渡带，北魏以来就是边陲重镇。同时，武川县是世界燕麦的发源地之一，历来有“燕麦之乡”“马铃薯之乡”“红色之乡”“帝王之乡”的称号。

武川县地处高原，位于北纬41°的农作物生长黄金纬度带。气温偏低，温差较大，年均气温2.5℃，无霜期90～110天；阳光辐射强度大，光能资源较为丰富，全年日照时数2491～3213小时。全县耕地以沙壤土为主，土层深厚，结构疏松，有机质、有益矿物质含量较高。

特殊的地理和气候条件，使得武川县物产丰富、精品辈出，拥有市场影响力的特产包括武川燕麦、武川马铃薯、武川黄芪、武川肉羊，以及冷凉蔬菜、葵花、藜麦等系列新兴产业。

2019 年，武川县为了提升县域农牧产品的品牌影响力，时任武川县农牧和科技局的李东华局长来北京找到了我，提出希望依托中农远洋多年在农业领域的资源和丰富的经历，共同打造武川县的区域公用品牌。

创建历程

“燕麦和马铃薯是武川县的传统优势产业，马铃薯平均每年种植面积在 60 万～70 万亩，是 2008 年北京奥运会、2009 年上海世博会的指定产品。武川的燕麦也是国内规模最大的种植基地，拥有西贝、燕谷坊等一系列龙头企业。武川县这些年的农牧产业总体呈现大而不强的情况，品牌和深加工产业差距还是很大，需要中农远洋来帮忙共同推动品牌建设和产业升级。”李东华局长对我说。

在对武川县的产业、文化、地域、气候等一系列考察后，中农远洋团队提出了“源味武川”区域公用品牌建设的整体方案，并于 2020 年 4 月 19 日进行了发布。

在“中国农民丰收节”上推介武川样板

2019—2023 年，自品牌创建以来，中农远洋团队在武川县农牧和科技局、乡村振兴局、市场监管局、供销合作社的合作配合下，在武川、呼和浩特、北京、上海、重庆、长沙等地，针对不同群体共进行线下线上推广活动 40 多场，内容涉及举办新闻发布会、农民丰收节、农事节庆、美食大赛、商品路演、商品品鉴、城市推介、线上活动、商品地推、直播论坛、产品众筹等多种形式。

共开展产销对接和展销活动20多场，邀请京东、本来生活、盒马、天猫、新发地、东方卫视、沃尔玛等各类渠道来武川考察对接商品，签约渠道企业40多家。同时，中农远洋派出团队，在北京开设“源味武川”线下店4个，在北京和呼和浩特开发超市、批发市场、机场、高铁站、电商等渠道100多家，为“源味武川”授牌企业打开广泛的商品营销渠道。

好的品牌一定是站在好的商品之上体现的，在立足品牌的宣传推广之外，中农远洋团队在推动武川县农牧业产业链提升上也积极整合资源，积极推动农业农村部规划设计研究院、商务部信息中心、中国农业科学院、清华同衡规划设计研究院、正大集团、京东科技等机构和企业在武川落地相关项目及产业。结合京蒙帮扶和脱贫攻坚任务，实现京蒙消费帮扶8200多万元。

高原标准

习近平总书记在考察内蒙古期间提出“五大任务”，武川县在立足自身产业的基础上，坚持生态优先、绿色发展，紧紧围绕呼和浩特市“六大产业集群”和8个“百万级”生态特色农牧业板块，以“两麦一薯一羊”等优势产业为抓手，正在全面建成高原特色现代化农牧业产业基地和国家级农畜产品加工基地。

“‘源味武川’区域公用品牌通过几年的打造建设，已经成为自治区领先的县域品牌。2023年，我们和中农远洋团队总结提炼了武川县高原特色农牧产业的特点，提出了全面提升高原特色产品的品质和标准，从而使武川县的农牧产品在市场上的识别度更高且更有竞争力。”武川县哈达县长对此十分满意地说。

在“源味武川”品牌建设深入到产业链的过程中，中农远洋团队在结合县委、县政府全面打造“国家级高原特色农畜产品加工基地”的战略上，提出了建设武川高原特色农牧业品牌和标准的规划。通过与中国农业科学院蔬菜花卉研究所、作物所、畜牧所的合作，以及农业农村部农产品质量监督检验测试中心（北京）的检测，针对武川县县域农牧产品、土壤、空气、水质、农药残留等全方面进行检测，并针对检测的结果和指标，与国内平均水平进行比较分析，形成了武川高原特色产品的针对性专有指标。同时，针对武川马铃薯、燕麦、藜麦、中药材、冷凉蔬菜、菜籽油、红小麦、向日葵、肉羊、肉牛等武川县全域农牧产品，进行团体标准编制发布。

京蒙帮扶“源味武川”北京旗舰店开业

针对武川县原有农产品包装粗陋且不适应新型渠道的情况，中农远洋对全域农牧产品的包装进行了整体的设计，设计了识别度非常高的符号，新包装的设计和制作全面提升了武川农牧产品的新颜值，更加适应现代新渠道的审美，助力武川高原特色农牧产品走向全国。

在品牌创建初期，中农远洋团队就为武川县区域公用品牌设定了三个发展阶段，分别是品牌的初创期、拓展期和深化期。通过几年的培育，目前武川县的县域品牌已经实施到拓展期的后期，正在实现从产业品牌到商品品牌的建设。

在呼和浩特市各旗（县、区）的品牌建设方面，市农牧局局长高涵曾说：“武川县围绕建设国家重要农畜产品生产基地这一重大任务，全力推动农牧业转型升级，源味武川发展成效显著，品牌规模持续扩大，品牌效益日趋明显，为发挥农牧业资源优势和生态环境优势，提升全市农产品知名度、公信力、影响力起到明显的带动作用。”

“源味武川”区域公用品牌近年来多次获得百强区域公用品牌、乡村文化引领品牌、脱贫攻坚优秀品牌等殊荣。对外宣传在自媒体、新媒体、线上线下活动的多重推广中取得较大影响，原来小、散、乱的农牧产品，形成集聚效应，社会关注度显著提高，销售渠道和企业集采销量显著，县域内企业和合作社的品牌意识提升，在脱贫攻坚和乡村振兴方面，起到了有力的促进作用。

武川县日新种植专业合作社的高玥荣提起“源味武川”品牌引领产业升级，感触颇深地表示：“我们武川县的区域公用品牌建设，不是停留在起了一个名字之后，做做宣传就没有下文。几年以来，一直持续深入到产业链和供应链里，实实在在起到了品牌引领的作用。我们的冷凉蔬菜从采后处理到包装升级都有大幅度的提升和变化。”

品牌建设从来就不是一蹴而就的，武川县正立足高原特色农牧产业，不断地在完善品牌体系建设过程中，实现品牌强农、品牌引领的新格局。

与武川莜面非遗传承人在展会的现场合影

一路同行

中农远洋团队服务于国内多个县域区域公用品牌建设，先后成功打造了“吉吉荣昌”“香海棠”“源味武川”“敕勒川味道”等一批深入产业链的代表性样本和案例。

在搭建“荣昌猪”品牌供应链体系的过程中，中农远洋与中国优农协会一路同行，先后在历届品牌农商大会上得到协会的鼎力支持。在全国猪肉大赛中，“荣昌猪”获得两块奖牌。中农远洋“巴蜀美食汇”预制菜项目在协会的支持下入选“预制菜行业十大典型案例”。

在未来更多的区域品牌建设中，中农远洋将一如既往地在中国优农协会的支持下，共同为我国优质农产品和品牌农业的建设贡献力量。

中国优农协会助力辰宇科技在农机农艺融合路上越走越远

段贤伍

【作者简介】段贤伍，安徽六安人，工程师，安徽辰宇机械科技有限公司创始人、董事长，行业标准低温循环式粮食干燥机起草组委会副主任，中国优质农产品开发服务协会常务理事，中国农业机械化协会常务理事，中国农业机械流通协会常务理事，安徽省农机协会副会长；获“中国十佳粮油创业风云人物”“安徽省‘特支计划’创新创业领军人才”“安徽省战略性创业领军人物”“安徽省最美家庭”“六安市优秀企业家”“六安市爱心企业家”“六安市创业先进个人”等称号。

安徽辰宇机械科技有限公司（以下简称辰宇科技）前身为无锡瑞辰机械厂，始创于 2006 年，2009 年受安徽省六安市政府招商引资邀请，落户于六安市国家级经济开发区，并于 2016 年投资 9200 万元新建成一座现代化园林式研发、生产基地。

辰宇科技是一家专注粮食烘干领域 17 年，集粮食烘干机械及其热源研发、生产、销售和服务于一体的国家高新技术企业。辰宇科技一直以 1 米宽度、10000 米深度的匠心精神，结合新时期智能智造、物联网、大数据等技术手段为客户提供从稻谷收割到及时烘干，再到仓储、加工全流程、多维度、全要素的整体干燥解决方案，并致力于成为行业第一的粮食干燥专业服务商。

党的二十大提出围绕加强农业基础设施建设、增强粮食生产能力和防灾减损能力、保障粮食安全的新发展理念，2023 年 5 月六部委又联合出台了《关于加快粮食产地烘干能力建设的意见》，足见粮食机械烘干行业的市场空间和重要意义。辰宇科技既是国内烘干机知名度最高的品牌之一，又是行业起步最早的企业之一，当然肩负着中国粮食收储安全守护者的神圣职责。

辰宇科技与中国优农协会的交往开始于 2018 年，当时尚在中国农业出版社任副总编辑的宋毅先生对我说，他决定退休后到中国优农协会工作，想把余热发挥到中国优农协会。他同时表示，希望辰宇科技能够关心杂志、支持杂志社的工作。

对此，我不甚理解，一个做粮食烘干机的企业和优质农产品有什么关系呢？他向我解释说，农机必须和农艺相融合才有发展出路，而中国优农协会正是农艺方面的协会，下属各分会中有一个优质大米分会，相信这个分会会给辰宇科技带来帮助。我与宋毅先生相识多年，他一直很关心辰宇科技的发展，帮辰宇出了很多好主意，我很信任他。此前的 2018 年春节过后，鉴于辰宇科技从安徽省科协和六安市科协争取到一笔科研经费，开始了谷物烘干机辰宇智造的研发历程。为了少走弯路，我向宋毅先生提出希望他帮助辰宇科技引荐行业内的权威专家，于是，他联系并亲自带我上门拜访中国工程院院士、中国农业大学教授汪懋华，中国农业大学信息与电气工程学院教授、中国农业大学智慧农业系统集成研究教育部重点实验室主任李民赞，当面聆听了他们的指导。紧接着 4 月，宋毅先生、刘向坤先生成功策划了在六安举办的 2018 年中国谷物干燥机械装备智能化研究学术论坛，邀请到了汪懋华院士，中国工程院院士、国家农业信息化工程技术研究中心主任赵春江，以及中国农机工业协会会长陈志等行业内专家作学术报告并参观了辰宇科技。

正是这次学术论坛，使专家们了解了辰宇科技，这时宋毅先生、刘向坤先生又提出建议：何不趁热打铁建立一个院士工作站呢？随后，宋毅先生出面和赵春江院士联系，汇报想建立院士工作站的想法，经过一段时间的努力，终于迎来了院士工作站成立的时刻。

赵春江院士工作站挂牌是在 2019 年 3 月底举行的，原农业部党组成员、

2018 年 4 月段贤伍（左一）与中国工程院院士、中国农业大学教授汪懋华（中间）在辰宇科技的合影

中纪委驻原农业部纪检组组长、中国优农协会第五届理事会会长朱保成，中国优农协会会长黄竞仪亲自到会。为了使揭牌仪式内容更加丰富精彩，黄竞仪会长亲自协调设在中国水稻研究所的优质大米分会同时举办了一场全国首届优质稻米加工科技论坛，优质大米分会出面邀请到了全国各水稻主产省份的农科院水稻研究所的负责人和 50 多家重点优质稻米生产企业的负责人，真正让辰宇科技看到了农机与农艺结合的无穷魅力。揭牌仪式上赵春江院士、黄竞仪会长、中国粮食行业协会副秘书长张学军发表了热情洋溢的致辞；朱保成亲自为院士工作站揭牌。在论坛环节，时任中国水稻研究所副所长、中国优农协会优质大米分会会长胡培松研究员作了题为“中国优质稻米产业发展”的学术报告。

从和中国优农协会接触以来，辰宇科技一直是《优质农产品》的品牌打造战略合作伙伴单位。专注粮食干燥细分领域 17 年，辰宇科技已成长为粮食干燥领域第一方阵品牌，国内产粮区 100%覆盖、出口 27 个国家和地区、100 余家经销商，全球 2 万台（套）烘干设备在为粮食安全做贡献。辰宇 17 年的砥砺前行使辰宇科技现有员工 120 余人，其中研发技术人员 15 余人、销售及服务 40 余人、专业技术人员 40 余人。辰宇科技与广东农科院、合肥工业大学、安徽农业大学、皖西学院等高校科研院所开展合作。

辰宇科技目前拥有横流和混流、有绞龙和无绞龙等各种类型的粮食烘干

2019 年 3 月中国工程院院士赵春江（左二）为辰宇科技院士工作站授牌，
原农业部党组成员朱保成（左一）见证了这一时刻

机，应用于稻谷、小麦、玉米、菜籽、高粱等多种颗粒性谷物及其种子的烘干，其中 5H 系列谷物干燥机、5L 系列热风炉为公司的核心专利产品。截止到 2022 年底，辰宇科技累计拥有自主核心知识产权 97 件，其中国际发明专利 1 件、国内发明专利 15 件、实用新型专利 45 件、外观专利 6 件、软件著作权 11 件、商标 19 件。其中独创的混流式干燥技术，属于国内首创，填补了行业空白。

辰宇科技与中粮集团、中储粮集团、农垦集团、茅台集团、五粮液集团、河南雪健实业、吉峰农机等客户建立了友好合作，并参与广东“十四五”规划、安徽省“两强一增”等乡村振兴项目中。在守护国家粮食安全的同时，也使自身业绩得到了迅猛发展。辰宇科技于 2014 年实现产值 1 亿元的突破，截至 2022 年底实现产值 1.23 亿元，行业调研综合排名多年来均居前三。

辰宇科技作为《低温循环式粮食干燥机》行业标准、《粮食烘干设施通用规范》行业标准研编单位之一，是唯一一家民营企业，也是中国农机化协会、中国农机流通协会、中国农机工业协会、中国粮食行业协会的常务理事单位，一直在将自主创新精神融入自身发展的核心基因里。截止到 2022 年底，辰宇科技拥有国家级高新技术企业、国家级知识产权优势企业、中国谷物干燥机行业十大影响力品牌、中国高效节能优质产品、安徽省专精特新中小企业、安徽省专利优秀奖、安徽省科技进步奖三等奖等 90 余项荣誉。

专注与匠心是辰宇精神的集中体现，也是辰宇成长的根本保障。辰宇人将继续在粮食干燥领域深耕与探索，争取成为行业第一的粮食干燥专业服务商。希望在中国优农协会的助力下，辰宇科技能在农机与农艺相融合的道路上越走越远。

辰宇科技全景

风雨三十年，打造预制菜行业品牌

王 威

【作者简介】王威，河北省石家庄市惠康食品有限公司副董事长，全面负责公司的经营管理工作。将“做中国预制菜行业领导品牌”作为企业愿景，致力于打造国内最专业的预制菜生产企业，将品牌影响力与食品安全质量放在企业发展的核心位置，打造“谷言”成为预制菜头部品牌。推动完成了欧洲双认证，成为中国首家通过双认证的预制菜企业，品牌影响力行业排名前三，为“谷言”预制菜长期良性发展打下了坚实的基础，努力实现客户、员工与企业共赢。

石家庄市惠康食品有限公司（以下简称惠康食品）是中国优农协会的老朋友了，都是1993年成立的，今年都正好满30周岁！

惠康食品不仅与中国优农协会同龄，而且在加入协会后，受到了协会品牌农业思想的启发，开展了一系列品牌农业建设的有关工作。2002年，惠康食品通过了英国零售商协会认证（BRC）、国际食品标准认证（IFS）欧洲双认证，成为国内首家通过欧洲双认证的预制菜企业。可以说，中国优农协会见证了惠康30年的成长与发展。

农业品牌建设的先行者

惠康食品成立于1993年，深耕食品制造近30年，是国内最早进入预制菜行业的生产型企业之一。旗下的“谷言”品牌是预制菜行业的头部品牌，专注于预制菜研发、生产、销售，致力于为广大消费者提供安全、健康、便捷、美味的预制菜肴。拥有谷言料理包、谷言家宴菜系列产品、谷言私房菜系列产品、谷言牧场和牛肉、皇冠整切牛排、速食等八大系列共计150多个产品。

惠康食品成立之初是一家代工企业，国内原料市场与国际的供需市场一直非常稳定，并没有需要建立产品品牌的意识。2008年席卷全球的金融危机扰乱了全球市场，也打破了惠康食品维持了十几年的稳定局面，与国外客商的贸易往来受到影响，出口不稳定。究其原因，就是代工的产品溢价能力很低，如果惠康食品一直从事代工，效益将得不到保障，因此惠康食品需要有所改变。

做农业品牌建设的践行者

惠康食品与中国优农协会的故事是从2012年开始的。2011年，时任农业部党组成员、中纪委驻农业部纪检组组长的朱保成同志通过选举为第五届中国优农协会会长，地处河北省石家庄市正定县的惠康食品正值快速发展时期，朱保成会长邀请惠康食品加入了中国优农协会这个大家庭，董事长王会杰出任了协会副会长。在朱保成会长及中国优农协会的指导下，惠康食品的领导层意识到，新时期的企业要建立自己的产品品牌，以品牌发展为产品赋能，从而推动企业高质量发展。

从2012年起，惠康食品开始试水国内市场，逐步转向国内销售。在探索农业品牌建设工作的过程中，中国优农协会给予了惠康食品巨大的支持，最终惠康食品明确了以高品质赢得市场、成为出口行业翘楚的发展战略，为品牌的搭建打实了根基。加入中国优农协会后的几年，也是惠康食品打造品牌速度最快的几年。惠康食品于1997年取得了自营进出口权，2001年通过了日本农林水产省关于偶蹄动物肉类热加工处理的许可，2002年通过ISO质量管理体系的认证；2003 年通过 HACCP 食品安全体系认证，产品畅销日本、美国、澳大利亚、中国香港等国家和地区，而且在内地市场占有较大的份额。

惠康食品预制菜产品展示厅

惠康食品的发展更是得益于党和国家大力发展市场经济的方针政策，以及“引进来”与“走出去”相结合的对外开放的战略。近年来，惠康食品找准市场定位，在中国优农协会的帮助下，及时了解国家相关政策，抢抓发展机遇，在激烈的市场竞争中以优质、安全的产品扩展市场，赢得好的口碑，迅速成长为国内出口行业翘楚，赢得了众多国内外客商的青睐。

2015 年，惠康食品旗下品牌——“谷言”横空出世，正式开始拓展国内市场。“谷言”是国内率先开启“2B + 2C”模式的预制菜品牌，“谷言”食品以市场为导向，以惠康食品的资源为依托，以冷冻预制菜食品加工产业为核心，提高深加工能力和资源利用率，积极引进和研发食品加工技术。

谷言预制菜拥有 8 栋生产车间、10 余条生产流水线，是目前国内同行业中自动化水平最高、连线长度最长的生产线，拥有全国首台可同时速冻 6 组产品的 7 层多列往复式速冻隧道，速冻隧道长度达 756 米，工况范围涵盖多个温度区间，运行速度远高于国家标准，领先的急冻技术锁住了菜品刚出锅的味道。惠康食品日生产能力达 160 吨，年产值 40 亿元，是国内自动化综合型预制菜生产基地。

谷言重点发展谷言料理包（盖浇系列、小碗菜系列、面卤系列）、谷言团餐系列、谷言家宴菜系列、谷言快手菜系列，以及谷言皇冠整切牛排、速食等系列产品。其中，热销产品谷言好饭搭档料理包是一种通过速冻技术加工而成的烹制食品，不借助任何防腐剂和添加剂，产品有 30 余种口味，汇聚了中外名菜，方便健康、卫生实惠，只需 5 分钟就可做好一份美味的盖饭。谷言家宴菜系列则需要稍微多一些的加工程序，逢年过节一大家子聚在一起需要一些烟火气时，家宴菜系列就是绝佳的选择。在研发产品的同时，惠康食品还配套发展种植养殖业、冷链物流业和农业观光旅游服务业。

随着市场美誉度的提升，谷言食品的营销网络迅速铺开，形成了电商、流通、商超等多种发展渠道，产品遍布北京、天津、河北、河南、山东、山西、辽宁、吉林、内蒙古、江苏等省份，除销于机场、车站、咖啡厅、快餐业态中之外，也进入了更多的大型商超零售等渠道，方便消费者购买。凭借过硬的产品力和稳定的产品质量，谷言食品深受消费者好评。

2022 年 9 月，惠康食品通过了欧洲食品安全全球标准认证和国际食品标准认证，这也是预制菜行业率先通过欧洲双认证的企业。作为首家通过欧洲品质双认证的预制菜品牌，谷言预制菜在食品安全上有了更高的肯定，通过了科学严谨的国际质量管理体系认证，高标准监管生产过程中的食品质量安全，获得了进入国际市场的敲门砖。国际标准的监督与反馈，让谷言预制菜始终领先于行业标准，成为预制菜行业的“品质名片”。

农业品牌建设的同行者

惠康食品生于河北、长于河北，收获的这些成绩和荣誉，离不开各级政府的支持和合作伙伴的帮助，所以在企业逐步壮大的同时，惠康食品还要通过品牌、产品和企业的共同发展，为促进周边农民就业、带动周边经济发展、促进乡村振兴等方面尽一份力，以品牌回馈社会。

惠康食品作为河北省级农业产业联合体，经过几年的发展和建设，建立了完善的原材料可追溯体系。目前，现有自有示范基地、原料种植认证基地和签约合作社、家庭农场 260 多家，种植面积 5000 余亩，年处理原料 5 万余吨，带动农户 3000 余户、安排就业 2800 多人，带动了农民增收，每户每年增收 2 万余元，提高了农产品的附加值，创造了可观的社会效益和经济效益。

近年来受新冠疫情的影响，预制菜市场需求增量明显，同时伴随着资本的推动，预制菜企业数量也呈现井喷式增长。据悉，目前国内预制菜注册企业已达 7 万多家，这就导致了行业纷繁缭乱、质量良莠不齐。那么，在行业的变局中，谷言要做什么样的预制菜才能保持长盛不衰呢？

谋大事必先观大势，开新局必先知变局，坚守高品质已然成为惠康食品发展的最高战略。通过了 BRC、IFS 欧洲双认证，意味着谷言的产品达到了全球食品质量体系标准，具备了“世界级的品质”。接下来，谷言将在战略、品牌及产品上打出组合拳，加快推进谷言从“领航者”到“领导者”的战略进程。

在战略和品牌上，惠康食品将利用多年以来积累的品牌、研发、生产、渠道等优势，采用“BC 双轮驱动”发展战略，B 端料理包聚焦“核心市场”深度开发流通渠道，C 端家庭预制菜聚焦“大单品爆破”策略，不断强化“谷言 = 高品质预制菜”的品牌标签，快速占领行业头部位置。

在产品上，谷言将通过“1 个四维体系、2 个欧洲认证、3 项核心技术”来打造具有强劲竞争力的产品。谷言将持续优化供、产、运、销“四维一体”的全产业链体系，严格执行《全球食品安全认证标准》和《国际食品供应商质量体系标准》两项国际最高标准，掌握了提高菜品还原度的风味物质纳米微胶囊技术、超高压锁鲜及安全控制技术、常温预制菜零添加防腐剂三项核心技术，打造具有高壁垒、高溢价的谷言产品力，与合作伙伴保持可持续的共赢发展，为消费者提供安全放心、营养美味的高品质预制菜。

品牌是企业发展的重要生命线

——谈谈“乾蕴”牌榆树大米的成长经历

宋曙光

【作者简介】宋曙光，1973年9月12日出生于吉林省榆树市，高级农经师、长春市乡土专家、吉林省林农乡土专家、吉林省乡村振兴实践指导师、全国共享乡村振兴实践指导师。现任榆树市坤泰农产品有限公司副总经理、吉林省铭喆网络科技有限公司总经理、榆树市大米协会副会长、长春市大米协会理事、2020榆树市科技扶贫项目工作组副组长、吉林省对外友好协会理事、中国优质农产品开发服务协会理事。

榆树市坤泰农产品有限公司成立于2014年3月，是一家集农产品生产(种植)、加工、销售和电子商务运营为一体的农业产业化综合型企业。公司主要经营“乾蕴”牌榆树大米，以及原生态榆树特色的干、鲜蔬菜制品等农产品。2016年，公司取得ISO 9001质量体系认证、ISO 22000食品安全体系认证、有机认证；2017年，被长春市政府评为农业产业化市级重点龙头企业、长春市绿色有机示范园区。2018年，被吉林省政府评为农业产业化省级重点龙头企业，在首届中国国际大米节上，产品被评为“2018中国十大好吃米饭”，品牌被评为“中国大米十大区域公用品牌”。在第18届长春农博会上品牌被评为“2019 长春优质农产品品牌”；在 2019 年第二届“中国农民丰收节”的“千企万品助增收”活动中，荣获“最受市场欢迎名优农产品”称号，“乾蕴”牌榆树大米入选“2019 中国品牌食材榜”。“乾蕴”牌榆树大米在 2020 年中国国际大米大会上被评为“中国十大大米潜力品牌”“中国农业品牌目录产品”。在第 22 届中国长春国际农业食品博览会上产品被评为“长春市十大好吃米饭”。2023 年榆树大米入选“全国名特优新农产品名录”。这些荣誉伴随着企业的成长，可是企业发展到今天，离不开中国优农协会的鼎力支持和陪伴！

2014 年，我和合伙人出资 1000 万元成立了榆树市坤泰农产品有限公司，起因是我感觉中国社会经济的高速发展就会有更高品质的粮食需求。其实当时我一点也不懂农业，仅仅是凭着生物降解技术就一腔热血地冲了进来，开始了水稻种植。公司第一年投入 220 万元流转了 200 公顷水田，从选种到育苗，从插秧到收割，每一件农活都经历了一遍，我才发现，农业原来如此的艰难。

榆树市素有“天下第一粮仓”的美誉，粮食单产和粮食商品率连续 19 年全国第一，黑土层深厚、有机质含量高、氮磷钾等营养丰富。境内的松花江、拉林河、卡岔河等 64 条河流纵横交错，年积温达 2800℃左右，水稻生长期达 138 天，年平均降水量为 500～800 毫米，日照时间充足，进入秋季昼夜温差大，稻谷中营养物质积累较多。榆树自然禀赋得天独厚，是种植优质水稻的良田沃土。

农民在种植的过程中，不愿意投入过多的人力和精力，除草就用除草剂，灭虫就用杀虫剂，未晒田带着水就开始收割，全部是用西方的大田种植模式代替了中国的小规模作业。公司的种植跟这些农户不一样，我们用村里的牛粪发酵后作肥料，使用生物降解技术将水稻的农药残留化解到零。人工除草、物理除虫、生物防治，全程不用任何农药和化肥。到了收获的季节，因为没有加工厂，就到别人家去代加工。这个时候我们才发现，没有品牌的大米没有市场，只能按照农民种植的普通水稻的价格来销售，第一年就赔了 70 多万元，到 2018 年都还在赔钱的状态，企业经营特别困难。我们大米的品质好、零农残、有机种植，苦于没有人知道，丰收不丰产，收粮不赚钱。

2018 年，我们参加了在黑龙江省哈尔滨市举办的第一届中国国际大米节。参与的过程极其偶然，就是按照粮食局的通知邮寄了参赛的大米样品。10 月 8 日，接到会务组通知去哈尔滨参加焖饭现场会，我去了哈尔滨花旗饭店焖了一锅米饭后就返回了榆树市。9 日晚上，中国优农协会的安金燕总监通知我上楼参加获奖彩排，我才知道，“榆树大米”被评为“2018 中国十大好吃米饭”“中国十大大米区域公用品牌”。我当时都觉得我遇到了骗子，怎么可能啊，我就是一个小企业，还有这样的好事，一切就像做梦一样。

2018 年的中国国际大米节以“稻米飘香世界”为主题、“论、品、展、谈、奖、观”相结合，搭建了一个国际化的稻米产业交流合作平台，打造了一场大米行业全领域、高规格、深内涵的国际化盛会。大米节受到 30 余家主

流媒体的共同关注，线上线下互动，实现了全媒体、全方位、多角度的宣传报道。人民日报社、新华社、中央电视台、中央人民广播电台、中新社等权威媒体悉数到会，《经济日报》《农民日报》《科技日报》《香港商报》等媒体到会，人民网、新华网、新浪、网易、凤凰网、腾讯、搜狐、今日头条也都进行了重点关注。《黑龙江日报》、黑龙江广播电视台派出了全媒体、全频率、全频道播报阵容。新浪开通的大米节官方网站、微博，通过网页、海报的宣传方式，极大地扩大了首届中国国际大米节的知名度和影响力。从那一天起，我才知道什么是品牌的力量，才知道品牌对于农业发展的重要。我接到了订单，收到了更多慕名而来的客户的关注和信赖，这是我第一次感受到中国优农协会的温暖，领悟到品牌是一个企业发展最重要的生命线。

2019 年，我成了中国优农协会的会员，开始在中国优农协会的帮助下参与各项活动。我也成长为长春市乡土专家、吉林省林农乡土专家、吉林省乡村振兴实践指导师、中央农业广播电视学校全国共享乡村振兴实践指导师、高级农经师。

伴随着企业品牌的不断成长，“乾蕴”牌榆树大米在福建厦门的金红日、集正等几十家超市落地生根，并与沈老头包子铺等多家连锁机构紧密合作、共同发展。2019 年以榆树市坤泰农产品有限公司为核心企业牵头成立了榆树市坤泰农业产业化联合体，由榆树市坤泰农机种植专业合作社、榆树市坤泰种植专业合作社、榆树市三联机械种植专业合作社、吉林省佰兴农机种植专业合作社、榆树市秀水镇振阳家庭农场等单位协商成立。产业链上游拥有自建、联建基地，中游拥有雄厚的生产、加工能力，下游拥有吉林省谊业科技有限公司、吉林省鑫禄达商贸有限公司、榆树市坤泰电子商务有限公司等流通、销售渠道，联合体总资产 8806 万元，销售总产值 10510 余万元。产业分布涉及保寿镇、黑林镇、恩育乡、环城乡等榆树市的数个乡镇，涉及农户 1600 余户，经营耕地面积 15000 余亩，带动农户户均增收 2600 余元。

现在的榆树市坤泰农产品有限公司园区是国家级全国农村创新创

业孵化实训基地，是吉林省高素质农民实训基地、榆树市农广校新兴职业农民实训基地。公司未来发展的规划是以省级龙头企业榆树市坤泰农产品有限公司的“乾蕴”品牌农产品加工业为主，以吉林省谊业科技有限公司、吉林省鑫禄达商贸有限公司、榆树市坤泰电子商务有限公司的流通、销售为辅，产销紧密合作，力争在批发、零售、渠道三个端口实现销售额 1.5 亿元以上。

为野生茶产业蹚出一条新路子

李义全

【作者简介】李义全，新型职业农民、硕士、国家高级评茶师、无党派人士。获“全国百强乡土人才”“全国百位高素质农民”“全国最美家庭”“江西省品牌建设先进工作者”“九江市创新创业领军人才”等称号，是《野生茶》行业标准主要起草人之一；现任江西省武宁县政协常委、武宁县工商联副主席、武宁县辽里村名誉村长、中国茶叶流通协会理事、江西省茶叶协会副会长、江西省野生茶专业委员会主任委员、九江市太阳红野生茶研究院院长、江西省太阳红茶业有限公司总经理等职。近年来，在家乡创办江西省太阳红茶业有限公司和九江市太阳红野生茶研究院，生产的“纱坦太阳红”高山野生有机茶品质卓异，多次在国际国内茶叶大赛获奖，有力地带动了当地茶产业的发展。

我是江西省太阳红茶业有限公司总经理李义全，是高山野生茶制茶世家的第四代传承人，我公司生产的“纱坦太阳红”高山野生有机茶，如今已是国内声名斐然的茶叶品牌。

武宁县黄沙村太阳山谷，拥有35000亩原始森林，在海拔600～1300米区域蕴藏着丰富的野生茶资源，树龄大多在100年以上。这里地处北纬29°茶叶黄金生长带，烂石砾壤、植被丰厚、气候湿润，常年云雾缭绕，全年平均气温 16.5 度，是孕育优质茶叶的天堂。

2018 年，已年过半百的我毅然重拾祖上制茶技艺，返村创业，成立了江西省太阳红茶业有限公司，确立了“专注太阳山　潜心野生茶”的经营理念，走“差异化、高品质、野生有机茶”的高端品牌之路。

作为新型职业农民、拥有硕士学位和高级评茶师职称的我知道：在当今茶叶产品严重过剩、同质化竞争严重的情况下，按传统农特产的观念做茶产品，是很难在竞争中生存的，农业技术创新才是野生茶企业未来发展的核心竞争力。

于是我下定决心，专做野生茶，困难远比想象得多。为此，我数十次进深山考察，历时一年多时间，通过 260 多人次的普查，查清了纱坦峰、独桥窝等 11 个区块野生茶生长区，面积共 5000 余亩，申报并设立了“太阳山高山野生茶保护基地”，建立了野生茶资源数据库，制定了完善的系列养护手册，在太阳山下建设标准化厂房，严格遵照 SC 认证、有机认证的规范要求来进行。

省、市、县农技协上门对我们进行了一对一的帮扶，在了解我们的需求后，联系了科技特派团对口扶持，并派出农技师帮助培训农民，前后进行了 16 次的茶树养护、采摘加工、运输保鲜等技术专题培训。可以说，农技协是我们乡土创业人的娘家人和师傅。

创业路上，难题总是出现在追求高远者的面前。“纱坦太阳红”在创新路上遭遇了三大难题，也是整个野生茶产业面临的共同难题：认证难、评定难、无标准。

为了解决认证难，2018 年 12 月公司向国家认监委申报野生茶扩展品种和试点企业，2020 年 5 月公司获颁全国第一张野生有机茶认证证书，成为全国茶界划时代的重要标志之一，使全省 18 万亩野生茶和 5 万茶农受益。

为了解决评定难，公司成立研发团队，在农技协的指导下经过近百次试验，在传统工艺基础上成功进行现代工艺改良，并申报了 18 项工艺发明、实用新型专利、外包装设计专利和 6 项软件著作权。产品荣膺“华茗杯”特别金奖、“中茶杯”特别金奖、庐山国际名茶名泉博览会“茶王奖”等 20 个金奖，消除了野生茶难获奖的窘境。

为了解决无标准的难题，我们积极推动和参与行业标准的制定，2021 年与中华全国供销合作总社杭州茶叶研究所合作，成为《野生茶》行业标准的起草单位之一，力求使野生茶行业有标可行。

在壮大企业自身科研力量的同时，广泛与高校科研机构合作，江西农业大学设立“江西纱坦太阳红野生茶教研基地”，江西省茶叶学会设立“江西纱坦太阳红野生茶科研中心”，九江市科协、农技协联合设立“武宁县纱坦太阳红野生茶科技小院”，进行太阳山野生茶优质种源普查、分析工作。为进一步深入研究太阳山野生茶，依托科技小院，按照两块牌子一套人马的成功经验，组建了九江市太阳红野生茶研究院，设立了野生茶优质种苗选育实验基地，引进专家团队，进行重大课题研究，发挥科研服务生产、服务社会的价值。

经过企业与研究人员对各地野生茶的调查比对，太阳山野生茶的理化指标及五项因子在全省乃至全国都具有资源品质优势，下一步预计花费3～5年的研究对比，培育出优质种苗，扩大品种培育和推广。

如今，在省、市、县农技协的指导下，公司快速成长，获评全省首批“江西绿色生态”品牌建设重点企业20家之一，荣获“江西名牌产品”“最受欢迎的江西十大消费品牌”等诸多荣誉。公司成功开发野生有机红茶、野生有机绿茶、野生有机白茶三个产品，带动周边1000余名村民在家门口实现创业就业，年均增收5375元，助力乡村振兴。

创办公司后，我主动请缨到武宁县辽里村担任名誉村长，用自己的创业经验和公司的技术力量，协助农技协推广农业科技，指导辽里村建设，发展野生茶产业。

下一步，争取把武宁创建为“全国野生茶之乡”和“全国野生茶树生态保护区”，全力推进九江市太阳红野生茶研究院的落地见效，加快产学研和科技成果转化，助力武宁茶产业在乡村振兴中大放异彩！

同心同行　共创农业品牌

赵宝林

【作者简介】赵宝林，汉族，1973年4月出生，大学本科学历，中共党员，黑龙江省博林鑫农业集团有限责任公司党支部书记兼董事长，庆安县工商联主席，绥化市人大代表，庆安县发展乡发源村名誉村长，黑龙江省大米协会常务理事。工作中，认真贯彻执行党的路线、方针、政策，严格执行廉洁从业规定，自觉贯彻中央八项规定，认真落实党风廉政建设责任制，严格履行"一岗双责"。严于律己，公道正派，紧紧围绕公司中心工作，坚持把创新融入每一项具体工作中，营造了良好的工作氛围，并保障和促进公司各项工作的顺利开展。

赵宝林在农村长大，对黑土地有着浓厚的感情，大学毕业后，回到家乡，扎根基层从事农业，通过创新农业生产经营模式，创办了庆安县春芽水稻种植专业合作社，在他的带领下，合作社规模和效益不断壮大，被评为国家级示范社。2009年创立公司，历经十余年发展，从成立之初的小公司到如今的农业产业化国家重点龙头企业、中国大米加工50强企业。

习近平总书记高度重视品牌建设，2014年提出推动中国制造向中国创造转变、中国速度向中国质量转变、中国产品向中国品牌转变三个转变，为推动我国产业结构转型升级，打造中国品牌指明了方向。在2022年底召开的中央农村工作会议上，习近平总书记指出要强龙头、补链条、兴业态、树品牌，推动乡村产业全链条升级，增强市场竞争力和可持续发展能力，这为我国农业品牌建设提供了根本遵循。

农业品牌是农业核心竞争力的综合体现，是农业农村现代化的重要标志，一个响亮的名字、一个独特的商标就可让“养在深闺人不知”的农产品，拥有更为广阔的市场，吸引更多的眼球，成为更具价值的商品。

近年来，公司大力发展品牌农业，有效解决了小生产和大市场之间的矛盾，连通了普通农业生产与高端消费市场的有效途径，并成为提高农产品价值、增加农民收入的重要依托。积极在做大做强企业产品品牌上做文章，以“庆安大米”国家地理标志为抓手，从品种选择、技术推广、基地建设、生产加工、品牌提升、市场拓展、稻作文化挖掘等多头出发、全产业链发展，形成优质稻米生产从种植、收购到加工、销售一体化的产业化体系，促进企业品牌发展。

一、抓好基地建设，高标准绿色有机种植

坚持“高强度投入、高标准建设、高效能管理”的原则，加强公司绿色有机水稻种植基地的各项基础设施建设和软环境建设，积极开展高标准农田建设，进一步完善基地功能，提升示范承载能力，推动水稻产业标准化、集约化、科技化发展。一是按照“庆安大米”栽培技术标准，采取优选良种培育壮秧、规范移栽、分区种植、测土配方施肥、绿色防控等技术措施，坚持以“预防为主，综合防治”植保方针。目前，水稻种植面积 25.6 万亩，建立“稻 + 鸭”“稻 + 鱼”共生种植模式，安装诱捕器 3540 盏，安装太阳能杀虫灯 4000 余盏。二是建立水稻病虫监测点，抓好田间监测。根据不同水稻品种、不同地理环境和不同土质设立了 60 个固定监测点，做到每间隔 3～5 天，到田间的监测点认真调查水稻病虫发生动态，掌握水稻病虫防治关键时期，实现水稻产区绿色防控率达 100%，病虫害防治效果达到 95%以上，有效控制病虫危害。

二、健全产品种植标准体系

主推 2～3 个优质品种，制定标准化生产规程并推广实施。按照统一优良品种、统一栽培技术、统一农资投入、统一田间管理、统一订单收购、统一

加工销售“六统一”要求开展标准化生产基地建设，并做好绿色、有机认证及农业生产社会化服务工作。同时，大力推广水稻机插秧、稻田综合种养等绿色生态种植模式，以及有机肥替代化肥、绿色防控等新技术新模式，不断提高稻米品质，并加大种子、农药、肥料等投入品的监管力度，扩大抽检覆盖面，从源头控制产品生产的品质和质量。

三、组建利益联结机制

公司为发挥产业组织优势，积极探索“国家重点龙头企业 + 中小企业 + 合作社 + 家庭农场 + 种植大户 + 小农户”的现代农业产业化联合体经营模式，创新利益联结机制，发展现代种养业、农产品加工、流通业和社会化服务，形成农业全产业链经营模式。一是整合资源、提高效益。联合体整合不同环节的资源和优势，如生产、加工、销售等，提高农产品的质量和效益，促进产业的可持续发展。二是实现规模化生产。联合体成员通过规模化生产、分工合作等方式，提高农产品的生产效率和竞争力，从而降低生产成本。三是强化质量控制。联合体成员共同制定产品质量标准，实施质量控制和监督，提高农产品的品质和安全性，增强消费者信心。四是提高农业品牌价值。联合体成员通过共同打造农产品品牌，提高品牌知名度和价值，增强产品市场竞争力。五是促进农村经济发展。联合体成员共同发展农产品加工业、农村旅游等产业，带动农村经济发展，提高农民收入水平，实现农村振兴。

四、提升产品加工能力体系

公司通过产品升级、技改扩能、产业链延伸、增强带动等措施，盘活资本存量、整合资源要素，发挥农业产业化国家重点龙头企业的影响力，努力打造“九河原”“博林春芽”品牌系列产品。同时，对现有大米加工生产设备进行技术创新，做好精深加工及副产品综合利用，提高资源综合利用率和加工效益，形成技术先进、质量安全、绿色环保、带动力强的现代稻米加工产业体系。

五、打造品牌整体形象体系

以“庆安大米”区域公用品牌为引领，建立“庆安大米 + 企业品牌”双品牌营销体系，依托“庆安大米”区域公用品牌标准，围绕企业品牌，主推优质品种，规范稻谷在种植、加工、仓储、物流、品质、包装六大方面的标准要求，构建覆盖全产业链的企业产品标准体系和覆盖生产经营全过程的管理标准体系。同时，深挖“庆安大米”百年历史文化、“寒地黑土”特点及内在品质，讲好“庆安大米”品牌故事，不断提高社会对“庆安大米”品牌和企业品牌的认知度。

六、建立科技创新支撑体系

加强与黑龙江省农科院、江南大学、东北农业大学等科研院所合作，建立产业发展、试验创新基地，按照水稻种植品种、药肥施用、稻米检验、环境安全等全套标准体系要求，精选和培育适合庆安种植的优良水稻品种进行试验、示范和推广。同时，企业发展战略规划中，有针对性地制定技术路线，研发稻谷及其副产品精深加工的衍生系列营养食品，延伸产业链、提升价值链，提高大米附加值，提升企业品牌知名度和影响力。

七、加大品牌宣传力度，提高品牌知名度

加大品牌宣传是提高产品知名度和市场竞争力、提高产品销售量的重要环节，公司采取顺应消费市场发展潮流的营销举措，实行多样化的宣传方式，强化农产品产销衔接，除在全国一二线城市开设直营店外，还积极与电商平台、直播平台开展专项对接，加强品牌打造和宣传推介。一是利用媒体广告、博览会、产销会、招商会、网络营销等平台进行品牌的推广，提高品牌在消费者心中的认知度和影响力。二是开设庆安味道优质农产品体验店，打造集稻作文化、美食体验、农产品销售为一体的多元化经营模式，运营宗旨是“打造从绿色田间到百姓餐桌全产业动态互联”，核心是通过体验式新零售的思维模式带动农产品销售。目前，在江苏、四川、山西等地开设“庆安味道”农产品体验店 30 余家，立足企业自身拥有的独特优势，使庆安大米被赋予文化内涵，研制庆安大米宴，打造“庆安味道”营销模式，通过“庆安味道”把庆安大米文化内涵更好地体现出来，顾客可以通过到店体验的形式，切身感受到优质农产品品质，也可通过线上宣传、线下推广的形式带动农产品销售，还可以以体验店为核心辐射周边进行主动营销，进一步提升产品附加值，提高企业品牌的曝光度和知名度。三是以申报“黑龙江好粮油”“中国好粮

油”“中国十大好吃米饭”，参与“黑龙江省‘农担杯’农村创业创新项目创意大赛”等活动为契机，得到了各部门领导的高度重视和认可，社会各界媒体针对企业及企业品牌、创新模式争相进行报道，助力企业农产品品牌影响力的提升。

匠心好米：兴唐贡米

杨茂红

【作者简介】杨茂红，回族，中共党员，宁夏回族自治区科技特派员、劳动模范、脱贫攻坚先进个人，宁夏兴唐米业集团有限公司党支部书记、董事长，宁夏优质稻米产业化协会会长，宁夏水稻产业技术创新战略联盟理事长，银川市优质水稻产业联合体理事长，银川市粮食行业协会会长。

三十载上下求索，守望初心不变；三十载风雨兼程，助力企业前行。中国优农协会始终不渝聚焦品牌农业建设和优质农产品开发，助力品牌农业发展。风雨同舟，宁夏兴唐米业集团有限公司（以下简称兴唐米业）砥砺奋进的25年间，得到了中国优农协会的大力帮助和扶持，助推企业通过一二三产业融合发展，积极探索技术创新，发展壮大人才队伍，由一家经营陷入困境而改制后的国有企业变成一家响当当的民营企业，实现了发展历程中的完美蜕变，全体兴唐人也在充分发扬工匠精神的过程中挑起了树立宁夏大米品牌的大梁。这些骄人成绩的取得，使作为兴唐米业掌门人的我，更加感到一路走来，凝心聚力，以匠人精神潜心做好宁夏大米。言传身教，带领职工攻坚克难，把振兴民族经济当成不懈追求的工作目标，始终为钟爱的事业努力奋斗，为农民增收、企业发展、民族团结做出贡献。

我作为兴唐米业的董事长、一名共产党员，多年来，正是坚持以工匠精神深耕大米行业，才使兴唐米业从一家小作坊到拥有世界先进生产线，积累了丰富经验和深厚功力的生产品牌大米的企业。这当中，先后经历了3次技改，使企业实现了华丽转身，如今已发展成为一家集科研、种植、仓储、加工、生产、销售于一体的农业产业化国家重点龙头企业和国家粮食应急保障企业。

时光回溯到1998年，宁夏提出“重振宁夏大米雄风”的号召，我作为企业带头人，敏锐地看到了未来宁夏大米行业向好的发展前景，带领兴唐米业率先在宁夏实行粮食订单，打响了宁夏水稻标准化生产第一枪，由此开启了兴唐米业现代化发展之路。

宁夏平原拥有被列为“世界灌溉工程遗产名录”的引黄灌区，加上西部优越的光热条件，土壤和黄河水均呈弱碱性，有利于农作物生长发育和干物质积累，成为全国少有的水稻高产优质生产区。但因种植规模较小、成本高等原因，20世纪80年代宁夏大米在西北区域市场竞争中一度受挫，份额大幅度减少。

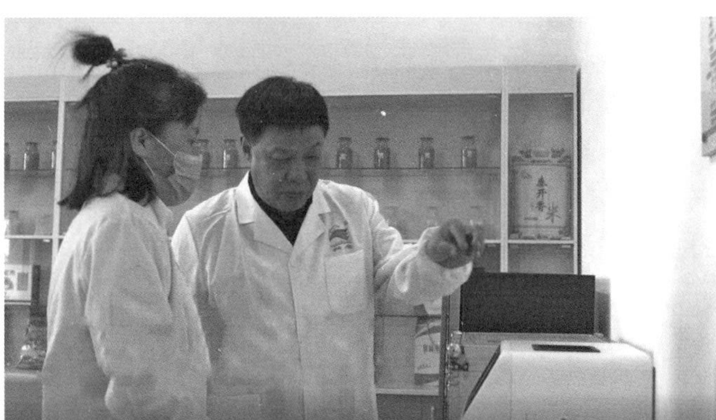

响应政府号召，我带领兴唐米业员工全身心投入其中，挑起了树立宁夏大米品牌的大梁，建立订单原料基地，把基地作为企业第一车间，用优质优价引导农民种植适销对路的优质水稻品种，用品质为王的信念，做大做强宁夏大米品牌。

“好米饭是种出来的”，这是兴唐人一直坚持的理念。中国是水稻种植大国，水稻种植加工企业众多，市场竞争尤为激烈，在这复杂的形势下，宁夏大米想要有更好的发展前景，必须顺应科技发展，建设现代化农业模式，同时也能解决农民就业、农民增收，助力乡村振兴。

如何推动现代农业提质增效，我的脑海中规划出了一副绚烂的蓝图，企业加基地、基地带农户是促进农民增收致富、带动农村经济增长的有效途径，也是发展现代农业的必然要求。2010年，这幅蓝图的开始便是率先在灵武市梧桐树乡实行土地流转，建立高端产品种植基地。然而，在项目推进的第一步，村民滞后的观念令我们始料未及。

“我们靠种地过日子，土地流转出去，以后的收入和生活有保障吗？我们能否获得更大的收益？”“再就业的出路在哪里？”面对村民多重疑虑致使大家不愿开先河参与其中，但箭已在弦上不得不发，项目必须如期进行，我只好带领团队成员跑家串户，苦口婆心宣传动员做工作，为他们讲优势、讲发展、讲收入，从心里消除村民的疑虑。动员工作、安置就业、补偿协议让当地村民吃上了“放心丸”。

为了保障高端产品种植基地建设的顺利进行，我决定自掏腰包垫付款，依据现代化建设标准规整土地、修渠修路，相继引进展示优质水稻新品种30多个，推广穴盘育秧、太阳能杀虫灯灭虫等9项新技术，发展订单优质稻15万亩。通过土地流转、富有特色的经营方式，解决了近2000名群众再就业问题，有力带动了民族地区的农业增效、农民增收。

为了科学探索种植加工管理标准，2008年兴唐米业建成宁夏大米行业首家省级企业技术中心，坚持自主创新，与国家水稻技术创新体系银川研究站、宁夏大学等科研院所合作，开展了9项新技术试验示范，最终形成一套现代化标准生产体系。2016年，在首届中国大米品牌大会上，“兴唐”牌宁夏大米经过专家评审，入围“中国十大好吃米饭”。2018年，“兴唐”牌宁夏大米在“中国十大好吃米饭”评选中再夺桂冠，企业发展再上新台阶。2020年，在国际大米品牌大会上，“兴唐”牌宁夏大米再次参赛，通过严格成分检测和盲评环节，从153个品牌中脱颖而出。兴唐人第三次捧起“中国十大好吃米饭”殊荣，成为全国唯一一家连续三届蝉联“中国十大好吃米饭”的企业。同年，兴唐米业被授予“最美绿色食品企业”称号。兴唐米业水稻种植基地被中国优农协会认定为“中国优质稻米基地”。“宁粳43号”还获得了第三届、第四届全国优质稻品种食味品质鉴评金奖，荣获“中国好粮油”称号。

企业发展至今，我一直把“一家人”理念贯穿于企业管理的各个方面，对每一位员工一视同仁，用实际工作业绩评判考核员工，通过开展丰富多彩的活动促进员工之间的交流，形成了团结向上、协同共进的干事创业氛围。

2022 年，兴唐米业被中华全国总工会授予“工人先锋号”称号。

仓廪实而知礼节，衣食足而知荣辱。兴唐米业事业发展蒸蒸日上之时，依旧不忘初心，牢记企业的社会责任。在壮大企业、提高公司效益的同时，先后捐款 80 余万元投入扶贫济困、捐资助学等社会公益事业，为困难群众捐赠大米 150 余吨；兴唐米业义务为结对帮扶对象——同心县韦州镇久庄村出资 20 多万元购买路灯，进行道路亮化工程。除此之外，已连续 15 年慰问种植基地老党员、困难户和孤寡老人。

2020 年伊始，新冠疫情在武汉暴发，一方有难，八方支援，勇担使命，共战疫情。2 月 9 日，根据自治区党委、政府的安排部署，兴唐米业积极响应政府号召，火速进入战疫状态，践行企业社会责任。我亲自部署、亲自指挥，组织党员带头，发动职工自愿加入，克服种种困难，仅用 18 个小时就保质保量完成了 150 吨优质大米的生产加工任务。10 日凌晨 3 点，150 吨优质大米全部装车完毕，满载物资的车辆寄托着宁夏人民的关爱，开往湖北省疫情防控一线。

新时代有新使命，新使命有新担当。站在新的起点，踏上新的征程。兴唐米业的业绩只能说明我们经受住了时间的考验，企业发展要讲究天时地利人和，宁夏大米种植有优越的地理优势，又有几千年农耕文化的代代传承，虽然种植面积不算大，但是通过我们的精耕细作，生产出来的大米品质非常好，这是我们的大米被评为“中国十大好吃米饭”的根本。下一步，我们将在有机农产品、绿色食品生产加工方面进一步探索发展模式，努力让品牌销量更大、让产品品质更好，让更多的老百姓吃上好大米！

小草莓　幸福红　种出“莓”好甜日子

山东省东阿县牛角店镇人民政府

黄起元现代农业产业园始建于 2009 年，主要种植草莓、樱桃、葡萄等。在乡村产业振兴和三资清理工作的推动下，依托村党支部领办合作社——东阿县连发果蔬专业合作社的示范模式，建成了集草莓种植、采摘、休闲、旅游于一体的现代农业产业园。产业园现有草莓大棚 312 个，被评为山东省休闲农业精品园区，获批创建市级现代农业产业园，多次召开观摩会和现场会等。

黄起元村产业振兴大棚航拍图

一、基本情况

黄起元现代农业产业园位于牛角店镇黄起元村，该村“两委”班子团结有力，战斗力强，东阿县连发果蔬专业合作社推动了草莓产业的发展壮大，同时大力发展休闲旅游采摘，进一步提升了草莓产业的产值和效益。投资4000余万元，建成了占地2000余亩的草莓采摘基地，成为聊城市最大的草莓采摘基地。此外，基地还有樱桃大棚100余亩、葡萄拱棚100余亩。依托微信、淘宝、乡村振兴联盟等电商平台，积极推介村内资源，进行线上产品销售，拓宽了市场渠道，增加了农民收入。2019年，被山东省总工会命名为"工友创业园"。

黄起元村位于牛角店镇东北部，距离镇区3公里，紧邻济聊一级公路，向西30公里可直达聊城，与省会济南相距60公里，交通便利。牛角店镇地下水资源丰富，是聊城市的水源地，富含锶、钾、钙等矿物质成分，适宜农作物生长。该村现有农业人口1362人，有充足的剩余劳动力，土地资源丰富，配套设施健全。草莓种植历史悠久，以东阿县连发果蔬专业合作社为龙头，实行统一管理和全方位服务。目前，已形成从育苗到栽培、从管理到销售的完整产业链条。

黄起元村入口

黄起元现代农业产业园现有高标准钢结构拱棚、冬暖式大棚等草莓大棚312个，种植有章姬、佐贺、桃熏等草莓品种，年产可达1500吨以上。同时，大力发展草莓采摘和乡村旅游，进一步增加草莓产品的附加值。产业园内还投资700余万元建设连栋温室大棚，种植萨蜜陀、布鲁克斯、车厘子等品种樱桃4000余棵，全部长成后可实现年产75吨。产业园内利用葡萄与甜瓜间作的种植模式，实现土地综合利用，提高了整体收入水平。

二、主要做法

黄起元现代农业产业园按照建设前“五统一”、建设后“八统一”和“四个一”的管理模式，为全村草莓种植户提供资金扶持、技术服务等，积极组织成员开展果蔬种植活动，统一购买农业生产资料和销售草莓产品，开展成员之间技术交流。在东阿县连发果蔬专业合作社的辐射带动下，该村成立了东阿县启元果蔬种植专业合作社、东阿县顺来农业开发有限公司、东阿县牛角店镇汇丰家庭农场等多个新型经营主体。

黄起元村草莓种植大棚内景

黄起元现代农业产业园高度重视品牌建设，以提质增效为根本目标，不断在品牌力塑造上下功夫。黄起元的草莓和葡萄均已通过绿色食品认证。2018 年以来，连续举办了三届草莓文化节，黄起元草莓的知名度和美誉度进一步扩大，黄起元草莓已成为牛角店乡村旅游的金字招牌，共吸引本地及周边 30 多万名游客前来采摘游玩。2019 年，被山东省旅游行业协会授予“山东省乡村旅游创业之星”称号。

黄起元现代农业产业园已获批创建市级现代农业产业园，实施黄起元产业园改造提升项目，项目投资 791. 6 万元，主要包括园区内沟渠衬砌、道路两侧花砖铺装、路灯安装、果树栽植、墙体美化、大型草莓标识安装等，建成集生态休闲、采摘、餐饮、娱乐于一体的示范园区。通过加强基础设施和配套设施建设，建立完善高效的产销体系。

三、经验成效

黄起元现代农业产业园现有的 312 个草莓大棚，平均每个大棚占地 3.5 亩，实用面积 1.7 亩，平均亩产草莓 3.5 吨，按每千克售价 20 元计算，每个大棚收入约 11.9 万元，去除经营成本约 4 万元，每个棚纯收入约 8 万元，单草莓一项可实现年总收益 3000 余万元。园区以生态农业、科技农业、文化旅游为主，统筹发展草莓、樱桃和葡萄等产业，立足特色资源，优化产业布局，积极创建“一村一品”示范村镇，因地制宜发展乡村旅游、电子商务，坚持把农产品质量安全作为乡村产业发展的生命线，持续推动质量兴农、绿色兴农、品牌强农，实现采摘旅游带动增收。

产业振兴提升村民幸福感和获得感

2018 年以来，产业园累计投入扶贫资金 1700 万元，建设扶贫大棚 105 个，产业扶贫项目收益统筹用于全镇 77 个“插花村”建档立卡贫困户增收脱贫，可实现年人均增收 450 元以上。通过园区的创建，直接带动新增就业 800 余人，促进农民人均增收 5000 余元，带动当地服务业、零售业、餐饮业的发展，促进园区文化旅游业的发展，带动当地群众共同致富。

奉献篇

FENGXIAN PIAN

做好土特产文章是优质农产品品牌建设的基础

何 平

【作者简介】何平，教授、国务院特殊津贴专家。我国林业界培养的第一位博士（1987 年），主修生态学；德国博士后，在德国、英国、澳大利亚做访问学者、客座教授 8 年。现为中国优质农产品开发服务协会副会长兼秘书长。曾任中国国际工程咨询有限公司专家学术委员会秘书长、农村经济与地区发展部主任，北京生态技术研究所所长、专家学术委员会主任，河南省政府副秘书长，中南林学院副校长，全国湿地保护标准化技术委员会副主任委员，国家发改委第三届学术委员会委员，国家发改委太湖流域水环境综合治理省部际联席会议专家咨询委员会委员等职。在国内外学术期刊发表论文 120 余篇，出版著作 5 部。长期从事农林、水利、生态建设和区域经济等领域的规划、项目前期咨询和研究，为国家决策提供了依据。

一方水土育一方特产，不同的地理、气候、土壤等生态条件造就了不同的农业资源禀赋。特定的区域性经济社会发展历史，演化沉淀了与当地生态条件相适应的、特有的区域性产品——土特产。在全面推进农业农村现代化的今天，如何把握区域特定生态条件和历史文化传统，认识和培育土特产资源，塑造优质农产品品牌，是践行绿水青山就是金山银山理念，推进生态产品价值实现的重要内容。

一、正确认识土特产

“土特产”是土产和特产的并称，是历史上约定俗成的产物，并没有严格的科学或者行业界定。一般来说土特产指某地特有的或特别有名的产品，不仅包括农林特产，也包括矿产、纺织品、工艺品等。由于土特产难以形成统一的认定理论标准和定义，迄今为止也没有关于我国土特产的权威统计结果，但全国各地都有属于自己的土特产。我们在这里讨论的土特产主要指农林特产，它具有几个显著的特征：产于特定区域，具有显著的品质特征，是农林产品及其加工产品，采用传统或是特有的工艺、技术、配方生产等。与同类产品相比，具有显著的地域性、特有性和历史性，为当地人所喜爱，并口口相传。“特”和“土”是这类产品的显著标志，“特”的重点在产区的生境，即生态条件具有独有性，从而孕育特有的产出物，还是当地居民长期生产生活实践中形成的特有的技艺。特有的产出物经过特有的加工制作技术或工艺，成就了土特产。“土”除了与“特”具有相通含义外，还更多表现在偏远、传统（土法）、非现代、非工业，很多情况下，土特产的商品化程度较低。总体上，土特产是特定区域自然产出物，或者是传统种植养殖产品，经过传统方法、工艺加工制作和历史检验，流传至今的安全健康并广受欢迎的地方性产品。从狭义的角度看，土特产是优质的农产品。

“土特产”的存在依赖于区域特有生态资源和历史文化传承，是区域自然生态优势社会生态演化的产物，具有典型的区域性生态产品特征，是历史和自然造就并传承下来的口碑品牌。在一定程度上，具有不可复制性或不完全可复制性。最具代表性的土特产如青藏高原特产冬虫夏草（中华虫草菌），离开青藏高原海拔 3000 米以上的高山草甸产区特有的生态条件，就没有冬虫夏草；贵州赤水河畔茅台集镇区域生态条件为以茅台为代表的酱香酒生产提供了不可替代的基础；广西

螺蛳粉则是区域历史文化传承的代表。土特产是传统地方特色产业的主体，以土特产为基础发展的特色产业必然具备一定的抗复制能力，不易被替代。土特产的这种特性，为这类产品的市场溢价争取了话语权。

二、土特产发展面临的形势

由于历史原因和认识偏差，土特产资源没有得到应有的重视。长期以来，在片面追求现代化的思维下，“一刀切”地推行规模化和现代工业化技术成果，尤其是化肥、农药、除草剂大规模施用，以及外来种子和相应耕作方式、农艺措施的全面推行，几乎摧毁了我国经历了5000年发展沉淀下来的农业传统体系，我国土特产的生产发展严重迟缓，总体处于萎缩阶段。

现代工业化发展模式的冲击加上生态破坏和环境污染，致使不少特色资源、传统技术和工艺消失，地方特色产业发展困难的问题较为突出。一是对土特产资源价值认识不足从而缺乏保护意识，导致家底不清、损失严重，种质资源和生态资源损失尤为突出。此外，在重视引进先进技术工艺下，历史技艺的传承和发展往往承受大的冲击。二是缺乏支持产业化发展导向的土特产资源培育、技艺传承的机制和政策。现代工业化、规模化发展模式是主流，出台的支持政策措施的对象主要是鼓励大宗、大规模生产的领域，对区域性强、多样性丰富的土特产，缺乏差异化政策措施支持。三是有影响力的品牌少，市场占有率较低。行业和龙头企业产业链条不健全、业态优势不明显，土特产同质化严重，鲜明特色不够突出，严重制约了品牌树立，尤其缺少拥有溢价空间的高品质品牌，使行业和企业的市场竞争力不强。四是崇尚“绿色天然、营养健康”的消费理念已经深入人心，消费市场对食品的安全、绿色、营养等特性需求旺盛，生态、健康特质的土特产市场需求快速增长。

这种客观存在，既是特色农业发展的短板，也是新时代新形势下我国土特产向优质农产品、优势产业发展的挑战和机遇。挖掘土特产资源，培育特色产业，打造优质农产品品牌，推进生态产业化，是践行绿水青山就是金山银山理念、促进乡村振兴的潜力所在。

三、抓土特产资源，做优特色产业

深入研究、挖掘土特产资源特征，依据区域生态资源格局，紧扣市场需求，谋划好以土特产特色产业将区域特色生态资源、历史文化资源转化为产业发展的基础和优势，构建土特产资源为基础的特色产业体系。摒弃工业化大生产的思路和模式，根据生态条件多样性的生态规律，以提高产业的经济性而不是规模化为目标，从生态产业的角度和技术路线出发，发展以土特产为主的特色产业体系。大力提升土特产商品品质和优势，做优土特产特色产业，主要在以下几个方面着力：一是加强土特产种质资源的保护和推广；二是从特色产业发展的角度，开展传统技艺的传承和创新；三是打造以土特产资源为基础的高标准示范基地，应用生态技术体系，全产业链建设标准，打造符合国家级生态农场标准的示范基地；四是构建土特产资源为基础的特色产业体系，在遵循土特产传统理念基础上，围绕特色资源培育、传统加工技术、设施设备等大力创新，研发产品新种类，提升商品生产能力和土特产产品的商品化水平；五是建立配套的现代服务体系，构建服务土特产产品认证机制和准入背书，依托区块链、大数据等技术，构建涵盖线上线下、大数据平台、标准检测认证、仓储物流、供应链金融及保险等服务体系；六是研发和建立符合土特产特点和生产规律的产业、行业、产品、商品等的标准和规范体系。

四、狠抓土特产品牌建设，助推特色产业经济

品牌已经成为当今世界经济发展的核心要素，它影响了生产要素、金融、资本、服务贸易配置、市场的发展。在成熟的经济社会，品牌是技术、质量、服务和信誉的综合体现，是商品的重要经济属性。现代市场竞争主要体现在

品牌的竞争。土特产是历史留给我们的宝贵品牌财产，是优质品牌建设的优势和基础。品牌建设中挖掘土特产品牌价值是优质农产品品牌建设的重要内容。充分挖掘土特产独特的资源、生态、绿色、优质、文化特质及多样性等内涵，培育差异化区域特色产品品牌体系。农产品品牌建设要紧扣“特”和“土”，从其生态特有性、品质优质性、传统文化性及稀缺性等要素着力，全面塑造品牌优势，大幅度提升土特产商品的经济性，实现好产品能卖出好价钱，将生态资源优势转化为经济优势，进而发展成为品牌优势。国际上，无论是法国葡萄酒还是西班牙火腿，无一不是在当地传统土特产的基础上，发展起来成为享誉全球的商业品牌。从商品优势发展成为品牌优势，极大提升了产业的经济性和竞争力。

产业是品牌的基础，只有优质的产业才能产生高价值的品牌。土特产是区域特有生态资源和历史文化传承的结晶，是中华 5000 年历史传承下来的最具代表性的生态产品。扎扎实实做好土特产这篇大文章，构建现代特色产业体系，才能打响土特产品牌。把握历史留给我们的宝贵的土特产资源财富，大力推动土特产产业发展，是推进乡村振兴、建设农业强国，将生态优势转化为产业优势，实现生态产品价值的有效路径。

强化党建引领
确保中国优农协会坚定正确的政治方向

张 平

【作者简介】张平，中共党员，中央党校在职研究生，副高级职称。现任中国优质农产品开发服务协会党支部书记、副会长。曾兼任中国农业经济学会理事，浙江大学旅游管理学院研究生导师，贵州大学经管学院校外硕士生导师，中央有关部委智库专家，中国管理科学研究院学术委员会特约研究员，中国优质农产品开发服务协会智库专家委员会副主任委员。参加工作以来，先后从事农业技术推广、农业教育管理、扶贫开发、农业品牌建设、党务管理等工作，把青春和韶华贡献给了“三农”事业。在基层工作长达15年，担任过县级领导；在省级机关工作20余年；在扶贫战线工作10多年。在国务院扶贫开发领导小组办公室工作期间，深入10多个省份调研，积极建言献策，许多建议得到国务院扶贫开发领导小组办公室领导的肯定、采纳和应用，对全国扶贫开发的宏观决策起到了一定的参考作用。在中国优质农产品开发服务协会工作以来，做到党建工作与业务工作融合发展，作为专家参与了《中华人民共和国农产品质量安全法》的修订。先后被上级党组织表彰为优秀党员、优秀党务工作者、优秀公务员、先进工作者等。出版有《云南农业经济教育研究与探索》（云南民族出版社）、《贫困的期盼》（中共党史出版社）、《为了中国人民的解放》《在希望的田野上——脱贫攻坚同乡村振兴有效衔接实践与思考》等多部专著。

中国优农协会党支部成立10年来，先后被农业农村部直属机关党委及中国绿色食品发展中心党委、中央和国家机关行业协会商会党委、中央社会工作部党委领导，协会高度重视党的建设工作，党支部团结全体党员、入党积极分子和职工群众，认真学习贯彻习近平新时代中国特色社会主义思想，切实加强党的政治建设，认真扎实开展党的建设。切实抓好“三会一课”制度的落实，在促进协会工作高质量发展、参与扶贫攻坚和巩固脱贫成果、抗疫斗争、建设农业品牌、助力乡村振兴、建设农业强国等各方面发挥了应有的作用，得到了上级党组织的充分肯定。10年来，先后有21人次通过党员民主评议，被上级党组织考核为“优秀”等，有2人被评为优秀党员，有1人被评为优秀党务工作者，配合参与的扶贫攻坚工作得到了民政部的通报表扬，党建工作得到了农业农村部有关领导的充分肯定和高度评价。协会党支部成立10年来，我到目前为止担任了7年的党支部书记，在协会成立30周年之际，感谢上级党组织，感谢朱保成会长、黄竞仪会长及全体党员和员工的信任和支持。

一、充分认识加强社会组织党建工作的重要意义

《中国共产党章程》中指出，“社会组织中党的基层组织，宣传和执行党的路线、方针、政策，引导工会、共青团等群团组织、教育管理党员，引领服务群众，推动事业发展”。《中国共产党党支部工作条例（试行）》中指出，“社会组织中的党支部，引导和监督社会组织依法执业、诚信从业，教育引导职工群众增强政治认同，引领和支持社会组织有序参与社会治理、提供公共服务、承担社会责任”。

中共中央办公厅、国务院办公厅《关于改革社会组织管理制度促进社会组织健康有序发展的意见》指出，“社会组织党组织要紧紧围绕党章赋予党的基层组织的基本任务开展工作，团结凝聚群众，保证社会组织正确的政治方向”“加强社会组织党建工作，对于引领社会组织正确发展方向，激发社会组织活力，促进社会组织在国家治理体系和治理能力现代化进程中更好发挥作用；对于把社会组织及其从业人员紧密团结在党的周围，不断扩大党在社会组织的影响力，增强党的阶级基础、扩大党的群众基础、夯实党的执政基础，都具有重要意义”。

二、强化引领，党建与业务工作有机融合

1. 强化政治引领，确保协会坚定正确的政治方向

10年来，协会党支部把学习习近平新时代中国特色社会主义思想和党的十九大、二十大精神，作为学习的重中之重。认真学习习近平新时代中国特色社会主义思想，切实做到坚持以习近平新时代中国特色社会主义思想为指导，坚持以政治建设为统领，强化"四个意识"，坚定"四个自信"，坚决做到"两个维护"，深刻领悟"两个确立"的决定性意义。不断学习，切实增强理论自觉和行动自觉，以习近平同志为核心的党中央保持高度一致。坚持以党建工作引领发展方向；以政治学习各项措施的落实为抓手，以始终把建设让党中央放心、人民群众满意的社会组织作为首要任务，始终把党建工作摆在重中之重的位置，引导和监督全体会员依法执业、诚信从业，教育引导职工会员群众增强政治认同、保证政治方向、团结凝聚群众、推进事业发展，引导和支持本行业有序参与社会治理、提供公共服务、承担社会责任，听党话、跟党走，推动协会高质量发展。

2. 发挥全体党员模范作用，积极投入抗疫斗争

协会全体党员和员工在协会领导的带领下，认真贯彻落实习近平总书记重要指示精神和党中央、农业农村部、民政部的有关要求，组织和动员会员单位，践行初心使命、奋力担当作为、贡献智慧力量，为打赢疫情防控阻击战发挥积极作用。疫情期间是对综合实力、综合素质的大考，也是对各种不同制度的一次大考，同时对人的身体健康素质、人文心理素质、应变能力、人生追求、价值取向、道德水准、法制观念、家国情怀等都是一次大考。协会勇于承当社会责任、切实履行社会组织的义务，第一时间向会员单位发出通知和倡议，积极投身到战疫、打好阻击战中去，一方面捐款捐物，另一方面推进复工复产，切实搞好产销对接，并在农业农村部的关心支持下，与京东、拼多多、人民优选等成立了产销联盟，解决买难卖难问题，加大了品牌建设、产业发展的推进力度，形成强大合力。

3. 加强思想理论引领，认真开展专题教育

一是根据党中央"不忘初心、牢记使命"主题教育和农业农村部主题教育的要求，在中国绿色食品发展中心党委的领导下，协会领导高度重视，协会党支部紧扣主题教育的总体要求，创新形式，把"学习教育、调查研究、

检视问题、整改落实”四项重点贯通起来，有机融合、统筹推进，做到主题教育与协会工作两不误、两促进，取得了明显成效。2019 年 7 月 18 日、8 月 27 日，在农业农村部直属机关党委、中央和国家机关行业协会商会党委组织的经验交流和脱钩党建座谈会上进行了交流，得到农业农村部党组副书记、副部长余欣荣等参会领导的充分肯定和鼓励。

二是认真扎实开展党史学习教育。根据中央的总体要求及上级党组织的部署安排，协会党支部及时制定了《中国优质农产品开发服务协会党史学习教育实施方案》，同时成立党史及“四史”学习领导小组。组织全体党员和员工，认真学习习近平总书记在党史学习教育动员大会上的重要讲话精神，深入学习党史、新中国史、改革开放史、社会主义发展史（以下简称“四史”）。协会党支部召开了 3 次党员和员工大会，认真学习习近平总书记在纪念中国共产党成立 100 周年大会上的重要讲话精神和党的十九届六中全会精神，并采取多种形式的学习，如支委带头学、党员自学、集中学。同时还组织召开党员大会及协会部门以上负责人进行“四史”的学习，如书记支委带头学、党员集中学、先党内后党外的学习等。通过“四史”的学习教育，深刻体会到“学史明理、学史增信、学史崇德、学史力行”党史学习教育的 16 字目标要求。

三是尽力为群众办实事。为河北省张家口市蔚县张南堡村捐物资和党建书本、杂志。开展党史教育以来，协会针对该村缺乏必要的图书，积极争取有关部门的支持，参加到农业农村部党史全民阅览送书下乡活动，共计捐赠种植、养殖、党建等书籍上千册，折合人民币 2 万余元。为提高协会对会员的服务水平和质量，提升服务的针对性和实效性，通过“走出去、请进来”等工作方式，精准了解会员诉求，及时制定解决方案，切实为会员解决实际困难。

4. 筑牢战斗堡垒，认真落实“三会一课”制度

协会党支部 10 年来共组织召开了 126 次支委会、76 次党员大会，开展了 26 次主题党日活动、上党课 32 次。为深入学习习近平生态文明思想，丰富“四史”学习教育形式，弘扬植树造林、绿化祖国的优良传统，与北京市房山区青龙湖镇上万村村民一道开展植树活动，全体党员和员工及分支机构代表 50 余人参加了植树活动。协会党支部组织全体党员和员工近 40 人参观了香山革命纪念馆，重温了入党誓词，参观结束后，黄竞仪会长谈了学习党史和参观后的体会。协会党支部在中国绿色食品发展中心举办了以“对党绝对忠诚，为‘三农’工作贡献智慧和力量”为主题的党日活动暨英模报告会，邀请了战斗英雄史光柱作报告、上党课。协会党支部还组织了“学讲话、话品牌、迎新春”书画笔会、“话品牌　庆丰收　颂党恩　促改革”乒乓球爱好者联赛。在协会第六届理事会五次、六次会议上，原农业部党组成员、中纪委驻原农业部纪检组组长朱保成，就学习领会党的十九届六中全会精神和党的二十大精神作了宣讲报告，给全体参会人员上了一堂生动的党课。召开“不忘初心、牢记使命”主题教育、党史学习教育专题 2 次组织生活会。按年度召开组织生活会和开展民主评议党员会议 3 次，结合本支部、党员思想和工作实际，进行盘点检视，开展了批评和自我批评。全体党员都按时交了党费，没有拖欠现象。进一步巩固开展“六比六看”支部工作法。加强党员发展和党员组织关系接转工作，发展党员 2 名，接受了 14 名党员组织关系转入，6 名党员组织关系转出。通过学习实践，提高了全体做好本职工作的实际能力，增强了政治意识、大局意识和责任意识，同时加强制度建设，健全、完善和落实支委议事制度、工作制度、学习制度、党风廉政等制度，不断提升支部的工作水平。

5. 扎实有效推动三年党建质量攻坚年行动计划的落实

一是按照中央和国家机关行业协会商会党委的部署，开展行业协会商会党建工作质量攻坚三年行动计划的落实工作，及时制定了实施方案。同时，根据中央和国家机关行业协会商会党委的要求，组织开展了党建工作的自查工作并形成自查报告、按时上报。协会党支部不断以更高的标准、更严的要求、更实效的措施，持续深化思想政治工作，不断提高党建工作质量。

二是推进党建与业务工作融合。始终坚持“服务国家、服务社会、服务群众、服务行业”的宗旨，努力克服新冠疫情带来的影响，以高度的政治责任感和历史使命感，发挥行业协会优势，做好政府参谋助手，积极为国家政策法律法规的修订建言献策。我作为协会党支部书记、副会长参加了由全国人大宪法和法律委员会、全国人大农业与农村委员会和全国人大常委会法制工作委员会召开的《中华人民共和国农产品质量安全法（修订草案）》征求意见座谈会，提出了修改意见和建议。该法经十三届全国人大常委会第三十六次会议审议通过，于 2023 年 1 月 1 日起施行。在意识形态方面，强化了责任制，加强对所属报刊网站、新媒体及论坛、讲坛年会的管理，没有出现违纪违规现象。

6. 强化支委班子认真履职，切实做到尽职尽责

2016 年 5 月、2019 年 6 月、2023 年 3 月分别进行了党支部换届选举，党支部班子认真履职、尽责尽职，有力推进了协会党的建设工作开展。按照党组织班子成员与管理层双向进入、交叉任职的要求，作为党支部书记，认真履行党建工作的主体责任，更加深刻认识到书记是党建工作的“第一责任人”，只有履行好“第一责任人”的职责，切实发挥党组织在社会组织政治核心作用，协会党支部对协会的重大活动、重大事件及时向全体党员通报。强化政治引领，严明党的纪律，认真落实党风廉政建设“两个责任”，严格落实中央八项规定精神，践行“三严三实”，加强社会组织自律，自觉遵守国家有关法律法规，制定行业自律制度，发挥行业自律惩戒作用，没有发现违规违纪现象。2018 年 4 月 27 日协会换届时，将党建工作写入了协会章程；2021 年，按照民政部的有关通知精神，又进行了进一步的完善；参加会长办公会、理事会、常务理事会，对重要事项决策、重要业务活动、大额捐赠、对外活动等事项进行事前、事中、事后的政治把关，同时将执行情况在支委会、支部大会上讨论和通报。

协会的党建工作，朱保成同志高度重视，政治站位高，每年都给全体党员和全体理事上 1 次党课，并且参加党日活动；黄竞仪会长把协会党建工作作为首要工作来抓，体现了会长的责任担当，10 年来每次党支部活动都参加，并和普通党员一样认真学习、积极发言，为其他党员做出表率。

2022 年根据《农业农村部办公厅关于开展社会组织高质量发展调研工作的通知》要求，农业农村部直属机关党委副书记王家忠一行 3 人组成的调研组听取了党建工作等情况汇报，查阅了党建工作台账，对协会工作尤其是党建工作给予了充分肯定和高度评价，并表示此次调研对协会的情况有了进一步的了解，协会党的组织工作健全、成效明显，把党建工作写入协会党章，协会主要领导以党的政治建设为统领，党支部严格落实“三会一课”制度，做到了讲政治；以服务“三农”为工作主线，聚焦主责主业，发挥了行业协会的桥梁纽带作用，做到了强功能；党员干部政治立场坚定，责任心强，对党忠诚，饱含情怀，党员发展工作成效显著，做到了抓建设；支部运转、经费使用等内部管理规范、制度健全，积极配合各项监督检查，做到了强监督。希望今后协会能进一步完善机制、加强管理，夯实基础性工作。

携手开展“一县一品”品牌扶贫行动
助推老区脱贫攻坚和农产品高质量发展

张芝元

【作者简介】张芝元，曾在中国人民解放军北京军区服役，曾任坦克团政治处主任、装甲团政治委员、装甲师政治部主任、军分区政治委员、锡林郭勒盟委委员等职；2014 年 3 月至今，担任中国优质农产品开发服务协会副会长，按照协会部署安排和会长指示要求，认真履职尽责，创造性开展工作；在分管协会建设时，组织协会参加民政部开展的社会团体等级评比，获得“国家 4A 级社团组织”称号；先后参与筹建了枸杞产业分会、清真产业分会、仓储及冷链物流分会等协会分支机构；对部分优质农产品示范基地、优质果园等，进行调研考察、标准制定和评选认证；按照“主攻流通、主打品牌”的思路，代表协会联合中国老区建设促进会、中国品牌建设促进会共同主办，开展支持革命老区脱贫攻坚“一县一品”品牌扶贫行动，为产业扶贫做出了积极贡献，被国务院扶贫开发领导小组办公室机关党委表彰为优秀共产党员。

2015 年 11 月 28 日，习近平总书记在中央扶贫开发工作会议上强调指出：“消除贫困、改善民生、逐步实现共同富裕，是社会主义的本质要求，是我们党的重要使命。”会后《中共中央、国务院关于打赢脱贫攻坚战的决定》

随即发布，一场轰轰烈烈、史无前例的全国脱贫攻坚战全面打响。2017 年 10 月 18 日，习近平总书记在十九大报告中再次指出：“要动员全党全国全社会力量，坚持精准扶贫、精准脱贫”“确保到 2020 年我国现行标准下农村贫困人口实现脱贫，贫困县全部摘帽”。

按照党中央、国务院决策部署和习近平总书记指示精神，中国优农协会自觉响应党和国家的号召，积极担当社会责任，发挥中国优农协会“主攻流通、主打品牌”的特点优势，主动联合中国品牌建设促进会，向中国老区建设促进会正式发出邀约，“三会”携手开展支持革命老区脱贫攻坚“一县一品”品牌扶贫行动。于是，从 2017 年 11 月开始，在国务院扶贫开发领导小组办公室、国家质量监督检验检疫总局、农业农村部、国家标准化管理委员会的指导下，“三会”强强联合、分工合作主办，中国国家品牌网、人民日报文化传媒有限公司承办，支持革命老区脱贫攻坚“一县一品”品牌扶贫行动全面开展。

此项活动坚持以助力老区打赢脱贫攻坚战和农产品高质量发展为着眼点，认真贯彻落实习近平总书记关于品牌建设和发展的系列指示精神，按照“三会搭台、政府主导、企业唱戏、老区受益”的总体思路，有效整合协会、专家、媒体、销售渠道、资本和当地政府及主营龙头企业等优势资源，深入挖掘老区农产品绿色有机和红色文化基因等区域优势，努力为老区贫困县打造享誉全国乃至更大范围的知名农产品品牌，带动了老区产业发展和群众增收致富，支持了革命老区脱贫攻坚和开发建设。

在活动开展的 4 年时间里，依据总体实施方案，坚守初衷、持续用力、滚动推进，从选品、规划、传播、营销、投资五个维度上进行了老区贫困县域农产品的品牌挖掘、培育和打造工作，主要有以下五个明显特点：

一是品牌选品始终突出“严”字。按照实施方案确定的选品标准、条件和要求，我们组成选品专家组，采取一批批来北京对接、深入下去实地考察调研等方法，对初选入围和各方面推荐的县域优质农产品，逐县进行对接筛选。对专家组合议认为符合品牌打造标准、条件的农产品，主办方与参会县政府领导现场签订品牌打造合作协议，协商品牌打造及销售、传播的初步意向；对未选定产品，专家组从专业角度，为其提出进一步加快发展的意见建议。“三会”领导和选品专家组对选品工作高度重视、认真负责，中国老区建设促进会王健会长、曾广超副会长亲自带队到河南省正阳县考察花生产业发展和品牌打造情况。中国老区建设促进会司树杰副会长、中国品牌建设促进会郑志受秘书长、中国优农协会张芝元副会长，现场指导来京选品对接，亲自考察把关。中国国家品牌网 CEO 吴为、品牌扶贫行动协调组成员，全程参加了选品组织工作。各位品牌、标准、投资专家和渠道、媒体代表先后参加了 40 多个批次的对接选品会，逐县听取情况汇报，一个产品一个产品进行评鉴，严抠细问，刨根问底，仔细品鉴主推农产品的品味、品质，查阅核实相关信息和数据，概算产品品牌价值和对脱贫攻坚及县域经济发展的贡献率，既讲爱心又讲原则，既讲专业又讲扶贫。选品专家组成员每天从上午九点工作到下午五六点，中午吃盒饭、不休息，使选上的老区贫困县充满自信和自豪感，落选的县心里也感到热乎乎的，明确了之后的发展方向。整个行动中共选定 55 个县域的 60 种优质农产品作为打造对象，确保了品牌扶贫的高起点展开、高质量推进。

二是品牌规划始终突出“精”字。经过严格筛选确定的这些优质农产品，品质好、类别全，每品皆是唯一，独占一隅；普遍具有个性品质强、历史传承久、种植养殖规模大、文化底蕴厚、带动脱贫效益好的特点，大都是国家地理标志农产品，有绿色食品、有机农产品等认证，在省市区域内小有名气，具备品牌打造的基础和潜质，一般都是县里的支柱性产业，年产值 1 亿元以上；龙头企业生产经营年产值在 5000 万元以上。为了把优选的农产品品牌打造好，“三会”领导坚持在精心制定品牌规划上下功夫。中国优农协会会长朱保成、执行会长黄竞仪带领品牌规划专家组，为了把河北省阳原县的“泥河湾”杂粮杂豆品牌规划打造好，专门协调中国农业科学院作物科学研究所，在该县建设食用豆传统品种改良研究中心，并与专家组的同志一起研究制定品牌发展规划，为生产发展和品牌建设提供了强有力的科技支撑。经过持续两年的扎实推动和规划落实，“泥河湾”杂粮杂豆品牌荣登区域公用品牌榜单，产值达 19 亿元，覆盖全县 301 个行政村，真正实现了“一县一品”品牌扶贫的目的。品牌扶贫行动协调组借鉴这种品牌建设经验，分别组织专家团队，为入选县域农产品研究制定品牌发展规划，及时提供专业指导方案，包括品牌顶层设计、产品定位、包装设计、供应链能力、产品标准制定等。先后编制完成内蒙古敖汉旗小米、广东东源县板栗、河南正阳县花生、甘肃静宁县苹果、宁夏盐池县滩羊等 52 个产品品牌发展规划书。输出规划方案整体价值 1000 余万元。同时，协调组还联合品牌专家、洛可可设计集团、小象有品等优势产品设计及包装印刷公司，对“一县一品”的整体形象进行了顶层设计规划，从顶层定义、色彩体系、图腾设计等维度做出了整体规划部署，而后又深入县域对产业及品牌进行研讨，反复沟通挑选出20款产品，进行了产品创新包装设计。其中设计效果较好的产品有江苏句容市葡萄品牌、贵州湄潭县大米品牌、江西石城县莲子品牌、河南正阳县正阳花生品牌、甘肃静宁县静宁苹果品牌、陕西延川县红枣品牌、河北阳原县杂粮杂豆品牌、内蒙古察右中旗燕麦品牌等，设计成本投入费用150余万元，承办单位中国国家品牌网无私奉献，默默承担。

三是品牌传播始终突出“广”字。将“一县一品”品牌扶贫行动嵌入中国品牌年度盛典活动。在2018年“中国品牌日”期间，国务院国资委新闻中心、中国品牌建设促进会联合新华网、湖南卫视在长沙共同举办了首届中国品牌年度盛典，以首次发布的中国品牌百强榜为基础，以创新的展示手法展现了中国百强品牌风貌，为中国品牌赋能，为中国品牌群体崛起贡献力量。我们借此次盛典活动之机与中国国家品牌网一道，专门设置了“一县一品”品牌扶贫行动公益环节，邀请相关领导、行动企业发起单位和8个老区贫困县领导参与环节互动，宣传推介了本地的主打品牌农产品。中国品牌建设促进会理事长刘平均、中国老区建设促进会副会长司树杰先后致辞讲话，现场阐释了“一县一品”品牌扶贫行动的重大意义和思路举措。2019年，“中国品牌价值评价发布暨中国品牌建设高峰论坛”“中国品牌5·10晚会”等中国品牌日系列活动在上海举办。我们组织“一县一品”推荐入选县域农产品，参与中国品牌价值评价，并对评价申报工作进行协调培训，强化了老区县的品牌价值意识。同时在“中国品牌5·10晚会”中植入“一县一品”县委书记推荐环节，在东方卫视、新华社相关媒体进行播出。此次传播推广触达人群超过1亿人次，引起了国家相关部门及社会各界的关注。我们将“一县一品”品牌扶贫行动纳入国家扶贫日系列活动。2018年，在“三会”联合举办的“新经济发展与革命老区脱贫攻坚”国家扶贫日论坛上，“一县一品”品牌扶贫行动的入选县域均出席活动，打造的10个品牌案例在现场进行了充分展示及推广，多家权威媒体进行了相关报道。“一县一品”品牌扶贫主题展在王府井大街开幕，展览为期3天，通过图片和实物展的形式，在中国最核心的商业街区向全国人民进行了品牌农产品推广传播。在2019年的国家扶贫日期间，在北京前门大街再次举办“一县一品”品牌扶贫主题展，取得了良好的品牌传播效果。我们还通过积极沟通协调，将“一县一品”品牌扶贫行动纳入“人民日报品牌强国计划”。从2019年9月起，由人民日报文化传媒有限公司、中国国家品牌网协调组织，在人民日报客户端、人民日报扶贫在线、中央厨房等多家媒体平台，联合推出“一县一品”县委书记品牌推介活动，先后为江西石城县、福建浦城县、宁夏盐池县、河南淅川县、河南正阳县、四川红原县、陕西洛川县、西藏当雄县8个县域进行了节目录制并上线播出，较好地达到了提升品牌扶贫意识、展现品牌扶贫成果、凝聚品牌扶贫智慧、汇聚品牌扶贫力量的目的。

四是品牌营销始终突出“畅”字。坚持线上线下相结合，先后对接阿里巴巴、京东、苏宁、我买网、本来生活、沱沱工社、东家、每日优鲜、有好东西、大V店10家线上销售平台，陆续联系对接内购、央联采购中心、国务院国资委等若干机构采购。同时对接若干餐饮销售渠道，陆续开展了线下商超及便利店渠道的对接销售工作。使“一县一品”品牌扶贫行动和打造的品牌农产品销售，逐步涵盖电商渠道、商超渠道、批发集采渠道、大型企业渠道、餐饮渠道等。

五是品牌投资始终突出“诚”字。先后举办了4场资本对接会，邀请50家投资机构与品牌扶贫行动签约县进行资本对接，为需要资金注入的贫困县产品龙头企业，比如老知青集团、白象集团、忠澜艾公司等42家企业，对接了中国农业发展银行、国家开发银行等投融资机构，搭建融资平台，帮助县政府及龙头企业打通融资渠道。据统计，整个活动共帮助参与品牌扶贫行动的爱心企业直接或间接引进投资85亿元。

通过“三会”主办方和承办单位的共同努力，品牌扶贫行动取得了明显成效：

一是赢得了老区贫困县的积极响应。一些老区县代表对到北京来推荐自己的产品感到很自豪，普遍认为“一县一品”品牌扶贫，顺应了人民群众追求美好生活的时代要求，抓住了老区脱贫的需求，反映了老区发展的核心诉求，是一举多得的实事好事。让老区贫困县的优质农产品为人知、被人买、卖出好价钱，是知识扶贫、智慧扶贫的佳作。

二是赢得了专业爱心团队的广泛参与。“一县一品”品牌扶贫行动被各大媒体报道后，主动要求参与到活动中来的相关企事业单位和科研机构一茬接一茬。聚合的标准认证机构、品牌策划机构、包装设计机构、产品销售渠道、产业投资机构等专业团队已达50余家，形成了品牌标准认证团队、品牌战略规划团队、品牌包装设计团队、品牌传播推广团队、产品销售渠道团队、品牌投资团队6支品牌打造专业队伍，搭建了不同维度的品牌服务体系。

三是赢得了良好的信誉和口碑。品牌扶贫行动的开展和宣传，触达人群均在亿人以上，传播资源价值量达1000余万元。在前门大街举办的“一县一品”品牌扶贫行动主题展上，创造了良好的口碑。四川苍溪县红心猕猴桃，在展览过程中赢得了北京冬奥组委的好评，被确定为北京2022冬奥会猕猴桃供应商。天坛公园领导在观展后表示，公益提供天坛IP为“一县一品”赋能，选品进入“天坛600年”祈祷大礼包项目。

四是赢得了社会各界的充分关注。品牌扶贫行动实施以来，社会各界给予了高度关注，全国政协原副主席白立忱出席启动仪式并宣布开始，四个指导单位纷纷表示支持。截至2020年底，经品牌扶贫行动精心打造，江西石城白莲、山西隰县玉露香梨、河南淅川无子石榴等一批老区县农产品的品牌美誉度和知名度明显提升。其中河南正阳逐渐打造成为我国花生之都，小小花生成为老区农民脱贫致富的“金豆豆”，2019年9月“一带一路”国际花生产业发展大会暨花生文化交流研讨会在正阳县召开，正阳花生品牌价值由83亿元提升至120亿元。

荷锄在一块创意园

——忆《优质农产品》创刊那几年

王　谨

【作者简介】王谨，湖北黄梅人，曾用名王金球，笔名梅仁，毕业于中国社会科学院研究生院新闻系。历任人民日报社编辑、主任编辑、高级编辑、高级记者，《人民日报（海外版）》要闻与社会部主任、副总编辑，中国作家协会会员，作家网学术顾问，西北大学丝绸之路国际诗歌研究中心名誉顾问。曾任全国人大常委会新闻协会理事，中国新闻奖暨全国人大新闻奖评委，《优质农产品》杂志执行总编辑。发表文学和新闻作品500多万字，数十篇获中央部委以上奖项，其中特写通讯《历史性选择》获第二届中国新闻奖。出版有文学和新闻专著《家国情怀》《与岁月对话》《西行纪闻》《新闻谈片》《岁月诗行》等9部。

岁月荏苒，白驹过隙。10年前尚在襁褓中的《优质农产品》杂志，一晃已成长为少年。如果把《优质农产品》比作一块为读者提供舌尖上安全的创意园，那么历经10年园丁们的荷锄耕耘，如今这块园地，已春色满园、花果飘香，

2013年9月，人民日报社一位同仁约我，“农业部正要创刊一本杂志，急需人手，您有多年办报经验，不妨去帮帮忙”。当月底，我本着先去看看的想法，到当时在北苑办公的中国优农协会，与时为协会副会长的黄竞仪及先

行来此参加杂志筹备工作的民族报社原社长韩平福见了面，我们深谈后，他们即力邀我来此共担杂志的创刊工作。为此，我们携手一道，紧锣密鼓地拉开了杂志创刊的序幕。

一、办什么样的杂志？

参与创办新的杂志，对我来说是个挑战。尽管我几乎一辈子都没有离开人民日报社大院，做的是党的机关报工作，对包括时政、经济、社会综合报道比较熟悉，但毕竟对办市场类杂志缺乏经验。好在这本即将创刊的杂志，主管单位是农业部，主办单位是中国优农协会和中国农业出版社，指导团队实力雄厚，我可以随时实践、随时学习。

中国优农协会对创刊班子进行了大体分工，编委会主任是中国优农协会会长朱保成，杂志执行社长、总编辑为协会副会长黄竞仪；我分管杂志编务，做执行总编辑；韩平福为杂志社副社长，在协会黄开毅的协助下，分管发行、经营及行政事务。

创办一本杂志，首先要有采编人才，但杂志创刊在即，却几乎没有采编人手，仅我一个“光杆司令”是难以开展好编务工作的。杂志执行社长黄竞仪很放手，说编辑部采编骨干班子由我物色。9 月底，我先挖过来善于写宏观述评性报道的国企杂志社骨干吴杰，让他暂做杂志采编室主任，并通知他国庆节前就来见面；10 月初，又物色了中国妇女报社资深主任编辑张学珍，参与杂志创刊，暂任采编室副主任。有了这两位我所熟悉的采编干将，我心里踏实了。加之协会办公室原有的胡铁军，也可以写些东西，经协商让他做杂志首席记者，后来韩平福又推荐了记者朱鹤飞，这样编采工作基本有了人手。

办什么样的杂志？我考虑，农耕文明可以追溯到上下 5000 年。“春种一粒粟，秋收万颗子。”春华秋实是事物的馈赠法则，是农人心目中最动人的歌谣。要做大做强中国优质农产品，就是要彰显春华秋实在种植者与消费者心目中的吟唱，只有春天好好耕种，秋天才有优质的收获。杂志用“春华秋实”这个名，也许雅一些。我把这个建议告诉执行社长黄竞仪，她说非常好，可以用此作杂志名。后来得知，之所以最终没有起用这个刊名，因为农业部在新闻出版总署报批的刊名是《优质农产品》，如果改名需要重新申报，因此只好作罢。

二、确立杂志的办刊宗旨

此前农业部已有主管的多本期刊，但以“优质农产品”任名的杂志倒是第一本。为了宣示这本杂志的宗旨定位，写好创刊号的卷首语是至关重要的。题为《优质果实捧给您》创刊卷首语由我起草，由黄竞仪执行社长审定。卷首语用了一段话点出了杂志的宗旨：“2013 年中央一号文件特别强调：落实从田头到餐桌的全程监管责任，加快形成符合国情、科学完善的食品安全体系。健全农产品质量安全和食品安全追溯体系。中央的要求也是本杂志应遵循的宗旨。”紧接着在当年第二期（即 11—12 月合刊）的卷首语中，摘用习近平总书记的一段话，开宗明义地进一步阐明了杂志宗旨：“11 月 27 日下午，中共中央总书记、国家主席、中央军委主席习近平在视察山东省农业科学院智能化温室和省农村农业信息化综合服务平台时，特别强调指出：保障粮食安全是一个永恒的课题，任何时候都不能放松。解决好‘三农’问题，根本在于深化改革，走中国特色现代化农业道路。当前，重点要以解决好地怎么种为导向，加快构建新型农业经营体系；以解决好地少水缺的资源环境约束为导向，深入推进农业发展方式转变；以满足吃得好吃得安全为导向，大力发展优质安全农产品。”自此，“以满足吃得好吃得安全为导向，大力发展优质安全农产品”，成为本杂志最鲜明的宗旨。

三、制定编采责任制，确定杂志风格框架

创刊伊始一切从零开始，编采人员不多，要发挥每个人的最大效能，首先要制定编采责任制，各司其职。在编务例会上集思广益，确定了编采责任制后，又确定了杂志主要栏目，有“卷首语”“高端访谈”“本期特稿”“本期人物”“论坛”“品牌案例分析”“品牌之道”“品牌推荐”“品牌故事”“实证科技”“农耕文明”“春华秋实”“他山之石”“大视野”“多棱镜”“食尚与养生”等，总之通过多个栏目，力图使杂志有新闻看点，有理论平台，有文学韵味。通过多角度、多端口诠释杂志的宗旨，提高可读性。杂志创刊号，即以“卷首语”“高端访谈”“本期特稿”“力推品牌”“他山之石”等栏目给读者留下第一印象。

杂志创刊之际，正是经历诸如“三鹿奶粉”“毒大米”“地沟油”等大大小小的食品安全事故之后，消费者对于食品安全问题越来越敏感。如何消除

民众对于食品安全的恐慌和焦虑，重建人们对食品安全的信心？可以说，《优质农产品》杂志的创办，正是适应了老百姓对农产品质量安全和品质、品牌强烈诉求的客观需要。因此杂志创刊时，力求以其独特的视角、丰富的内容、优美的版式、清新的图片亮相，以崇高的责任感和使命感，积极宣传中央关于确保农产品及食品质量安全的大政方针。

除写好开篇卷首语外，创刊号需要打出“本期特稿”等重点文章。2013年10月12—13日召开的中国国际品牌农业发展大会，正值杂志筹备创刊之际。在当时人员少、任务重的情况下，我直接参加会议采写，撰写出5000字的“本期特稿”《让世界共享优质》，试图将中国优质农产品放到国际视野的高度，探讨国际品牌农业发展理念及趋势，开阔中国农业品牌发展的国际视野，探索实现中国农业品牌梦的途径及策略。这篇拙文，使创刊号增加了分量，受到朱保成、黄竞仪等协会领导的肯定。同时，创刊号还刊出当月匆匆准备的专访《农业品牌梦与圆梦路径——访农业部党组成员、中国优质农产品开发服务协会会长朱保成》，以及《品牌塑形象　特色铸辉煌——美丽云南的高原特色路》《在国际市场打造中国品牌》《品牌的原则：品质和信誉》《现代农业离不开信息化》等稿件。美编选配的图片，也别具一格，使杂志刚一问世，即吸引读者眼球，广受好评。

四、加强编采队伍力炼，力求创新

一本杂志品位的高低与编采队伍水平密切相关，要把《优质农产品》杂志办得读者爱看，杂志编采队伍水平也应该力争一流。从2013年10月杂志创刊到2019年9月，我们尝试在以下诸多方面做了功课：

一是开好每月选题策划会。根据长期在人民日报社编辑部工作的经验，办报纸要开好每天的编前会，办杂志尽管周期长一些，但也要开好采编例会。不一定每天开，但至少得每周开一次采编例会，吃透宣传要点，确定选题，并落实采编进度。那几年的采编会，多是我主持，只要日程不冲突，负责杂志全面工作的黄竞仪也会参加；时为中国农业出版社副总编的宋毅和期刊出版分社社长徐晖也会参加指导，交流农业部最新宣传精神。

二是现身说法，提高编采水平。杂志创刊后，对每期发表的稿件，让大家在业务例会上评议，评出当月好稿。对优秀稿件，让作者现身说法谈采写体会，再由黄竞仪或我结合编采要略做评点，对提高大家的写作水平或选稿眼光非常有帮助。之后几年，随着杂志编辑部人员有出有进，吴杰、胡铁军、朱鹤飞离职后，孔晓宁、田地、周小英、戈旭皎同志先后入职，但杂志编辑部借业务例会，培训采编人员的工作没有停顿。

三是到生活中去，第一手采写。杂志创刊伊始，原创稿不是很多，为了提高原创率，到优质农产品生产者、研究者、消费者中去，杂志编辑部将联系农业部相关职能部门分工到人，同时加强与各省份农业农村部门和农业院校的联系，主动配合中国优农协会每月重点工作。这样报道线索多了，走到基层一线的机会多了，采写的原创稿件也就多了。

四是加强与新兴媒体的融合，尝试推出杂志微信公众号。2017 年，杂志推出了《优质农产品》杂志微信公众号。在微信公众号正式上线的半年时间里，通过公众号推送杂志重点文章 40 余篇，吸引了读者对杂志的关注度。同时，加强联网互动，借助中国农业品牌化发展产业互动的平台——中国品牌农业网提升影响力。杂志创刊后，每期杂志在中国品牌农业网上刊发电子版，提升了杂志的影响力。

2016 年夏王谨在浙江嘉兴的蔬菜大棚采访种植专业户

由于杂志编辑部不懈地抓原创、抓质量、抓热点话题，杂志创刊后不久，在农业部相关职能部门的支持下，即入选全国农家书屋重点期刊；多次与中国农业出版社一起参加武汉期刊展览会，杂志获评优秀期刊。《优质农产品》杂志创刊后的 2014 年、2015 年，杂志月发行量曾一度保持在 3 万份左右。

当然，杂志从2013年10月创刊到2019年第9期，这期间也有不尽人意之处，特别是与全国优秀期刊相比差距不小。好在荷锄耕耘这块创意园多年的杂志编辑部的全体同仁们，与时俱进，加强学习，弥补不足。特别令人欣慰的是，宋毅同志接手担任杂志执行总编辑后，在杂志编委会主任朱保成和中国优农协会会长、杂志总编辑黄竞仪的支持下，即使在三年疫情期间，也坚持艰难前行，始终没有停下提高、发展的脚步。特别是在杂志创刊10周年之际，主办单位决定，将《优质农产品》月刊改为半月刊，这标志着杂志的事业发展到了一个新阶段，可喜可贺。愿正值少年的《优质农产品》杂志越办越好。

2023年9月王谨（左）在《优质农产品》杂志创刊十周年纪念座谈会上获特别贡献奖

中国优农协会工作十周年感悟

陈松梅

【作者简介】陈松梅，研究生学历，中国优质农产品开发服务协会常务副秘书长，主要负责品牌部的业务管理，每年负责策划并实施“品牌农业系列大会”（品牌农业农商发展大会、品牌农业国际研讨会、品牌农业论坛、“强农兴邦中国梦·品牌农业中国行”活动等）、参与“农业品牌价值提升子项目”及每年的农业品牌价值评选活动，帮助各地方政府进行品牌农业的规划、宣传、实施及产销对接工作。拥有20多年公司管理经验，9年品牌策划经验，4年风险投资行业经验，4年财经公关经验。先后在北辰集团、美联通财经传播集团、中金创业国际投资有限公司、华录集团等公司任管理职务。

时光荏苒，岁月如梭。十年时间弹指一挥间，从2013年选择进入中国优农协会工作，协会从最初的国际交流、品牌建设发展到政策指导、规划咨询、会议会展、品牌咨询、标准建设、产业链协同等具有专业服务能力的权威机构。

从当时的朱保成会长制定了“主攻流通、主打品牌”的工作主线起，黄竞仪常务副会长明确协会的运营模式要学习日本农协的先进经验，从做一个国际化的行业领先组织开始，按照两位领导的指导方向，我们把工作重心、业务发展首先放到了农产品区域公用品牌上。基于协会之前的工作基础，我们策划了“强农兴邦中国梦·品牌农业中国行”活动，并在云南省普洱市进行了活动的启动仪式，该活动得到了中国农业电影电视中心、农民日报“品牌周刊”栏目的大力支持，全版刊登了活动的丰富内容，同时也进行了普洱茶的区域品牌宣传，并根据与普洱市政府签署的品牌打造战略合作协议，制定了普洱农业品牌发展的五年规划，还落地了普洱线上优质农产品展厅项目，成为国内首家运用 AI 技术展示销售当地优质农产品的典范。普洱茶也逐渐成为云南省的拳头品牌，从国内市场走向了国际市场。我们先后引领云南省的普洱茶、昭通苹果、普洱咖啡、会理石榴、保山甜柿等众多知名区域品牌进入迪拜的果蔬展，在土耳其进行产品推介，与俄罗斯签署战略合作协议及产品代理协议。云南的区域品牌产品逐步走向了国际，并最终走到了联合国的大厦，向全球进行产品推介及品鉴活动。

“强农兴邦中国梦·品牌农业中国行”活动十年间遍布了中国 20 多个省份，发掘推荐了近千个区域公用品牌，在这个过程中，我们也逐渐摸索出区域公用品牌建设的路径和标准，推动了区域公用品牌、企业品牌、产品品牌“新三品”协同发展模式，引导各级农业农村部门结合本地实际，依托资源优势，以品牌为引领，为特色产业量身定制，打造了一批特色区域公用名片，使得蒲江丑柑、赣南脐橙、普洱茶、盘锦大米、栖霞苹果等区域品牌成为家喻户晓的品牌产品，跨出区域走进千家万户，乃至国际大市场，让全球享受到中国的美品美味。

在打造品牌的同时，我们也在推动农业品牌理论的完善、品牌标准的制定工作。2014 年与中国品牌建设促进会一起制定农产品、区域品牌价值评价，参与 ISO/TC 289 相关标准的制定、评审及与国际互认工作。经过不懈的努力，国家确立了5月10日为“国家品牌日”，每年这个时间，我们都会发布一批具有国际影响力的农产品区域品牌，向世界展示我们农业的品牌成就。

为了更好地服务于当地政府，帮助他们建立产业、打造区域公用品牌，我们还利用品牌展会的力量，帮助地方政府汇聚产业中重点环节的资源，形成产业集群的初级效应，为当地产业发展奠定良好的基础。为此我们先后在四川省成都市蒲江县落地了品牌农业发展国际研讨会、江苏省南京市溧水区落地了国际草莓品牌大会、黑龙江省落地了国际大米品牌大会、云南省曲靖市落地了国际蓝莓品牌大会、山东省济南市落地了中国茶叶博览会、江苏省淮安市落地了优质农产品展销嘉年华等具有产业特色的会议会展项目，也从国外引入了柏林果蔬展、亚洲果蔬展等国际知名的会展项目，提升农业会展的经验和水平。

在工作和学习农业知识的同时我们也看到，我国农业品牌仍处于起步阶段，还存在一些短板问题。从客观方面看，农业品牌基础还不牢固，产业体系发展不联动，标准体系不健全，品质不够稳定，品牌保护比较薄弱，农业品牌杂而不亮问题依然突出。从主观方面看，部分主体市场开拓能力不足，创新发展意愿不强，同时又存在品牌建设急功近利、脱农离农、违背品牌发展规律的做法，影响了农业品牌健康有序发展，这些问题亟须规范引导，农业品牌建设的国际化任重而道远。作为行业协会，在发现这些问题的同时我们也在逐步完善协会的服务能力，逐渐建立起一套围绕产业体系化发展而进行服务的协会业务新模式。蒲江“5 + 1”综合服务模式、南京溧水产业园模式、栖霞乡村振兴模式都已成为农业区域品牌发展中的典型案例，成为农业品牌化建设的引领者。

从发达国家经验看，农产品的品牌化发展往往需要三个阶段：初级阶段追求农产品产量提升，即规模化；中级阶段追求农产品质量提升，手段包括主力产品品种培育、人工手段控制生产流程、减少成品质量误差，即标准化；高级阶段追求农产品附加值提升，即品牌化。农产品的品牌附加值成为区分各发展阶段的标准。我国的农产品品牌化发展各区域参差不齐，缺乏专业指导、产业化标准和创新技术。

为了更好地解决农产品品牌化发展中存在的问题，协会建立了以技术、产品、标准为核心的产业一体化解决方案。通过深入研究产业的发展及链条环节，从规模化种植养殖开始，整合协会各方资源，发掘各关键节点的创新技术，深挖产品附加值，形成产业重点环节的标准化模式，才能将产业研究清楚研究透，并在其中培育重点的龙头企业和标杆企业，更好地将产业链打通，为国际竞争做准备，让农业从落后产业跳跃到科技生物产业，抢占国际农业创新的制高点。

十年农业品牌的发展，我很幸运成为亲历者、见证者和一些重要事件的策划者、参与者、推动者。未来十年，在协会会长黄竞仪及各位领导的带领下，我们也将成为中国高科技农业发展的亲历者、参与者、实践者。“品牌强农，农业强国”已经不是一句口号，而是我们为之奋斗的目标和方向，我为自己是一名农业人而自豪和骄傲。

至臻求新　行稳致远

——记中国优农协会国际品牌建设及合作工作

任　鑫

【作者简介】任鑫，中国优质农产品开发服务协会副秘书长兼会展部部长，2013 年进入协会工作，主要负责会议会展及国际合作，组织策划多个展会活动、品牌宣传活动和技术培训，参与欧盟地平线 2000、湄公河大米区域标准建设等国际项目，并与德国柏林会展公司、荷兰皇家会展公司、德国科隆会展公司等合作引入国际会展品牌，具有丰富的品牌建设和宣传经验。

三十载光影瞬息即过，2023 年中国优农协会迎来了建会 30 周年。我自 2013 年加入协会工作，有幸见证了中国优农协会近十年来的发展历程，以及协会在持续推动农业农村发展及品牌农业建设方面的不懈努力及亮眼成就。作为中国优农协会会议会展及国际合作队伍中的一员，我也亲身经历了协会国际化交流合作平台的建设、提升和完善，从最开始的中国国际品牌大会——国内最早的国际化品牌农业推介交流活动平台，到一个有多个国际组织、科研机构及商会协会联合协作，真正聚焦国际产业前沿的政策对话、技术合作、信息交流、贸易对接、品牌推介、产业研究等工作的国际化平台。中国优农协会沿着“主攻流通、主打品牌”的工作主线，在提升会员单位品牌国际竞争力及影响力、帮助我国品牌企业更好地融入国际合作并从中受益、促进“一带一路”倡议的落地实施等方面进行了多年探索，形成了一条行之有效的道路。

中国优农协会国际品牌建设及合作工作的宗旨在于立足行业组织的优势及特色，加强各国行业组织、企业间，以及与相关国际组织、地区组织的交流合作，探索农业国际贸易与合作模式，特别是各国产业协会间的农业合作机制创新，推动国际优质农产品贸易及品牌交流互通，从而提升我国品牌农产品在国际农产品贸易体系中的竞争力和影响力。

促进品牌农业推介交流，打造农业品牌合作平台。中国优农协会充分发挥自身在品牌建设、市场推介及国际交流等方面的优势，通过搭建品牌交流合作平台、开展境外品牌宣传推介等形式，提升会员单位品牌建设及市场开拓能力。2012 中国农业品牌发展推进会是全国最早的品牌农业论坛，在 2013 年提升为中国国际品牌农业发展大会，开启了中国优农协会国际会展品牌的建设之路。之后中国优农协会连续多年组织举办品牌农业发展国际研讨会，以及草莓、蓝莓、大米等行业国际品牌大会，打造了国际最高端的产业交流平台及品牌宣传推介平台，先后共有 20 余个国际组织、60 余个国家的政府部门、农业协会和企业代表出席活动，推介了百余家优质农产品品牌，签订了多个产品及技术方面的国际合作协议，如推介我国苹果首次进入哥伦比亚市场等。

中国优农协会连续 5 年组团参加柏林国际绿色周，组织有关会员单位参加柏林果蔬展、亚洲印度洋博览会、迪拜中东果蔬展、俄罗斯金秋十月博览会、马来西亚食品与包装博览会等国际展会，宣传我国农耕文明和重要农业文化遗产，推进国内外地方政府达成农业产业战略合作，推介我国农产品区域公用品牌与优质农产品；组织境外专场品牌推介、考察交流等活动，帮助各级政府、行业商会协会及农业企业进行有效对接和沟通，成功将包括宁夏、青海、辽宁等地的区域公用品牌推向欧盟市场。除此之外，中国优农协会围绕优质出口农产品品牌开展有计划、有重点、有深度的对外宣传推介工作，联合新华社、《中国日报》、中国经济网、新浪微博等中央级媒体及行业主流媒体的海外平台对我国农耕文明及地域特色文化、优质农产品品牌及产品进行宣传推介，打造一系列事件宣传话题，提升品牌国际市场影响力及知名度。

为进一步提升展览展示平台的专业化水平及国际影响力，中国优农协会与德国科隆会展集团合作打造哈尔滨国际农业博览会；与德国柏林会展公司合作引进了国际知名果蔬展，这是世界最专业的果蔬会展品牌首次进入中国市场；与皇家荷兰会展集团开启战略合作，并共同引进亚洲园艺展及相关活动，为我国农业会展平台引入国际先进的会展专业品牌及管理模式。

以国际标准对接为载体，促进行业标准对接及认证推广。中国优农协会一贯注重在进出口标准对接、认证认定、质量提升等方面的对接合作。受国际标准化组织品牌价值评价技术委员会ISO/TC289秘书处委托，中国优农协会组织起草制定了农产品相关的品牌价值评价国家标准，连续多年组织开展了农业行业的农产品品牌价值评价工作，并按照ISO/TC289要求逐步将国家标准与国际品牌机制评价标准进行对接。为提升湄公河六国大米生产质量，促进标准对接、技术交流及国际贸易，中国优农协会作为中方代表机构之一参与了“湄公河-澜沧江次区域大米生产共同标准制定与实施”项目。该项目已在湄公河六国农业部门、产业研究机构及行业组织建立起产业合作机制，计划建立共同的湄公河-澜沧江区域大米生产标准，助力大米产业应对区域社会、经济和环境挑战。同时，中国优农协会还联合全球良好农业规范组织相关活动，针对地方政府及企业开展标准建设完善、良好农业规范认证推广及培训等服务工作；联合SGS认证共同建立区域品牌管理研究实验室，在区域品牌标准制定、区域核心产品检测、品牌出口标准、预警培训等领域进行合作，协助优质农产品品牌提升品牌管理及产品质量，更加顺利便捷地通过市场国检测，降低贸易壁垒。

引导出口企业提升品牌价值，促进出口品牌与国际渠道的合作对接。结合中国优农协会在品牌价值评价方面的经验，协会联合中国国际商会等组织开展了农产品出口品牌价值评价，建立了一套出口品牌评价标准，为引导农产品出口品牌制定优质产品标准、完善品牌管理规范体系、提升品牌的国际竞争力及影响力奠定了坚实基础；同时，中国优农协会联合中国贸促会商事认证中心共同签发认证证书，通过各国使领馆及商会协会平台协助各个符合标准的出口品牌开拓国际市场。在此基础上，中国优农协会每年跟进参评及获评企业，组织农产品出口相关培训，向出口企业介绍国际农产品进出口要求及检验标准，针对出口目标市场要求向企业提供标准认证的相关咨询服务；对优秀的出口企业进行宣传推广，带领企业参加更多国际型展会并获得更多国际宣传机会，提升品牌的国际市场开拓能力；组织国际产销对接，通过协会国际合作伙伴包括各国使领馆及商协会的渠道，将品牌产品推介至目标国市场。

以项目合作为载体，与国际机构共同搭建产业协作平台。中国优农协会积极寻求并加强与具有影响力的国际组织在农业领域的协调和合作，构建农业协会、政府机构、金融机构、行业发展机构、国际组织等的协同网络。中国优农协会与联合国粮农组织联合国际贸易中心、世界贸易组织、国际标准化组织等国际组织在农业可持续发展方面开展对话，深化务实合作；联合多国行业协会建立国际农业协会联盟，逐步建立国际行业协会间农产品市场价格、产量、进出口需求等数据库；联合国际科研机构、标准机构等参与欧盟地平线等国际项目，建立并推广可持续农产品标准体系及认证；建立农产品国际贸易服务体系，与上海国际食品城、深圳国际万国城、京际通全球购等平台共同探索跨境电子商务模式，围绕交易流程、信息系统、物流供应链及品牌贸易等方面开展合作。

以农业创新发展为载体，促进农业科技交流与推广。中国优农协会一直在努力建立有效的技术交流推广机制，促进技术分享。推进中国热科院与哥伦比亚签订了以咖啡、可可等热带作物产品研发及种植加工等技术转让合作协议，继而拓展拉美各国的市场；与马来西亚就水果加工技术及设备、进出口贸易等方面展开合作，推动各国代表性创新技术产品在成员国家间的产业化落地。

30 年来，中国优农协会一直致力于农业品牌的培育与提升，也希望能够将协会自己的国际化平台打造成为一个专业的、有影响力和代表性的品牌型服务平台。今天，中国优农协会已经建设完成了一个集合多个国家农业政府部门、国际组织、行业协会及国际会展机构力量的合作体系，包括有定期的产业信息交流、高效的宣传推介方式、丰富的市场贸易需求和专业的全方位服务。未来协会将不断创新形式、提升服务、扩大合作范围，加强与各方力量的务实合作，为会员在国内和国际两个市场提供助力。

于人生，三十当而立；于品牌事业，三十正踔厉。新的时代浪潮中，我也将继续学习，稳步向前，在中国优农协会“30 +”、我的“10 +”新征途上，体会更多的精彩！

每一次蜕变都是成长

丰 峰

【作者简介】丰峰，内蒙古赤峰人。异乡求学，曾走过山西、陕西和北京。工作以来先后经历不同商业业态的磨练，历经 18 年，曾任职经理、总助、副总等。机缘巧合投身农业行业，历任《优质农产品》杂志编辑部主任、中国优质农产品开发服务协会会员部部长等职。现任中国优质农产品开发服务协会副秘书长、项目部部长。

2016 年的秋天，正值“强农兴邦中国梦 · 品牌农业中国行”走进桂林活动前紧张筹备期，桂林首次举办以创新应用科技推动品牌农业、运用纳米腐殖质发展优质农产品为主题的现场会议，为了会议能成功举办，组织邀请、会场布置、产品遴选、宣传推广等大量筹备工作一一铺开。这是我首次牵头筹备活动，通过活动的举办，学习了组织一场大型活动和会议完整的流程，了解了各个环节不可或缺的步骤和内容。

那年桂林的秋天还比较热，五六个人在一同讨论、协调、组织分配对应去完成的工作任务。当时硬件条件十分有限，大家都是靠手写手抄各种流程及会场内容、企业和人员资料，尽可能地不落下任何一个环节。晚上回到住宿地借助电脑等办公设备，专人负责整理汇总资料，总结当天筹备工作完成情况，同时找出不足。

为了了解更多的信息资料，相关筹备人员会到自己熟悉的单位、通过熟人收集可用的信息资料，再汇总整理。大家都抱着在这次学习实践中积攒力量、顺利完成好任务的决心，对未知领域的渴望及迫不及待要干好工作的热情，把每个人都紧紧地凝聚在一起。随着“强农兴邦中国梦·品牌农业中国行”走进桂林活动的正式启动，来自全国多地的农业专家共同把脉桂林农业品牌建设，并使其成为桂林绿色品牌农业发展的全新起点，对促进桂林生态农业和品牌农业跨越发展产生了深远的影响。这次活动特别邀请到中国科学院院士匡廷云，院士表示保证粮食安全、食品安全、生态安全才能保证农业可持续发展，从战略高度提出了运用科技缓解我国土壤污染非常重要。当时匡院士已 82 岁高龄，我们怀着忐忑和崇敬的心情组织安排行程，圆满地完成了工作任务。同时，为中国优农协会的“中国行”活动又增添了一抹色彩，也为自身业务开拓打下了坚实的基础。我们在这次组织活动中都受益匪浅。

另外一次是《优质农产品》杂志参加当时海南农业厅的宣传推广招投标会，我刚刚分管杂志发行工作，协会领导安排我参与政府部门的招投标项目会议，负责组织材料、联系招标单位、了解评标专家、协调各部门工作等。由于是首次接触当地农业领域推广宣传和政府部门规划，因此我仔细查阅相关资料，了解宣传推广重点方向和任务，完善标书内容，按照流程步骤交标书、答辩、评定、审查。从 12 家单位到 6 家单位，直至最终中标 3 家单位，《优质农产品》杂志为 3 家单位之一。此次投标项目会议中我应对突发事情，逐个解决，更增加了一份信念与执着。借着协会不断壮大的平台，我也在不断成长、不断发展。

每一次的活动安排、每一次的会议组织参与，都让我收获满满。记得 2019 年 5 月中国国际茶叶博览会召开，为深入实施乡村振兴战略，助力精准扶贫，支持贫困地区做好茶品牌建设，加快贫困地区经济发展建设步伐，博览会组委会决定举办一场“贫困地区茶品牌建设论坛”。在中国优农协会会长黄竞仪精心安排和中国农业出版社副总编宋毅的大力支持下，我们牵头组织了 400 人的论坛。论坛筹备期间，从论坛方案、资料、视频、宣传、现场布置、邀请人员行程、组织安排等，所有筹备人员一心扑在工作上。筹备过程中很多问题都靠我们自己琢磨，不断尝试，逐个解决。一个流程时间、一种视频字体、一份发言内容、一个人员次序等，都不可忽视。时间紧、任务重，容不得大家多想，有的站着工作，有的饭都顾不上吃还在工作。在这样勤勉工作、默默付出的过程中，留下了我们奋斗过的足迹。

本次论坛是以“科学探索品牌发展　智力推动脱贫攻坚”为主题的贫困地区茶品牌建设论坛，论坛中交流分享茶品牌建设成果，着力分析破解贫困地区品牌建设困境，促进产销对接，合力助推贫困地区茶品牌建设，推动贫困地区茶产业提质增效，助力脱贫攻坚。

风雨同路近十载，初心不改。“雄关漫道真如铁，而今迈步从头越”，我们都在一个个不同的岗位里不断适应不断成长。改变的力量，藏在平凡的工作中，它是中国优农协会和员工们共同成长的真实写照。

值此中国优农协会成立 30 周年之际，愿协会在未来日子里继续发挥其独特的作用，为农业的发展贡献更多的力量。让我们一起携手前行，共同书写协会的美好未来！

对中国优农协会分支（代表）机构管理工作的几点思考

刘向坤

【作者简介】刘向坤，中共党员，现任中国优质农产品开发服务协会副秘书长兼会员部部长、《优质农产品》杂志社副社长、中国农机化学会青年工作委员会副主任委员等职务，2011 年部队转业到农业部中国农机安全报社，先后在办公室、业务部等部门任职；从事农机化宣传工作近十年，多次得到农业部的表彰，连续 3 年被农业部评为先进个人和优秀党员。

2019 年 9 月，我正式成为中国优农协会的一员，负责会员及分支（代表）机构管理等相关工作。分支（代表）机构是协会的重要组成部分，既要使其规范化发展，更要保证其组织活力，避免出现“一管就死，一放就乱”的问题。协会向上生长的内驱力不断鞭策着我，经过几年的探索，使我对分支（代表）机构管理有了更多的思考。

一、分支（代表）机构的设立要紧跟时局、顺势而为

分支（代表）机构是协会根据业务工作需要，依据业务范围划分设立的专门从事某项业务工作的机构，作为协会的重要组成部分，遵循国家相关法规政策及协会章程，接受协会统一领导与监督，在协会委托和赋予的职能范

围内开展工作，对协会长期发展规划的实现具有不可替代的作用。筹备成立新的分支（代表）机构，必须充分调研，确保分支（代表）机构能够促进行业健康、稳定和有序的发展，有利于提升行业整体规模化、智能化水平。

在黄竞仪会长的带领下，协会坚持有利于扩大协会主体功能和弥补新兴领域空白方向的分支机构设立原则，遵循聚集产业资源、设置综合超前、组织精干高效的要求，我先后参与筹备成立了冷链仓储与智慧物流分会、包装分会、优质畜产品分会、预制菜分会4个分支机构，以及标准认证专业委员会、生态产品专业委员会、法治工作委员会、桑蚕产业创新工作委员会4个专业委员会。

2019年11月，冷链仓储与智慧物流分会在北京星光梅地亚酒店成立，这是我到协会后参与调研和组织成立的第一个分会，这是协会在中央政治局会议明确提出实施城乡冷链物流设施建设工程的政策引领下做出的决定。2020年4月，农业农村部发布了《农业农村部关于加快农产品仓储保鲜冷链设施建设的实施意见》，提出新型农业经营主体根据实际需求选择建设设施类型和规模，以鲜活农产品主产区、特色农产品优势区和贫困地区为重点加强仓储保鲜冷链设施建设。正是顺应了中央和部委对城乡冷链物流的政策东风，冷链仓储与智慧物流分会成立后不仅在产业发展中做出了许多工作，还在抗击疫情中发挥了重要的作用。

二、分支（代表）机构管理要依法合规、内松外紧

为促进协会各分支（代表）机构的科学设立，进一步加强规范管理、充分发挥分支（代表）机构的作用，根据《社会团体登记管理条例》《民政部关于贯彻落实国务院取消全国性社会团体分支机构、代表机构登记行政审批项目的决定有关问题的通知》（民发〔2014〕38号）、《民政部　财政部　中国人民银行关于加强社会团体分支（代表）机构财务管理的通知》（民发〔2014〕259号）及《中国优质农产品开发服务协会章程》，协会制定了《中国优质农产品开发服务协会分支（代表）机构管理

办法》。

协会分支（代表）机构发展迅速，在服务“三农”工作中做出了积极贡献，但仍存在良莠不齐的现象，有的分支（代表）机构对自身定位和发展方向不够明确，有的对协会和分支（代表）机构之间的关系不够明确，有的分支（代表）机构不能将中心工作统一到协会的日常工作中来，因此，盘活不能正常开展业务活动的分支（代表）机构是协会发展的必经之路。

根据《民政部社会组织管理局关于进一步加强全国性社会团体分支机构、代表机构规范管理的通知》（民社管函〔2021〕81号）、《民政部关于开展全国性社会团体、国际性社会团体分支（代表）机构专项整治行动的通知》（民函〔2022〕19号）等文件要求，当前对分支（代表）机构的管理必须严格规范，不容任何的懈怠马虎，加强日常工作的监督管理是当前一段时间的重中之重。

服务分支（代表）机构要融合分会在不同细分领域内的影响力，协同推进优质农产品行业标准的制定、完善和实施，为政府提供行业发展现状、问题和对策方面的决策依据，同时为扎实推动实现巩固拓展脱贫攻坚成果建言献策，接续谱写乡村全面振兴新篇章，绘就乡村振兴美好蓝图。

三、分支（代表）机构联动要互相支持、形成合力

2023年4月21日，中国优农协会分支（代表）机构负责人座谈会在北京召开。优质茶叶分会、设施园艺分会、包装分会、冷链仓储与智慧物流分会、优质畜产品分会等14家分支（代表）机构充分交流了好的办会经验和做法，全面总结了过去的工作情况，并对今后的分会工作做出了详细的规划部署。

今后，我们要把加强分支（代表）机构建设作为一项重点工作持续推进，对于开展活动成绩突出的分支（代表）机构给予鼓励和支持，积极发展想做事、能做成事的分支（代表）机构，同时也适当调整工作不力的分支（代表）机构。

下一步，要加强对分支（代表）机构的统筹协调，积极探索分支（代表）机构的管理模式，逐步形成协会会员和分支（代表）机构会员管理并轨的制度，以激励各分支（代表）机构会员参与活动的积极性。汇聚协会力量和资源，提升协会整体服务能力，选择若干分支机构先行试点，探索经验做法，

争取逐步突破。

同时，运用好协会现有的杂志、网站和公众号等宣传矩阵，发动各分支（代表）机构组织会员单位积极投稿，加强沟通和联系。总之，我们要解放思想、加强研究，管理好、运营好、发展好各分支（代表）机构，为乡村振兴贡献力量。

做强绿色食品品牌　助力产业乡村振兴

张　易

【作者简介】张易，现任中国优质农产品开发服务协会副秘书长，毕业于中国人民大学艺术新媒体专业。2013 年 3 月进入中国优农协会以来，先后担任协会信息部副部长、部长，协会办公室副主任，协会副秘书长，同时兼任协会品牌部副部长、中国品牌农业网副总编辑、《优质农产品》杂志社发行部副主任等职务。先后负责协会官网、中国品牌农业网、微信公众号等融媒体平台；负责并参与协会品牌农业发展国际研讨会、品牌农商发展大会等大型活动的招商及宣传工作，负责“强农兴邦中国梦·品牌农业中国行”专题项目，协会与各地方政府主办及支持的相关农事节庆活动、区域品牌推介活动、产销对接活动等相关项目。

绿色食品是伴随改革开放兴起的一项开创性事业，距今已走过 32 年。随着消费者对追求美好生活的愿望愈发强烈，发展绿色食品恰逢其时，也更加凸显了发展绿色食品的广阔前景和巨大潜力。得益于其安全、优质的特征，经过几十年的耕耘发展，绿色食品已然走进千家万户，深得消费者喜爱和信赖。

截至 2021 年底，全国绿色食品企业 23493 家、产品 51071 个，同比分别增长 29.9%和 28.3%。全国累计创建 729 个绿色食品原料标准化生产基地和 36 个绿色食品三产融合发展园区。

伴随着绿色食品的品牌知名度不断提高，绿色食品生产企业的影响力和竞争力不断增强。目前，我国一二三线城市消费者对绿色食品标志的知晓率已达 73.5%。根据市场调查，绿色食品售价比同类普通食品平均高出 20%左右。一大批企业正乘着绿色食品的品牌东风，发展成为行业内的领军企业。

2021 年 4—7 月，中国绿色食品发展中心联合中国优质农产品开发服务协会，依托省、市两级绿色食品工作机构，在全国范围内组织开展了以“绿色生产　绿色消费　绿色发展”为主题的“春风万里　绿食有你”绿色食品宣传月集中宣传推介活动，活动反响热烈，宣传效果显著。

绿色食品宣传月启动活动成效显著，让千家万户了解绿色食品

2021 年 4 月，由中国绿色食品发展中心联合新疆维吾尔自治区农业农村厅主办，中国优质农产品开发服务协会、中国绿色食品发展协会、新疆维吾尔自治区农产品质量安全中心共同承办的“春风万里　绿食有你”绿色食品宣传月启动仪式在北京新浪直播间举行。活动邀请了尼勒克县、柯坪县、岳普湖县、策勒县和察布查尔县 5 个脱贫地区的县长为本地区内具有代表性的绿色食品企业进行宣传推介，涉及新疆艾力努尔农业科技开发有限公司、新疆大漠丝路红林果业有限公司、察布查尔锡伯自治县华林米业有限公司、克拉玛依红果实生物制品有限公司、新疆西尔丹食品有限公司等 15 家绿色食品企业的 38 款绿色食品产品，现场直播间观看人数近 200 万人次。

启动仪式采用直播带货形式，沙雅罗布麻蜂蜜、丝路红大红枣、红果实纯红花籽油、丝麦耘雪花粉、艾力努尔土各曼面粉、香瓜子等 10 余款绿色农产品通过新浪微博、中国经济网等多个平台进行了直播带货，半个小时的绿色食品专题带货，观看人数近 30 万人次，销售商品 2000 多单，销售金额 18.31 万元，消费者在了解新疆绿色食品的同时，还可以足不出户地购买和品尝到来自新疆的优质农产品。本次启动仪式首次以“春风万里　绿食有你”为主题登上微博热搜，形成绿色食品宣传氛围，据统计，活动当天新浪微博“春风万里　绿食有你”关键词搜索阅读量达到 1.2 亿次。

推介阵容专业性强，多名大V齐助力

本次活动特别邀请了资深媒体人、新浪集团乡村振兴合作办公室运营负责人、“三农”领域负责人伞明老师作为主持人，具有514万粉丝的中国科学院植物研究所植物学博士、中国植物学会科学传播工作委员会成员史军老师作为互动大V，二者组成了专业度高、趣味性强的现场推介主持阵容，为本次活动增加了很强的互动性。

积极创新，提升了绿色食品品牌影响力

本次宣传月活动各地积极创新，采用线上线下相结合的方式，开展绿色食品宣传月活动，充分利用微博、抖音、大V、网红、主播等热点开展宣传推介，将云宣传稳步推进。各地区提前谋划、精心准备，以统一形式、统一形象、统一口号的方式，结合本地区的特色、亮点、优势，将活动举办得声势大、影响广、有创新、有效果，辐射全国，由省至县，由点到面，上下联动，全面开花。中央人民广播电视总台、中国新闻社、新华网、央广网、中国经济网、《农民日报》、中国农网、“三农”公众号、中国品牌农业网、中国食品报网、新浪微博、中国食品新闻网、《优质农产品》杂志、中华工商网、腾讯视频、今日头条、你好台湾网等近30家媒体进行了宣传报道。央媒参与，链接共享，营造绿色食品品牌宣传氛围，让消费者在互动娱乐中了解绿色食品的基本知识和品牌价值，增强了消费者对绿色食品品牌的关注，提升了消费信心，践行了绿色发展理念，共享了绿色发展成果，引领了绿色健康消费观，助力农业绿色发展的乡村振兴战略方面发挥更好的作用。

如何讲好融媒体时代的品牌农业故事

杨　雪

【作者简介】杨雪，苗族，毕业于中国人民大学，新闻学硕士。先后任职《中国农机化导报》编辑部副主任、《农经》杂志编辑部主任，现任《优质农产品》杂志副总编。先后参与《中国农业机械化发展重大问题研究》《革命 建设 改革：中国共产党的道路》《梦想与坚守——著名农业机械化发展战略专家白人朴教授述忆》《潮头跨越：中国石油和化学工业强国梦时代报告》等书的编撰工作。

2013年，中国优质农产品开发服务协会与中国农业出版社联合创办《优质农产品》杂志之时，正是新媒体突飞猛进、自媒体锋芒初露之时，以微博、微信、今日头条等为代表的互联网势力，已经完全打破了媒体的原有生态。在彼时，创办一家纸媒，且是一家以“三农”为主体的纸媒，是需要巨大的勇气和决心的。

正如那句话说的，无论媒体变局多么剧烈、传播介质如何进化，优质的信息、扎实的理论与深刻的思想永远是被需要的。受到剧烈冲击和影响的传统媒体并没有就此倒下，而是积极拥抱互联网，从单向传播到互动融合，从几页纸到多端、多屏，融媒体时代的来临必然要求我们重塑互联网时代的传播理念。

2020年，我来到《优质农产品》杂志时，宋毅执行总编牵头确定了杂志新的办刊思路，即要抓住内容和形式这两个最重要的点：一是杂志内容要坚持原创，确立“内容为王”的理念；二是迎合互联网时代的阅读习惯，迅速重启杂志多媒体平台建设，强化融媒体创作能力。作为刚刚加入《优质农产品》杂志的一员，我既承担了杂志编辑采访的工作，又挑起了杂志融媒体建设的任务，当时压力不小。

当下的互联网生态，大数据和算法成为“大脑”，信息茧房的客观存在，让信息传播的有效性越加困难，而且各大互联网平台的商业化运作早已成熟，流量牢牢掌控了一切。杂志曾经搭建了部分新媒体号，但却囿于种种因素没有坚持运营，账号停更后粉丝丢失、账号丢失甚至被占用。重新运营或是新注册账号运营，只能在现有条件下自力更生，没有专业力量支持也没有经费支持，甚至内部思想上还不统一，部分人认为杂志已经错过了新媒体创建的最好时机，如今运营新媒体号是出力不讨好。但在我看来，《优质农产品》已有了数年沉淀，只要是出发，任何时候都不晚。

既然要出发，就要清楚自己的“行囊”里有什么？《优质农产品》杂志的原创内容和专业采编团队就是一个实实在在的基础，这决定了我们的新媒体平台不用去做“新闻的搬运工”。活跃在一线的专业采编，可以保证我们的时效性和接近性，不用去“蹭流量”。所以，在接手《优质农产品》融媒体建设时，我确立了这样的核心理念，就是牢记一个“融”字。所谓融媒体，就是无须分什么是新媒体什么是传统媒体，新与旧指代的只是信息传播的载体，而“融”就是要打通新旧，针对不同载体对信息进行不同程度的创作与加工，从而达到更快的传播速度和更好的传播效果。

首先，我立足杂志原有内容基础，对杂志原创内容进行再次加工发布，针对互联网平台的阅读特性，对标题、配图、文字及排版设计等进行重新编辑，按照当下碎片化阅读、读图时代的要求，配以更情感化的叙事、更可分享性的形式，更多地讲述“优质农产品自己的故事”。例如，在《优质农产品》杂志头条号上首破10万+的文章《20年前FAO就认定桑是特殊饲料！中国工程院院士向仲怀说桑可以在健康养殖和抗生素替代中发挥独特作用》，原本是杂志增刊上刊登的向仲怀院士的署名文章《协同创新　推进桑饲料产业发展》，是典型的严谨的学者观点阐释，但这样极具价值的文章在流量市场上却难以获得关注，因此在微信公众号上我将其标题编辑为《中国工程院院士向仲怀：饲料桑是桑蚕学科和产业的拓展和创新，要科学定位、协同创新》，旗帜鲜明地亮出专业观点，在刚刚恢复运营的杂志微信公众号上获得了不错的阅读量，随后在头条号上再次编辑标题，并增加相关配图、优化设计等，发布后短短几天时间流量就破 10 万+，为刚刚开通的杂志公众号和微信号赢得了开门红。

其次，按照杂志确定的围绕协会重点活动、重点工作进行重点报道，围绕服务会员，分类拓展报道领域，找好切入点，不断缩短对行业和社会热点报道的反应速度的报道方向，发挥新媒体平台快速、及时、高频的优势，在重要活动、重要工作节点展开及时报道，有效补齐纸质期刊时效性差、篇幅受限、形式单一的短板，就是使各个平台形成有效融合，更为立体地呈现新闻报道。这样拉长活动宣传报道期，形成前期新媒体平台预热、中期新媒体快速上线报道、后期杂志挖掘深度整体展示的宣传节奏，既发挥出线上渠道新快、互动分享性强、表现手法多元的“短平快”优势，又能发挥出纸媒深度报道、严谨准确的特点。如大米品牌大会、绿色食品宣传月、农民丰收节金秋消费季和品牌农业发展国际研讨会等活动的报道都采用了这种多平台、多节点、多元化的报道方式，形成真正的媒体融合报道，获得了不错的反响。让杂志从单一的纸质刊物，逐步形成刊物、微信、今日头条协同发展的多媒体矩阵，知名度和影响力逐步提升。

通过简单高效的融合报道手段，杂志新媒体平台实现了短时间内的粉丝快速积累，在综合考量人力、物力等方面的情况后，杂志新媒体平台方面坚持以微信公众号和今日头条号两大平台为主，保持平台日更，影响力持续扩大，年度阅读量达到近 40 万次，期均阅读量近 3 万次，并涌现了如金华火腿知识产权争议、椰枣引进中国等一批阅读量数万的热点文章，赤峰小米、猴娃桥眉县猕猴桃等文章登上地区新闻热榜，还多次进入头条号区域新闻热榜，获得了更多关注度。在热点新闻报道方面，充分发挥新媒体快速多元的优势，除了图文报道外，还力所能及地不断增加短视频、互动视频的宣传形式，利用好视频这个更适合“讲好品牌农业故事”的形式，增加诸如知识科普、现场采访、新鲜故事等一些更加简单直接的内容，与杂志形成互动型宣传矩阵，成为杂志宣传工作的重要组成部分。由于线上渠道的信息获取更加快速简便，我尽量调动更多的线上分享渠道，微信群、朋友圈的转发分享，让杂志的读者也能成为信息的传播者，形成几何级数的信息传播规模，让杂志也能享受到互联网时代的红利。在新媒体平台上集聚了相当数量的粉丝数后，我尝试利用新媒体进行销售植入、广告展示，为可能的流量变现探索路径。

如今，短视频、直播带货的快速崛起和加速规范化发展，也让我们不得不重视视频化传播这一重要形式。但必须正视的是，相较于图文传播而言，视频传播完全进入了另一个专业领域，杂志在这方面不具备优势。但是视频化的呈现肯定是最具观赏性和吸引力的，传播门槛低、互动性强，对于“讲好品牌农业故事”及促进优质农产品产销对接等都具有巨大的优势，所以我仍然不放弃这一领域，利用现有人员，先实现从零到一的突破，解决“有没有”的问题，再逐步解决“好不好”的问题。所以我利用记者可以赴一线采访的机会，用手机＋微云台快速采集来自田间地头的真实镜头，剪辑加工成时长不超过 1 分钟的短视频，让人们可以通过画面真实地感受大蒜、小麦的成长和收获，感受粤港澳大湾区现代农业示范园的高科技农业，还有大泽山的葡萄、眉山的柑橘、河北的花生都透过我们的镜头第一时间送达到粉丝的眼前，当那些红彤彤、金灿灿、绿油油的品牌优质农产品通过我们的镜头和画面传递到读者眼前时，也实现了从我们讲述“优质农产品自己的故事”到“优质农产品通过我们讲自己的故事”这样一种融媒体时代的全新改变。

当然，对于《优质农产品》融媒体建设的探索仍然只是起步阶段，未来，我时刻准备着迎接更多的挑战。

在中国优农协会平凡工作岗位上历练成长

杨艳红

【作者简介】杨艳红，毕业于北京市委党校财务管理专业。先后任职北京中盛鼎成机电设备有限公司主管会计 15 年、北京徐冬餐饮管理有限公司财务总监 4 年，现任中国优质农产品开发服务协会财务主任。从事本职工作 26 年，有较强的财务工作经验，对工作认真负责，踏实肯干，管理能力强，有较强的时间观念和很好的沟通理解能力，善于团队合作。

2016 年踏入中国优农协会从零开始，到 2023 年的成果可见，变化最大的是年龄，不变的是对工作的态度和热爱。

第一次我学会了“奉献”。2016 年的 10 月，中国优农协会在北京市怀柔区雁栖湖举办的国际研讨会如期而至，这是我在协会参加的第一个这么大型的会议。当时的我满怀信心投入到工作中，但是还是手忙脚乱，所有人都很包容没有怨言，当时我就在想这是多好的一个集体，每个人都按部就班地完成自己分内的工作，不急不缓，在这个举国欢庆的假期，谁的家里没有孩子没有老人，谁不想过节陪陪家人呢，但是协会每个人让我体会到了奉献精神。

第二次我学会了“集体就是家”。2018 年是中国优农协会最忙碌的一年，大小会议就有十来个，我们部门还有 2 个入职时间不长的新同事。他们问我：“杨姐，你在协会经过几个这么忙碌的年头了？”我说：“这是第三个，你才是第一个，咱们在一起工作，我把你们当成孩子，我把你们当成姐妹，咱们是一个集体，集体就是家，我们共同努力。”

第三次我学会了“责任重于泰山”。2019 年这年为什么这么紧张呢？因为财务部这一年迎接了三次审计，分别来自农业农村部、民政部、4A 评估审计，每个审计性质不同，我们大家齐心协力。我说：“审计是考验我们平时工作最好的工具，让我们规避风险、查漏补缺。”我们不仅要做好平时的日常工作，还要自我纠错，一丝一毫都不能松懈，要明白财务工作的重要性，我们有职责也有义务为协会尽一份自己最大的努力。七年的磨练，使我褪去了当初的稚嫩，多了一份坚强。一路走来，有欢乐，有汗水，有收获，也有付出，更多的是我与中国优农协会共同在成长。

回首我在岗位上所发生的点滴，每一段工作都是一种历练。感谢协会这个大家庭，使我不断地成长进步，以后的道路上，我会一如既往地做好本职工作，为协会的高质量发展添砖加瓦。

风雨同舟三十载，携手共进创未来。作为中国优农协会一员，我们将紧跟协会发展步伐，为服务社会发展、建设美好生活，匠心兼程，勤耕不辍。多年来，协会一直积极参与行业活动、行业调研等，贡献了众多可借鉴、可复制、可推广的经验，主动服务和推动行业发展新格局。未来，协会的每一份子都盼与协会风雨同舟、携手并进，以党建引领为美好生活赋能，为共同推动协会的高质量发展续写新的精彩华章。

不断努力不断进步的优农产业之旅

安金燕

【作者简介】安金燕，中国优质农产品开发服务协会品牌部副部长，2007—2014 年在中国华录集团下属公司任职，先后担任中国信息产业有限公司业务专员、华录亿动科技（北京）有限公司销售副总监，其间被评为个人销售冠军、公司优秀员工等。2015 年正式加入中国优质农产品开发服务协会。

八年，这是一个既短又长的过程。我有幸加入中国优农协会，参与了这八年的成长历程，共同见证了中国优农协会影响力不断壮大的发展与变迁。

中国优农协会 1993 年经民政部批准成立，主要由从事优质农产品生产、加工、营销、技术推广、教学科研、管理的企事业单位，以及农民专业合作社等经济组织和有关人员自愿结成的全国性社会团体。以推进品牌农业发展、服务农业全产业链、培育安全优质农产品品牌作为工作重点，以“主攻流通、主打品牌”为工作主线，为国家相关部委建言献策，推动农业品牌发展战略的实施。在农业农村部的指导下，落实国家品牌农业发展的相关重点工作；为地方政府、企事业单位提供规划及品牌服务，积极探索、培育、扶持、推广农业产业高质量发展模式；引导农产品区域公用品牌、企业品牌及产品品牌建设、质量提升、产销对接，促进农业产业高质量发展。

中国优农协会主办的品牌农商发展大会，邀请各地方政府主管部门、龙头企业代表等，就发展地方特色优势产业、形成有竞争力的产业集群、探索产业发展创新模式等方面的案例和经验进行分享。搭建农产品产销对接机制，扎实有效推进农业高质量发展，巩固脱贫攻坚成果，全面推进乡村振兴；为农业领域提供了交流和分享的平台，促进了农业政策、农业技术的传播和应用。

中国优农协会主办的品牌农业发展国际研讨会，为优化我国农产品供给结构，推进实施出口农产品品牌化战略，深化各国在农业产业政策、质量标准、市场开拓等领域的务实合作，发挥品牌在加强海外市场推介、技术交流及国际贸易平台建设方面的作用，提高我国在国际农产品贸易体系中的竞争力和影响力，得到了农业农村部国际合作司、联合国粮农组织亚太办事处的大力支持。吸引了来自全球各地的农业领域专家学者和企业代表，为农业领域提供了交流和分享的国际平台，促进了国际农业政策及农业技术的传播和应用，推动了全球农业的发展。

中国优农协会与各地方政府合作，举办了多场地方政府性会议，为当地农业提供了新的思路和方法，促进当地农业的发展和进步。通过合作举办会议，提升了当地农产品的知名度和影响力，吸引了更多的合作伙伴和投资者。

中国优农协会应邀还举办了国际大米品牌大会、国际草莓大会和国际蓝莓大会等专业会议。这些会议的主题涵盖了不同农产品领域的最新发展动态、市场趋势和品牌建设等议题，为农业产业的发展提供了专业的指导和建议，也为农业产业的发展和进步做出了积极的贡献。

中国优农协会的成长历程是一段不断努力、不断进步的历程，通过多年的努力，协会在多个方面取得了显著的成绩。

农业产业的发展与我们的生活息息相关，我也在八年的工作里对农业产业产生了归属感。未来，希望在农业领域通过自己的努力与中国优农协会一起进步，为农业的发展提供更好的服务。

产业革新　品质引领

——中国优质农产品开发服务协会预制菜分会开启优质预制菜新篇章

宁　祎

【作者简介】宁祎，毕业于中国人民大学，金融硕士，持续创业者。2016年起，涉足预制菜领域，创立预制菜全产业链公司，在预制菜研发、运营及市场推广方面积累了多年的实战经验。现任北京时食链科技有限公司CEO、中国优质农产品协会预制菜分会常务副会长兼秘书长。

农产品加工、流通和消费是农业产业的下游端，是事关农业发展、农村稳定、农民增收至关重要的方面，是实现全面脱贫转到乡村振兴的关键环节，也是保障人民群众生活水平提高和消费升级的重要方面。如何实现从田间到餐桌的价值，是无数农业产业从业者苦苦思索、孜孜以求的追寻，也是提升农产品价值、服务消费市场、保障国家粮食安全的重要体现。

预制菜产业正是促进现代农业与食品产业集群高质量发展的重要载体，是农村一二三产业融合发展的新模式，对促进创业就业、产业升级和乡村振兴具有积极意义。目前，我国预制菜尚处于行业发展早期，仍处于分散格局，中长期来看，行业出清、规模化企业的形成与集中终成必然；行业中存在的诸多问题亟须解决，如区域发展不均衡、行业规范不统一、科研投入分散低效、细分领域缺少引导等。然而，随着预制菜概念的大火，越来越多的地方政府开始重视预制菜产业，社会机构、企业也都纷纷进入这个行业当中，这就造成了预制菜产业短期内处于一个野蛮生长的阶段。在这一阶段由于大量资源的涌入，使得这个产业的综合性社会效率呈现的是一个负值，表现出来的也是一定程度上综合性资源的浪费。经过一定时间的充分竞争之后，正的综合性社会效率才能最终显露。如何尽快地将这个情况扭负为正，是预制菜行业目前面临的最大挑战。

2023 年 7 月 11 日，在第二届西部预制菜产业发展大会暨 2023 西部预制菜博览会上，经中国优质农产品开发服务协会批准，北京时食链科技有限公司（以下简称时食链）发起成立中国优质农产品开发服务协会预制菜分会，首批预制菜产业链相关的会员企业 50 余家，并邀请食品科技、信息数字化、餐饮等领域著名专家 20 余人加入中国优农协会专家委员会。预制菜分会的成立，旨在促进预制菜产业的高质量发展，搭建全国预制菜产业平台，引导创新资源聚集和产业生态互联，全面提高全产业链质量管理水平，全面推动生态行业标准化、产业化、规模化的发展；打造产业资源高效利用发展模式，为一二三产业融合发展助力，服务全产业链，守护人民群众舌尖上的安全。

预制菜分会自成立以来，围绕标准化和品牌化两个核心目标，积极打通预制菜全产业链上的各个环节，广泛吸纳预制菜产业链条上的优秀团体及个人。围绕产业链条，预制菜分会会员及专家主要来自如下领域：一是预制菜农牧渔产业基地或企业，入会的前提条件是所生产的农牧渔产品必须具有经过权威认证、命名或授权的有机农产品、绿色食品、地理标志农产品，以及区域公用品牌、中国驰名商标等产品。二是预制菜加工生产企业，所生产的产品必须是优质农产品。三是预制菜经销企业，年销售收入和经营效益在同行业中或一定区域范围内名列前茅。四是预制菜冷链物流生产包装企业，在预制菜生产流通方面做出突出贡献。五是从事预制菜研究的单位与个人，围绕预制菜在某一领域术有专攻，学有所长。特别是，在第二届西部预制菜产业发展大会上，惠康农业、上海鲜选、河豚家族等预制菜分会的 10 家会员企业被评选为“中国十大预制菜典型案例”，为预制菜产业寻求高质量发展的同仁们提供了优秀样板。预制菜分会的第一次发声，也对外宣告了我们希望引领预制菜产业革新的信心和勇气。

为了更好地服务于产业发展，预制菜分会目前正努力并将在未来，通过三个方面的规划，积极发挥本组织在推动预制菜行业高品质发展中的作用。

一是引导社会资本推动产业发展。预制菜分会联合工信部指导推动北控集团、北农集团及中科院雁栖湖校区等北京市属国有企业及投资机构，拟共同成立一支全国性预制菜母基金。这支母基金将主要为预制菜加工、营养、保鲜等相关技术的研究发展、公域优质预制菜品牌的打造、地方性预制菜产业园项目的落地等，提供一些资本上的帮助和引导，为预制菜产业的革新打造必要的资金基础。

二是推动预制菜相关的产学研融合。预制菜分会以科技创新为引擎，十分注重提升行业内部的技术水平和合作交流。预制菜分会组织了各种技术和经验交流活动，促进行业内企业之间的交流与学习。特别是在预制菜研发领域，我们邀请了很多国内知名的餐饮专家、食品专家、农业领域的专家学者加入专家委员会，专注预制菜的研究、研发，真正做到把技术转化成产品，为行业的发展起到技术支撑作用；在技术创新方面，我们联合国内领先的预制菜设计规划公司进行了一些项目咨询及设计，比如未来将推动北京昌平建立一个适用最新产业科研技术的预制菜基地，作为北京特定区域的城市保供中心；在绿色农业方面，分会还在尝试指导江苏泰州低碳预制菜产业项目的落地，即研究如何在整个加工的流程中，通过减少耗能来生产出绿色低碳的预制菜产品；在数字化方面，分会正在联合工信部中国信息通信研究院推出中国优质预制菜数字烹饪联盟及星火·链网数字食品协作平台，旨在建设一个能够促进多方数据和标准互通的预制菜行业数字共享及协作平台，以提升产业效率和消费者体验，让消费者可以更加便捷地获得优质、安全、可溯的预制菜产品。

三是围绕中国优农协会的优质品牌起草行业标准，谋求开发出更多有品质的预制菜品牌，并协助推广出去。在此过程中，分会积极助力区域公用品牌、地理标志农产品向预制菜直接转化。目前，区域公用品牌涵盖了社会认知度较高的地理标志农产品、有机农产品、绿色食品，以及中国优农协会认定的优质农产品，这些品牌的建设都比较成熟。分会正计划加快这些优质品牌原料向预制菜的延伸，努力引导将相应的品牌价值向预制菜品牌进行直接转化，以赋予相关预制菜品牌的创新动力，并最终帮助更多的个人消费者及企业鉴别出好的预制菜产品、预制菜企业，将更多好产品带到大众视线，用好品牌、高品质来引领预制菜行业的健康发展。

总而言之，预制菜分会将按照中国优农协会的“主攻流通、主打品牌”的战略思路，找准在更好推动预制菜产业革新、高质量发展，实现预制菜助力推进农村一二三产业融合发展及乡村振兴创建工作中的定位，通过提供技术支持、市场推广和行业交流，进行产业革新、品质引领，不断推动预制菜品牌的壮大和发展，努力使预制菜领域涌现出更多高品质、有品牌的预制菜。

优质畜产品是优质农产品大家庭的重要成员

邓荣臻

【作者简介】邓荣臻，山东平度人，毕业于中国农业大学反刍动物营养专业，农业推广硕士。曾任农业部畜牧业司畜牧处副处长、农业部奶业管理办公室副主任、中国奶业协会副秘书长等职务。现任中国优质农产品开发服务协会优质畜产品分会会长、中国出入境检验检疫协会宠物工作委员会副会长。

畜牧业是关系国计民生的重要产业，是农业农村经济的支柱产业，是保障食物安全和居民生活的战略产业，是农业现代化的标志性产业。畜牧业是农业的重要组成部分，肉蛋奶皮毛绒等畜产品是重要的农产品，优质畜产品早已成为优质农产品大家庭中的重要成员，为品牌农业建设做出自己的贡献。

实践证明畜牧业对于优化农业结构调整、增加农牧民收入、促进乡村产业振兴具有重要意义，畜产品生产在提高国民身体素质、提高人民生活质量方面都发挥了巨大作用。2021 年，我国肉类、禽蛋、奶类总产量分别为 8887 万吨、3409 万吨、3683 万吨，肉类、禽蛋产量继续保持世界首位，奶类产量位居世界前列；饲料产量 2.61 亿吨，连续 11 年居全球第一，保障了重要农产品供给和国家食物安全。

中国优农协会是农业行业的重要协会，在我国农业农村发展过程中作用重大，多次受到民政部表彰和肯定。目前成立的多个分会、工作委员会中，优质畜产品分会就是其中一员，以实现农业现代化为目标，以认真学习贯彻大食物观为遵循。优质畜产品分会的成立，突破了多年来认为优质农产品开发只是种植业领域事情的传统观念，扩大了优质农产品的外延，深化了优质农产品的内涵，目的在于服务好畜牧业发展，提高畜产品质量安全水平，增加农民收入，提高我国优质畜产品的国际竞争力。

优质畜产品分会成立后，紧密联系从事肉、蛋、奶等优质畜产品养殖、加工、销售的畜牧企业，以及畜牧产业供应链的种畜禽、饲料及添加剂、兽药、设备装备、咨询服务、金融、媒体、会议展览等相关企业，组织策划了一系列精品活动。比如，2023 年 5 月组织奶牛联盟企业参展亚洲奶业展览会和广州市鲜奶节；6 月在天津举办了首届华北牛羊驼产业论坛暨优质农牧产品展示会；7 月底，在兰州协助主办了西北牛羊驼产业论坛暨畜牧产品展示会；8 月，受中国优农协会委托，代表协会支持了在内蒙古自治区阿尔山市举办的阿尔山农畜产业发展大会等活动，既服务了企业、行业、社会和政府，又助力了优质畜牧产业发展，助力了乡村振兴，实现了共同富裕。通过参与系列活动，优质畜产品分会的影响力在不断扩大，有望在 3～5 年内发展会员企业超过 500 家，打造行业较大的全产业链分会，举办规模较大的全产业链国际会议和头部行业展会。

优质畜产品分会成立以来活动经费来源主要是会员企业的赞助支持、政府购买服务项目、会展活动收入等。分会发起申请成立单位——牛人联盟（北京）网络科技有限公司（以下简称牛人联盟）是一家由 500 余家牧场和供应商联合成立的为牧场服务的企业，主要业务为组织畜牧业会展活动，统一采购、联合销售畜产品，目前有专职和兼职工作人员 30 人，分会的成立也很大程度加大了牛人联盟在行业中的影响力。

目前，优质畜产品分会正按照中国优农协会的统一部署，围绕“服务会员、服务行业、服务政府，推动优质畜产品行业

健康快速发展”的工作思路，克服困难，主动作为，常规工作稳中有进、创新业务有所突破。

一是加强质量标准工作。行业开端、标准领先，分会从筹备到成立，坚持不懈开展各领域优质畜产品的标准化工作，通过与标准化研究院的战略合作，提高行业标准化的同时，反推企业标准的提高与团体标准相结合，与第三方检测机构合作，开展行业规范与质量评测，为优质畜产品加持助力，提升行业水平及行业影响力。

二是完善会员服务。完善会员服务内容，扩大会员规模，吸纳更多的行业企事业单位，共发展副会长单位 5 家，理事和会员单位多家。加强行业的凝聚力及竞争力，拓宽会员服务范围，增加会员服务内容，提升管理水平，促成会员之间的合作与交流。

三是增加业务拓展。拓宽协会合作业务领域，行业多领域共同推进工作，包括优质畜禽新品种培育、优质奶制品、优质肉制品及优质特种动物产品等重点领域及新兴的服务领域。

四是加强信息和新闻传播。加强行业信息化建设，定期更新网站、公众号信息，与欧美国家畜产品行业协会组织、政府机构等建立良好的沟通联系，组织会员单位及科研院所进行国际交流、课程学习等；协会间信息互通、数据分享，有效地为会员企业提供精准的数据与政策方向，调整市场战略；使得我国优质畜产品能走出去，同时也能有效地引进优质的国外畜产品、技术与会员企业。

五是组织和参与行业活动。参与组织行业展会和论坛等，组织会员单位参加中国优农协会的在线会议、培训等活动，学习新政策，引导会员企业加强自律、规范发展。

六是整合协会资源。整合专家资源，建立协会内部专家库，由专家组对会员单位进行技术指导和技术培训，提升企业自身竞争力，从而提升行业整体的竞争力。整合行业上下游渠道资源，完整的渠道资源更有助于完善会员服务。目前正在落实行业信息热力图项目，整合各领域的行业上下游信息，以热力图的方式直观体现，作为优质畜产品年鉴的一个项目，每年定期更新信息，打造成协会的一面品牌旗帜。

七是推动职业教育。参与职业教育培养计划，建立各领域人才培训计划，构建完善的人才培训体系、知识体系，为行业发展输送人才，与各领域企业合作，培训课程加岗位实习相结合，推动从业人员的专业素养与能力，推动行业健康发展。

八是开展公益活动。依托现有平台及资源，强化了与品牌方及会员单位的优势，全方位多形式地开展优质畜产品行业公益活动，以消费者喜闻乐见的方式开展。2023 年组织了第一次优质畜产品公益日活动，在行业产生了较大影响，提高了优质畜产品分会的社会地位。

品牌农业助高原特色农业发展

文雅芹

【作者简介】文雅芹，汉族，云南昆明人，农学学士，无党派，研究员，曾任云南省昭通市人民政府副市长、云南省农业农村厅一级巡视员，现为中国优质农产品开发服务协会高原特色农业分会会长。

一、成立高原特色农业分会

2015 年初，中国优农协会领导高瞻远瞩，分别与云南省农业厅、中国热带农业科学院商议，建议以云南省农业厅为主，成立中国优质农产品开发服务协会高原特色农业分会。10 月，在前期准备的基础上，时任中国热带农业科学院党组书记李尚兰一行 8 人到昆明，与云南省农业厅党组书记、厅长张玉明等，召开了分会筹建工作协商会议。会议决定云南省农业厅为分会会长单位，中国热带农业科学院为常务副会长单位，秘书处设在云南省农业厅，由我及中国热带农业科学院副院长刘国道等 6 人组成分会筹备组。2015 年 9 月中国优农协会给云南省农业厅、中国热带农业科学院回函，同意设立分会和我为分会负责人人选。2016 年 3 月 29 日，在中国优农协会领导的见证下，召开了会员大会，分会正式宣告成立，我被推选为首届分会会长。

分会成立至今，遵循服务企业的宗旨，紧紧围绕“主攻流通、主打品牌”

工作思路，在中国优农协会的领导下，一直扎根云南高原，关注花卉、特色果业、冬季蔬菜等产业的绿色发展，为企业提供咨询、培训、技术指导等服务，努力成为云南品牌农业的助力器。

二、参加中国优农协会的活动

组织云南企业参加第六届、第八届品牌农商发展大会暨乡村振兴现场会，第二届、第三届品牌农业发展国际研讨会，以及国际蓝莓大会、第一届草莓国际大会。我参加了2019年在江苏溧水举办的第二届国际草莓品牌大会，对云南省夏季草莓种植情况及相关扶持政策进行介绍和宣传。

通过网络参加了2020国际蓝莓品牌大会和第九届品牌农业发展国际研讨会，按中国优农协会的安排在蓝莓大会上就云南蓝莓发展情况进行发言。

组织云南企业参加农业品牌价值提升工程和农产品品牌价值评选活动，参与第二届中国大米品牌大会、首届中国食用油品牌大会、猪肉大赛及优质果品基地遴选等活动。5家云南企业入选2019年品牌农业影响力年度推荐会，1家云南企业获产业扶贫典范表彰。

参加了中国优农协会分支（代表）机构专题座谈会，对考核中提出的高原分会存在的问题，在工作中逐步改进。受疫情影响，只能在线上参加第三届桑蚕经济论坛、中国优农协会六届六次理事会暨第十次常务理事会。

组织花卉企业参加昆明国际花博会，以及花卉的各类展会、培训，协助策划云南省花卉产业品牌建设三年实施方案，参与全国主流媒体云南鲜花行、《花开云南》四集纪录片的拍摄、昆明鲜花文化节等活动。

三、邀请会员单位到云南考察

分会促成水果连锁企业深圳百果园与云南省农业厅签署战略合作协议，我陪同中国优农协会副会长单位即深圳百果园的董事长余惠勇一行考察云南高原水果和高山有机蔬菜。百果园2017年落户云南，在基地选择、接洽当地水果种植户等环节，提供协调和咨询服务。

在分会的牵线搭桥下，云南省农业厅与陕西海升果业发展股份有限公司正式签署战略合作协议，公司将发挥水果全产业链优势，加快在云南的产业发展。

经分会对接，在中国优农协会的邀请下，美国KonaRed公司两次到云南考察，并与临沧一家咖啡公司就咖啡贸易、精深加工及咖啡饮料开发等达成初步合作意向。

分会协办的亚洲优质水果产业链高峰论坛（昆明），邀请云南省委农办主任、省农业厅厅长王敏正以“绿色发展　主打有机　着力打造世界一流绿色水果产业新高地”为题发表主旨演讲，为云南高原优质特色水果做倾情推荐。

四、参与特色农业发展

2017年9月中国优农协会在云南曲靖召开国际蓝莓大会后，国内外行业大咖聚焦云南这片热土，投资蓝莓产业。云南蓝莓种植面积从2016年的1万亩，增加至2022年的近14万亩，蓝莓的价格高于进口价格。2023年4月5日中央电视台的《消费主张》栏目以“国产冬蓝莓上市　能否超越进口蓝莓?”为题，专题报道了云南蓝莓生产、上市及价格，蓝莓已实现国产化、品牌化、产业化，并走出了国门。云南蓝莓质高价高，种植户和种植企业获得了较高收益。

2018—2019年，中国优农协会分别在江苏南京召开了两届国际草莓大会，会上草莓专家张运涛、卓莓企业管理（上海）有限公司总经理田仁杰介绍了云南发展草莓的优势和前景，为云南做了很好的宣传，同行知道了草莓的种植福地在云南。云南的夏季草莓种植在低纬度高海拔地区，这些区域处于极度贫困地区，因夏季草莓种植成本低、技术要求不高，采摘时间近10个月，亩产高，亩收益在2万元以上，种植户和农户都有不错的收入，成为当地乡村振兴的支柱产业和品牌农业发展的典范。目前，云南的夏季草莓发展势头很好，草莓育苗基地也成为国内行业的首选地。

云南特殊的气候正吸引着全国乃至世界的目光，联想佳沃、汇源集团、深圳百果园等均已正式入驻云南，美国 Driscoll’s（怡颗莓）、澳大利亚 Costa（咖世家）、英国 S&A Group（爱寺恩）等知名浆果企业都在云南发展了种植基地。国内外农业龙头企业的进入，具有品牌引领作用，促使花卉、水果、蔬菜等产业走向规模化、现代化、品牌化。

高原特色农业因与中国优农协会相识相伴，在品牌农业的加持下正腾飞发展。

优质包装提升优农产品价值 有效促进地域文化广泛传播

李景华

【作者简介】李景华，汉族，中共党员，高级经济师，武汉工业大学经济学硕士，北京包装技术协会创办人之一。曾任北京包装技术协会秘书长、会长，现任中国优质农产品开发服务协会包装分会会长。先后荣获北京市科协授予的“先进工作者”称号、北京市二轻局塑料工业公司评选的优秀党支部书记，曾多次荣获中国包装联合会授予的“全国包装优秀秘书长”“全国优秀包装工作者”称号。长期以来为包装行业发展献言献策，多次参与国家及北京市包装行业发展规划的制定、包装课题研究、标准编制、项目评审等工作，牵头完成了北京市包装行业多项课题研究、包装地方标准制定和项目实施工作。

中国优质农产品开发服务协会包装分会于2021年底正式成立，其紧跟我国乡村振兴政策的步伐，致力于为优质农产品服务、为乡村振兴服务、为新时代新农业服务。

一、优质包装保障优质农产品安全

包装自古以来就有，不同时期其表现方式和形态略有差异，但其最基本的作用从未改变，即保护商品免受日晒、雨淋、灰尘污染等自然因素的侵袭，防止挥发、渗漏、溶化、污染、碰撞、挤压、散失及盗窃等损失。随着时代的发展，越来越多新材料、新工艺在包装上的应用，给包装提供了更多的可选择性，也为优质农产品保质、保鲜、保安全提供了更多有力保障。

二、优质包装提升优质农产品品牌价值，增加国内、国际市场竞争力

如今的竞争不仅仅是产品品质的竞争，还包含更多产品附加值的竞争，这就对产品价值赋能提出更高要求，为推广产品、拓展市场，品牌作为产品综合价值的载体，得到各行各业、各种文化的广泛认可。包装是其品牌价值内涵延展的重要外在表现形式，可提升品牌影响力，在品牌传播过程中发挥重要作用，有利于促进优质产品更广泛地域和文化的传播，提升市场竞争力。

三、优质包装可促进地域文化的传播，带动其他产业发展

传统意义上的包装是包装具象的产品，广义包装即所谓的泛包装概念，它可以包装产品、包装人物、包装城市、包装国家，包装一切可以包装的有形无形产物。我国地大物博，文化丰富多彩，随着科技的进步和现代文明的发展，“走出去”“引进来”成为国家、城市、乡村发展的新主题。包装作为地域文化的载体，被赋予地域文化传播的重要使命，其一定程度上促进着人口流动和产业发展。

四、优质包装是新时代发展的需要

每个时代都有其特定使命，随着互联网行业的发展，电商产业应运而生，带来更加广泛的商品流通，这也给流通环节贮、运、调、销带来新要求。为保障优质产品的品质和价值，为提升优质产品的市场竞争力，对包装材料、工艺、成本等提出更高的要求。总之，包装作为实现商品价值的有效载体，随着时间的进程不断发展更新，其作用不可忽视。

李景华（前排左三）参加京津冀包装行业研讨会

新动能新视野助力道地中药材事业发展

——写在中国优农协会成立30年之际

田　野

【作者简介】田野，1990年毕业于吉林大学中文系，同年获得企业管理学士学位，1990—1994年在长春市粮食局工作，1994—2014年任燕京啤酒东三省总代理人，2014年始任吉品养生中国区常务副总经理，2021年起任中国优质农产品开发服务协会道地中药材分会副会长。

在过去的一年里，中国优质农产品开发服务协会道地中药材分会的工作取得了让人耳目一新的成果，实现了一系列令人瞩目的突破，为推动我国道地中药材产业的发展和传统中医药文化的传承创新贡献了重要力量。在各级领导的关心支持下，在广大会员和专家的共同努力下，分会工作呈现出勃发的生机与活力。道地中药材分会团队不断探索创新，在国内建立了多个中药材标准化种植基地，通过与“一带一路”国际传统医药联盟合作，成功启动了南药工程中心动物营养研究院的建设，为中兽药、动物营养配方、宠物食品的研究提供了强大支持。此外，分会连续参与3届“一带一路”国际传统医药联盟会议活动，为道地中药材及中药在“一带一路”沿线国家的传播和交流搭建了桥梁，推动了中医药的国际化进程。在绥芬河市成立了由我国吉林、辽宁、黑龙江、内蒙古，以及俄罗斯、蒙古及中欧国家组成的寒地中药材联盟，推动寒地中药材的标准化进口。同香港中药联商会在国内建立标准化种植基地，同剑桥大学共同探讨无农残重金属的绿色中药材在英国及塞浦路斯的应用。

一、组建“一带一路”南药工程中心动物营养研究院

1. 架起友谊之桥，携手共创未来

在中药材产业蓬勃发展的背景下，道地中药材分会不断探索创新，积极响应国家“一带一路”倡议，于近期组建了“一带一路”南药工程中心动物营养研究院，标志着中药材产业在动物药食同源的研究应用上进入了一个崭新的发展阶段。“一带一路”南药工程中心动物营养研究院的成立，也是中国传统中医药文化在国际间的精彩呈现，研究院的组建得益于道地中药材分会与中国医学科学院药用植物研究所云南分所的紧密合作，双方共同探讨、协商，并最终达成合作共识，为推动中药材产业在动物上的国际化发展奠定了坚实基础。

2. 促进动物营养研究，探寻中药材新领域

“一带一路”南药工程中心动物营养研究院的成立，不仅仅是一个名义上的合作机构，更是一个充满活力和创新力的研究平台。研究院将集结来自中药材产业、动物营养领域的顶尖专家，共同致力于中兽药、动物营养配方、宠物食品等领域的前沿研究。通过深入研究，研究院将为道地中药材与动物营养的结合提供科学依据，推动中药材在动物领域的广泛应用，为中药材产业的多元化发展开辟新的道路。

3. 助推“一带一路”，传承中医药文化

“一带一路”南药工程中心动物营养研究院的设立，不仅有力地推动了中药材产业的国际合作，也是中医药文化传承的一项重要举措。在与沿线国家的合作交流中，中医药文化将得到更好地传播，为世界各国人民带去健康、带去福祉。这不仅是道地中药材产业的发展，更是中医药文化的传承，是道地中药材走向世界的重要一步。

4. 大力建设新生态，引领产业未来

“一带一路”南药工程中心动物营养研究院为中药材产业注入了新的活力和动力，也为整个产业生态系统的建设开辟了新的方向。在研究院的引领下，道地中药材产业将迎来更多的创新、更大的发展。这个新生态将以开放、合

作、创新为核心，形成中药材产业新的发展格局，引领整个产业走向更加繁荣和昌盛的未来。

二、组建“一带一路”南药工程中心内生菌研究院

在中药材产业发展的浪潮中，道地中药材分会再次引领行业发展的潮流，成功组建了“一带一路”南药工程中心内生菌研究院，为道地中药材产业的研究和应用开辟了新的领域。

1. 内生菌研究，解锁了中药材新的奥秘

内生菌研究院的成立，标志着中药材产业迈向了一个全新的阶段。内生菌是一类生存在植物体内部的微生物，在植物生长发育过程中发挥着重要作用。内生菌研究院将专注于中药材中内生菌的分离、鉴定和应用研究，探寻中药材与内生菌之间的相互作用机制，为中药材的种植、生长提供科学依据，助力道地中药材产业的发展。

2. 创新科研，引领产业前沿

内生菌研究院以创新为核心驱动力，围绕中药材的内生菌研究开展前沿科研，通过深入挖掘内生菌的多样性、功能和应用价值，来推动中药材的高效种植和质量提升，为中药材产业的可持续发展提供强有力支持。

3. 生态平衡，促进可持续发展

内生菌与植物形成了共生关系，通过互惠互利的方式促进生态平衡。内生菌研究院研究内生菌在中药材生长中的调控作用，探索生态友好型种植技术，促进中药材生产与生态环境的和谐共存。这种绿色生态种植模式将成为中药材产业的一大亮点，引领产业向着更加可持续的方向发展。

4. 产学研结合，培养人才新生力军

内生菌研究院将积极推动产学研结合，打破学科壁垒，引进优秀科研人才，培养道地中药材产业的新生力。通过与高等院校、科研机构的合作，内生菌研究院将建立起人才培养的长效机制，为中药材产业培养更多的专业人才，推动产业的不断创新和发展。这种产学研结合的模式将为中药材产业注入新的活力，培养出更多的创新型人才，为产业的可持续发展提供强大动力。

5. 推动中药材产业升级，引领产业新未来

内生菌研究院的成立，将为中药材产业升级提供新的契机。在产学研结合的模式下，中药材产业将不断吸纳新知识、新技术，提高自身的科技含量，

推动产业向价值链高端迈进，引领中药材产业迎来新的未来。这个新未来将以科技创新为驱动力，以生态友好为基础，为中药材产业的繁荣发展打下坚实基础，推动中药材产业不断向前发展，引领产业走向更加广阔的未来。

三、连续参与 3 届“一带一路”国际传统医药联盟会议

道地中药材分会连续参与了第二、第三、第四届“一带一路”国际传统医药联盟会议，为中药材产业的国际交流合作搭建了广阔平台。

1. 建立了国际交流平台，拓宽了合作领域

在会议期间，道地中药材分会代表介绍了中国传统中药材的丰富资源和独特疗效，引起了与会专家学者的浓厚兴趣。同时，也学习了来自世界各国的传统医药文化和经验，为我国中药材产业的发展提供了宝贵参考。

2. 推动国际传统医药合作，促进道地中药材产业国际化

通过与国际传统医药联盟的深度合作，道地中药材分会加强了与国际同行的交流。在会上道地中药材分会代表就中药材的种植、加工、质量控制等方面进行了深入交流，与会专家纷纷表示愿意加强与中国中药材企业的合作，共同推动传统医药事业的发展。这种国际合作的模式将为中药材产业的国际化提供新的动力，推动道地中药材走向世界，提高我国中药材的国际影响力。

3. 传播中药文化，提升国际影响力

参与“一带一路”国际传统医药联盟会议，不仅是对中药材产业的一次展示，更是对中药文化的传承和弘扬。在与国际同行的交流中，道地中药材分会传播了中药的历史渊源、独特魅力和疗效，努力提升中药文化在国际间的影响力，通过传播中药文化，中药材产业将更好地融入国际医药领域，为中药的国际传播打下了坚实基础。

4. 推动中药材产业国际化战略，引领行业发展新方向

通过成功参与“一带一路”国际传统医药联盟会议，道地中药材分会将紧密结合国家“一带一路”倡议，加速中药材产业的国际化步伐。通过与国际合作伙伴的深度合作，道地中药材产业将更好地融入国际市场，并提高产业的竞争力，拓宽优质中药材的国际合作渠道，实现产业的跨越发展。

在“一带一路”国际传统医药联盟会议的交流合作中，道地中药材分会展现了中药材产业的新风采，也积累了宝贵经验。

四、在国内不断打造优质中药材基地

目前，已在吉林省集安市打造了万亩优质野山参种植基地，在吉林省松原市长岭县打造了万亩优质北苍术种植基地，在云南省文山壮族苗族自治州打造了万亩优质三七种植基地，在云南省西双版纳市打造了万亩砂仁种植基地，等等。

回望过去，道地中药材分会在中国优农协会的领导和广大分会会员的共同努力下，取得了上述令人瞩目的成果。同时，我们也清醒地认识到，在取得成绩的同时，还面临着诸多挑战。中药材产业的发展依然面临着种植环节的标准化、生产加工工艺的创新、质量控制体系的建立等方面的问题。同时，国际竞争日益激烈，我们需要更加深入地参与国际合作，提高自身的创新能力和竞争力。

展望未来，我们将继续秉持“团结、创新、务实、奋进”的发展理念，坚持走产学研合作的发展道路，加强与国内外相关机构的合作，借鉴国际先进经验，加大科技创新力度，提高中药材的质量和附加值。我们将加强中药材的种植标准化、生产标准化，推动中药材的加工工艺创新，培育一批具有国际竞争力的中药材品牌。同时，我们将继续推动中药文化的传播，提高中药在国际市场的知名度和美誉度，为中药材的国际化合作创造更好的条件，

共同奋斗，共同发展，为中药材产业的繁荣做出更大的贡献。

品农三秩记赋后

风风雨雨几疏枝，赖有天公勤护持。古往今来，炎黄子孙世世代代耕耘于华夏大地，历朝历代的有志之士力倡中华农业之盛兴。于是，20 世纪 90 年代初叶，中国优质农产品开发服务协会应运而生，犹如金犁破土，唤醒了人们对农业品牌追求的欲望；宛若清光行地，渐扫传统农业落伍的阴霾。三十年岁月如梭，白驹过隙，来不及回眸一望，然时光荏苒间却铸就了不凡的辉煌。

今日，吾等汇集众家品牌农业智慧之大成，鞠一捧千古农耕文明之精华，编写了《印记——品牌农业 30 年 我们一路同行》一书，以记载中国优农协会发展之历程。书中所载，非徒文字之简陋，乃是聚众多亲身参与和见证品牌农业建设的专家学者、行业部委领导、品牌农业创建主体即相关知名企业及中国优农协会各位英才之深邃见解。

吾辈坚信，中华自古以农立国、农耕为本。凡三十年间，中国优农协会始终致力于农业品牌建设，从无到有，从弱到强，助推了中国品牌农业之蓬勃发展。放眼当今中国农业领域种业之革新、科学种植之推广、品牌之塑造、供应链之优化，协会皆有功劳在其中。

中国优农协会之路，虽历经风霜雨雪，但初衷从未改变，秉承“以农为天，以民为本”的信念，三十年披荆斩棘，凝聚着无数耕耘者的汗水与智慧，每一步虽步履蹒跚，却皆显弥足珍贵。

作此后记，非为终结，乃是新篇章之启航。愿《印记——品牌农业 30 年 我们一路同行》一书，能激励后来者，共同铸就农业更加辉煌的明天。天地虽大，唯农业为重；时光虽迁，唯创新为道。

衷心感谢所有为本书付梓出版付出辛勤努力的各位领导、同仁和朋友们！

中国优质农产品开发服务协会

二〇二三年十一月